荣 获 中 国 石 油 和 化 学 工 业 优 秀 教 材 奖

普 通 高 等 教 育 "十 二 五" 规 划 教 材

资源与环境概论

王 惠 主编　　马振民 杨宝山 副主编

化 学 工 业 出 版 社

·北 京·

本书将资源开发利用与环境问题作为研究的有机体，对几类主要资源开发利用及其产生的环境问题间的相互影响、相互作用的规律、机理进行了全面阐述，结合当前的资源环境问题，剖析了资源环境规划与管理的意义、方法及实现资源环境可持续发展的途径。本书作者以多年科研和教学心得为基础，反映了国内外许多最新的学科发展成果、研究热点，也体现出理论与实践的紧密结合及新技术的应用。

本书可作为综合性大学、师范院校、农林院校有关专业本科生、研究生的教材，亦可作为有关管理部门和科技工作者的参考用书。

图书在版编目（CIP）数据

资源与环境概论/王惠主编．—北京：化学工业出版社，2009.4（2022.2重印）

普通高等教育"十一五"规划教材

ISBN 978-7-122-04844-8

Ⅰ．资… Ⅱ．王… Ⅲ．①资源科学-高等学校-教材②环境科学-高等学校-教材 Ⅳ．F062.1 X

中国版本图书馆 CIP 数据核字（2009）第 023401 号

责任编辑：满悦芝　　　　　　　　　　文字编辑：郑　直
责任校对：陈　静　　　　　　　　　　装帧设计：尹琳琳

出版发行：化学工业出版社（北京市东城区青年湖南街 13 号　邮政编码 100011）
印　　装：北京虎彩文化传播有限公司
787mm×1092mm　1/16　印张 13½　字数 329 千字　2022 年 2 月北京第 1 版第 9 次印刷

购书咨询：010-64518888　　　　　　售后服务：010-64518899
网　　址：http://www.cip.com.cn
凡购买本书，如有缺损质量问题，本社销售中心负责调换。

定　　价：39.00 元

序 一

资源是人类活动的物质基础，环境是人类活动的空间，也是人类生存和发展的基础。伴随着工业化、城市化进程的加快和经济的高速增长，人们对自然资源的需求量不断增加，加之对资源开发利用技术手段的提高，对资源开发利用的强度也在不断增加。人类在享用科技发展带来成果的同时，制约经济发展和人类生活水平提高的问题也随之悄然而至，资源短缺、环境恶化和生态失衡已成为 20 世纪 70 年代以来几大主要的显性危机。如果人类不对过去传统的经济增长模式加以反思，全球性的资源枯竭和严重的生态环境问题，必将制约经济发展的进程，影响人类社会的可持续发展。

我国是一个人口大国，快速的人口增长使得我国并不十分丰富的资源迅速削减，环境遭到前所未有的污染，自然生态系统也随之受到空前的破坏，由此严重制约了我国经济的快速发展。温家宝总理在 21 世纪论坛上明确指出，实现可持续发展，是新世纪人类社会共同面临的重大问题。要创新发展模式，走科学发展之路，更加注重统筹协调发展，促进人与自然和谐共进；更加注重提高经济增长的质量和效益，降低资源消耗，保护自然环境，促进生态平衡；更加注重社会公平和正义，协调社会利益，构建和谐社会。可见，资源与生态环境问题，仍将是我国新的发展时期的不可忽视的严峻问题。

资源与环境有着不可分割的关系。当前的大多环境污染问题直接或间接起因于人类对资源的不合理开发与利用。自古以来，人们就将自然资源作为人类的"资财之源"加以开发和利用，自然资源开发利用对环境的影响也走过了本能型影响-生产型影响-智慧型影响的历程，在众多的生态环境问题面前，迫使人们开始研究资源开发利用与环境的相互关系，并力求寻找资源开发利用与环境间的相互影响和相互作用规律及其机理，探索保护环境与生态环境问题解决的途径。因此，在我国高等院校资源、环境相关专业开设《资源与环境概论》课程，培养认识当前资源与环境现状并掌握坚实的资源科学与环境科学扎实的理论与技术的人才，是未来解决我国资源与环境问题的人才支撑，也是实现我国资源与环境可持续发展的人才保障。

我很高兴看到王惠副教授组织一批资源学与环境学的研究者，特别是教学与科研第一线的中青年学术骨干编写《资源与环境概论》这一教材。这本教材不仅跟踪了学科前沿的发展动态，也聚焦了资源与环境领域的热点研究领域，而且还凝聚了作者在教学中的积淀和长期积累的科研成果。该书的出版，适应了当代资源科学与环境科学交叉发展的需要，对于综合性大学、师范院校、农林院校有关专业本科生、研究生及教师具有重要的参考价值，亦可作为有关管理部门和科技工作者的参考书。该书的出版，也将对资源科学与环境科学的交叉发展产生积极的影响。作为中国自然资源学会常务理事暨资源循环利用专业委员会主任、中国生态学会常务理事暨污染生态学专业委员会主任，我向该书的主编、作者以及化学工业出版社表示衷心的祝贺与感谢！

周启星

2008 年 10 月于南开

序　二

　　资源与环境是人类生存和社会经济可持续发展的物质基础和条件保障。但随着人口的膨胀和经济的快速发展，资源的浪费与趋于枯竭，环境的破坏和逐步恶化，使得资源与环境问题越来越成为各国经济社会发展的制约因素。中国是个人口大国，随着人口的不断增长和经济的高速发展，资源危机进一步加重，环境形势更加严峻。根据有关部门的报告和资料，"十一五"规划中资源利用和污染物减排两项约束性指标前两年未能实现，资源与环境问题对"和谐社会"建设形成严重挑战，也成为制约我国经济社会可持续发展的最大瓶颈。胡锦涛总书记在十七大报告和温家宝总理的2008年政府工作报告中，都把经济增长的资源环境代价过大列在面临困难与问题的重要位置，可见党中央和国务院对资源环境问题的关切。

　　21世纪人类面临人口、资源与环境的重大挑战。面对新的形势，培养和造就具有资源与环境意识和理念、掌握资源开发利用与环境相互作用、影响规律及其机制、并能运用所学的理论与技术指导和参与资源环境保护的创新人才，是我国资源与环境可持续发展和知识创新的根本保证，也是高等教育担负的重大历史任务。20世纪末到21世纪初，我国有近百所高等院校新建或组建了以"资源与环境"为研究重点和人才培养方向的专业和院、系，开始了从本科、硕士到博士的全日制和继续教育人才培养体系。但与国际发达国家相比，从我国经济发展的需求来看，我国资源与环境科学教育和人才培养还不能完全适应，在人才培养定位、专业特色、课程体系、教材建设等方面还需要不断深化改革和创新。教材《资源与环境概论》就是在这种需求上的具体体现。该教材作为资源学专业、环境学专业及其相关专业的必修或选修课程，在越来越多的高等院校中开设，但与此课程相对应的教材却相对缺乏。编写出版相关教材非常必要和迫切。

　　由王惠等人编写的《资源与环境概论》教材是一个新的尝试，它不是简单的资源科学与环境科学知识的简单的罗列，而是将资源开发利用中的资源、环境问题及其关系进行深入分析，对资源开发利用与环境的相互作用、影响的规律及其机制进行理论探讨，并列举了相关的问题和例子。在写作形式上，该书不仅兼顾了内容之间的逻辑关系，在阐述基本概念和理论的同时，既注意跟踪热点问题，又注意联系国内实际；同时注意遵循教学的规律，讲述内容由浅入深、循序渐进，有利于学生在关注资源与环境问题的基础上，深入理解与掌握解决资源与环境问题的理论与技术。

　　该教材的出版不仅对资源科学、环境科学及其相关专业的本科生、研究生及教师具有重要的参考价值，而且也可为资源与环境管理者及其科技人员提供一定的参考。《资源与环境概论》一书的出版将会受到广大读者的欢迎，其出版的价值和意义也将会得到更充分的显示。

2008年10月于济南

前　言

随着经济的迅速发展，人口、资源、环境与发展成为当今国际社会共同关注的几大问题。一方面，由于人口的剧增和技术的进步，对自然资源开发的深度和广度不断增加，促进了经济的快速发展；另一方面，对自然资源不合理的开发与利用，使资源日益短缺，环境污染与生态破坏等问题更加突出。我国自然资源的人均占有量较低，过去传统的经济发展模式造成的资源与环境问题成为我国构建社会主义和谐社会的严重挑战。在严峻的事实面前，我国的高等教育担当起了培养资源环境可持续发展所需人才的重任，将资源环境的可持续列为了知识创新和素质教育的重要内容之一，并在众多高等院校的若干学科和专业开设了资源与环境领域的一系列课程，其中"资源与环境概论"课程则是其中课程之一。与大量的资源环境领域的课程增设速度相比，专业教材建设却相对滞后，成为影响我国资源学科和环境学科人才培养的关键因素之一。我们即是基于上述背景，将多年的研究成果和教学积累加以总结，组织编写了此教材。

历史实践证明，资源与环境是一个有机的整体，必须开展系统研究。过去的几十年，资源学和环境学都有了长足的发展，但随着科学的发展，在新出现的资源环境问题中资源学与环境学的交叉与汇合越来越多，这就需要对资源开发利用与环境之间相互影响相互作用的规律及其机理进行深入的研究，以高效解决所面临的复杂的资源与环境问题，实现资源与环境的可持续发展。本教材在编写过程中明确了以下目标：

1. 将资源开发利用与环境问题作为研究的有机体，对几类主要资源开发利用及其产生的环境问题间的相互影响相互作用规律及其机理进行全面阐述，从整体高度寻求资源环境问题解决的理论与方法；

2. 考虑到综合院校不同专业和学科对资源环境问题的理解，着力对目前开发利用中的主要资源及其开发利用产生的环境问题的理论进行阐述，避免成为部门知识和技术的简单集合；

3. 以编者多年科研和教学积累作基础，不仅反映国内外最新的学科发展、研究热点，也体现理论与实践的紧密结合及新技术的应用。

本书除编者多年研究和教学心得外，还大量参考了国内外学者的优秀著作、教材、公开发表的文章以及相关领域的研究成果，在此，我们向原作者一并致以衷心的感谢。全书资料的收集、整理分工如下：第一章、第三章、第五章、第八章为王惠；第四章、第七章、第十三章为马振民；第九章、第十二章、第十四章为杨宝山；第二章和第六章为曲士松；第十章和第十一章为邵凤变；第十五章和第十六章为刘展宏；王惠负责对全书进行组织、修改和统稿等工作。

本书的出版得到了国家自然科学基金（40672158）、山东省重点学科基金的资助，化学工业出版社的编辑对本书的出版付出了大量辛苦的劳动，编者对此表示衷心的感谢！

随着新技术的进步，人类在开发利用资源过程中新的问题不断出现，资源与环境问题也将更加复杂，尽管编者尽力收集和总结了国内外该领域优秀的研究成果，但由于学识有限，书中的不足之处在所难免，敬请广大读者批评指正。书中收集的资料，如有来源说明遗漏之处，敬请原作者原谅。

编著者

2008 年 9 月

目　录

第一篇　资源环境导引

资源环境学以资源与环境为研究对象，着重解决资源开发与环境之间的关系问题，通过对可开发资源的探索，回答资源开发对环境的影响及环境变化规律，力求在经济快速发展的同时实现资源和环境的可持续供给。

目前，我国社会经济的发展面临着机遇和挑战，一方面，经济持续增长，国民生产总值快速上升；另一方面，在发展的同时，资源迅速削减，环境遭到前所未有的破坏，严重制约着发展的潜力。如何正确认识社会经济发展与资源环境的关系，如何通过对资源开发利用规律与环境学理论的研究，使人们认识资源，掌握资源开发规律，并自觉利用环境理论保护和治理环境，实现促进经济发展的同时保持资源与环境的可持续发展，是当前自然科学和社会科学中所面临的共同问题和任务。

第一章　资源与环境问题概述

资源环境问题随着生产力水平的提高和科学技术的进步，对经济发展的影响越来越突出。认识资源问题与环境问题的产生与发展历程，是解决当前资源环境问题的前提。本章主要阐述资源环境问题的产生与发展过程、资源环境问题的主要表现及我国的资源环境问题。

第一节　资源与环境问题的产生与发展

一、资源问题的发展时期

资源问题的变迁离不开资源开发利用的历史过程。资源开发利用与人类发展息息相关。伴随着资源开发利用的历史进程，资源问题也经历了以下三个过程。

1. 开发技术限制时期

该类资源问题出现在农业资源开发时期，大概从原始人类群落到 18 世纪产业革命。在这个时期，人类在采集、狩猎、捕捞野生动植物资源的基础上逐渐发展成为农业资源。但在这个时期劳动工具简陋，生产技术为手工操作，劳动生产率低，主要依靠多消耗体力劳动向自然界索取资源。资源问题主要体现在开发利用资源的种类较少，对资源开发利用的技术缺乏，人们对资源的索取仅仅局限在含有人类劳动的自然资源，即实物资源。生产工具的数量和质量，决定着对自然资源开发的广度和深度。利用铁金属材料替代石料、木材制造的生产工具，质量上有了大幅度提高。又以畜力和水力、风力等自然力替代一部分人力作为推动生产设备的动力，并出现动力机械设备，社会生产的机器体系处于诞生前夕，预示着社会生产的发展进入一个新阶段。但由于当时的生活条件和技术水平，资源的开发利用还十分有限。

2. 资源大量浪费与矛盾突显时期

从 18 世纪产业革命至 20 世纪中叶，大约两百余年的时间里，随着蒸汽机的普遍应用，以机械动力技术为基础的机器大生产代替了以手工操作技术为基础的工场手工业，人们对自然资源开发的深度和广度不断扩展，从平原扩展到山区，从陆地扩展到海洋，出现了大量的原材料资源，尤其是工矿资源开发所形成的产业，成为国民经济中的基础产业或主导产业。随着对资源开发的广度和深度加大，资源的数量相对丰裕，人们对资源的浪费越来越严重，尤其是在两次世界大战前后，对燃料、原料的需求加速增长，自然资源大量消耗。人们在"自然资源是取之不尽、用之不竭的"思想指导下，对自然资源的开发达到了前所未有的高度。

继第二次世界大战后（1950年以后），人口数量急剧增加，经历了手工生产时期的人们，在现代机器大生产环境下有着迫切提高生活水平的渴望，这种要求的实现需要消耗大量的自然资源。因此，人们对地球上的资源进行了掠夺式的开发。随着人们对资源的过量开采，随之而来的是资源短缺，环境污染问题的日趋严重，人口、资源、环境和经济发展的矛盾愈来愈突出。

3. 资源消耗和智力资源缺乏时期

从第二次世界大战以后的1946年，第一台电子计算机研制成功开始进入这一时期。工业化使人类与自然对抗的能力大大提高，在自然资源开发利用上所取得的成就使生活在其中的人们获得了可观的利益，于是人们（尤其是生活在发达国家城市里的人们）产生一个错觉，即人类征服自然的作用更加强化了，人们的消费极大地增长，对不可更新资源的依赖性增强，人均能源消耗急剧上升。与此同时，工业化时期造成的环境危机问题，迫使世界各国加强智力资源开发，研究有关节约自然资源和防止环境污染的先进技术和管理措施，使资源结构从实物资源消耗型向智力资源消耗型转移。所谓智力资源是劳动力资源的组成部分之一，是劳动者在生产劳动过程中逐渐积累形成的。智力资源有多种具体表现形态，概括来说，在资源开发利用中起着重大作用的主要有科学技术和科学管理两种。科学技术是指劳动者对科学实验和生产实践经验加以总结，在头脑中形成的科学理论和技术设计方案。这些理论和方案，经过对劳动者的培训和技术方案的商品化、产业化，融合到劳动者的技能和生产资料的素质中去，于是劳动者和生产资料成为科学技术的载体。劳动者技能和生产资料质量愈高，制成品所包含的智力劳动量也就愈多，其附加值也就愈高。科学管理是管理工作必须遵循的原则。所谓科学管理，就是按照客观规律的要求，尽可能采取电子计算机技术、信息网络技术、系统分析等先进管理手段和管理方法，正确处理国家、部门、地区、企业之间的相互关系，使劳动力、生产资料、资金、技术、信息等生产要素达到合理的优化组合，以最少的劳动消耗和实物资源消耗取得最大的经济效益和生态效益。

二、环境问题的产生和发展

环境保护与可持续发展是当今世界人们最关心的问题之一，由于全球人口的迅速增长、科学技术的进步、社会化大生产的不断发展、人们的生产和生活不断地影响环境，使许多环境因素改变，自然资源锐减，不利于人类生产和生存的环境问题逐渐增多。

1. 环境

环境是相对于某中心事物而言的。它作为中心事物的对立面而存在，是作用于该中心事物所有物质和力量的总和。环境因中心事物而异，随中心事物的改变而变化。它与中心事物既相互呼应，又相互制约，既相互依存，又互相转化。简单地讲，与某一中心事物有关的周围事物即称该中心事物的环境。我们所讨论的环境是人类的生存环境，是以人为中心的环境，这一环境是指围绕着人群的空间及其可以直接或间接影响人类生活、生产和发展的各种物质与社会因素、自然因素及其能量的总体，它包括自然环境和社会环境两方面。自然环境主要包括空气、水、野生动植物、土地、矿物、岩石、太阳辐射等，这些都是人类赖以生存的物质基础。社会环境是指人们生活的社会经济制度和上层建筑的环境条件，是人类在物质资料生产过程中共同进行生产而结合起来的生产关系的总体，又称文化-社会环境。在本书中，我们主要对自然环境进行讨论。

世界各国的一些环境保护法中，往往把环境中应当保护的环境要素或对象称为环境。如《中华人民共和国环境保护法》定义的环境"是指影响人类生存和发展的各种天然的和经过人工改造的自然因素的总体，包括大气、水、海洋、土地、矿藏、森林、草原、野生生物、自然遗迹、自然保护区、风景名胜区、城市和乡村等"。这是与人类关系最为密切而必须加以保护的那部分环境。总体上来讲，我们可以把周围的环境概括为自然环境，以及人为在改造自然环境的过程中创造的一些人工环境。

环境是一个非常复杂的系统。按照系统论的观点，人类环境是由若干规模大小不同、复杂程度有别、等级高低有序的子系统构成的，各子系统和组成成分之间的相互作用使系统具有整体功能、集体效应和协同作用。环境目前还没有形成统一的分类方法，一般是按照环境的主体、范围、要素和人类对环境的利用或环境的功能进行分类。按照环境的形式分类，可划分为自然环境和社会环境；自然环境按其主要环境组成要素可分为：大气环境、水环境、土壤环境、地质环境等。

环境系统是一个复杂的动态系统和开放系统，系统内外存在着连续不断的、巨大和高速的物质、能量和信息的变化和交换，在一定时空尺度内，若系统的输入和输出处于动态平衡，称为环境平衡或生态平衡。环境系统的组成和结构越复杂，它的稳定性越大，越容易保持平衡。环境具有如下特征：第一，环境具有整体性和区域性。环境的整体性是指环境的各个组成部分或要素构成一个完整的系统，又称系统性；环境的区域性是指环境整体特性的区域差异，不同（面积不同或地理位置不同）区域的环境有不同的整体特性。第二，环境具有变动性和稳定性。环境的变动性是指在自然界和人类社会行为的共同作用下，环境的内部结构和外在状态始终处于不断的变化之中；环境的稳定性是指环境系统具有一定的自我调节能力，即在人类社会行为的作用下，环境结构与状态所发生的变化不超过一定的限度，也就是说人类生产、生活行为对环境的影响不超过环境的净化能力时，环境可以借助自身的调节能力使这些变化逐渐消失，使其结构和状态得以恢复。第三，环境的资源性与价值性。环境价值源于环境的资源性。人类社会的生存发展都是环境不断提供物质和能量的结果。环境资源除物质性资源以外，还包括非物质性资源。比如，环境状态就是一种资源，不同的环境状态，将给人类社会生存发展提供不同的条件。第四，危害作用的时滞性。由于污染物在生态系统各类生物中的吸收、转化、迁移和积累需要时间，因此自然环境一旦被破坏或被污染，造成的后果将是潜在的、深刻的、长期的。

2. 环境问题

概括地讲，环境问题是指全球环境或区域环境中由于自然力或人类活动所引起的环境数量和质量的变化，以及这种变化对人类生存和发展造成影响的问题。人类生存在环境中，其生产和生活必然受到自然环境的影响，同时人类的活动不可避免地对环境产生影响。这些影响有些是积极的，对环境起着改善和美化的作用；有些是消极的，对环境起着退化和破坏的作用。凡是对环境与人类之间相互作用的消极影响都构成环境问题。

环境问题是多方面的，但大致可以分为两类：原生环境问题和次生环境问题。由自然力引起的为原生环境问题，也称第一环境问题，如火山爆发、地震、洪涝、干旱、滑坡等引起的环境问题。由于人类的生产和生活引起生态系统破坏和环境污染，反过来又危及人类自身的生产和发展的现象，为次生环境问题，也称第二环境问题。次生环境问题包括生态破坏、环境污染和资源浪费等方面。

生态破坏是指人类活动直接作用于自然生态系统，造成生态系统的生产能力显著减少和结构显著改变，从而引起的环境问题，如过度放牧引起草原退化、滥采滥捕使珍稀物种灭绝和生态系统生产力下降、植被破坏引起水土流失等。环境污染指人类活动的副产品和废弃物进入物理环境后，对生态系统产生的一系列扰乱和侵害，由此引起的环境质量的恶化反过来又影响人类自己的生活质量。环境污染不仅包括物质造成的直接污染，如工业"三废"和生活"三废"，也包括由物质的物理性质和运动性质引起的污染，如热污染、噪声污染和放射性污染。

目前人们所说的环境问题一般是指次生环境问题，本书中对由于人类活动加剧了的第一环境问题的生态学原理也进行了阐述和分析。但值得注意的是，原生环境问题和次生环境问题往往很难截然分开，它们之间常常存在着某种程度的因果关系和相互作用。

3. 环境问题的产生和发展

环境的变化，包括环境要素的物理化学性质或环境结构发生不利于人群和生物的变化，并对人类的生存产生不利的影响，于是产生环境问题。人类的产生和发展一直与环境变化带来的环境问题有关。往往老的环境问题解决了，新的环境问题又产生了。历史的发展证明，环境问题一直伴随着人类活动而存在，并且随着人类活动的强化而发展。

地球度过了40多亿年以后，才成为人类的摇篮。相比之下，人类的历史是很短的，但就在这一时期内，人类是伴随着环境问题的产生而诞生的，也随着对环境问题的认识和解决而发展。早在300万年前的第三纪，地球气候炎热湿润，热带亚热带森林广布，古猿生活在其中，过着无忧无虑的生活，进化速度也很慢。在大约距今300万年时，地球进入第四纪冰川期，气候寒冷，森林面积大大缩小，古猿的生存受到严重威胁，因不适应而大批死亡，但少量的古猿改变了自己的生活习惯，走下树木，学会制造和利用工具，改造环境，战胜寒冷和饥饿，于是人类产生了。这个时期的环境问题是气候危机，属于原生环境问题，人类就是在解决气候危机的过程中诞生的。古人类在漫长的发展过程中，绝大部分时间过着采集植物果实、种子、根、茎、叶和捕鱼打猎生活。由于人类当时不会打井，不能远离水源，因此，可供采集和渔猎的生物资源十分有限，往往因采集和渔猎过度引起生物资源枯竭，于是产生了食物危机，这是人类活动直接影响产生的环境问题。食物危机迫使古人类迁移，而迁移的结果又往往使新的地区生物资源枯竭。食物危机又迫使古人类再次改变自己的生活方式和生产方式，距今大约8000年前，人类学会了农耕和畜牧，人类社会发展到了一个新的阶段，即由原始社会进入了农业社会。

在农业社会中，人类食物有了稳定的来源，这一时期可看作人类征服自然、改造自然的开始，人类在这一过程中创造了文化，发展了生产，改善了生活条件，社会文明程度有了很大提高，先后产生了若干伟大的古代文明，例如古埃及、古巴比伦、古希腊、古印度、古中国等。在这些古文明中心创造灿烂文化的同时，也逐渐产生了新的环境问题。由于扩大耕地等原因，破坏了植被，森林被砍伐，草原被开垦，由此带来了水土流失、沙漠化；不合理的灌溉又带来了盐碱化。这些都破坏了土地资源，进而破坏了农业社会的经济基础，因此，一些古文明衰落了，或被迫迁移至其他地区。这就产生了另一环境问题——土地危机。土地危机至今仍然困扰着人类社会。

到了工业社会，"三废"排入环境，积累到一定程度，超过环境容量，造成环境污染。进入20世纪，由于近代社会经济的高度发展，环境污染和衰退更加严重，特别是在人口激增和人类正以空前规模开发自然资源的今天，环境问题变得更加严峻、更加紧迫。

第二节 人类主要的资源与环境问题

一、主要资源问题的演进

资源问题近几十年来已日益成为人们普遍关注的问题之一。它与人口爆炸、环境恶化、生态失衡被看成是 21 世纪困扰全球的四大显性危机，成为当今世界各国普遍重视和报道的焦点。它表明以牺牲资源和环境为代价的经济增长，已使人类赖以生存和发展的家园——地球的环境正面临有史以来最严峻的威胁。资源问题并不是新问题，随着人类的产生，人类对自然就产生了依赖关系，自然界中的资源与人类的生产活动密切相关。在农业文明时代，人类生存与发展和资源供给的矛盾还没有凸现出来，人与资源的关系是协调的、适应的，因而人类对资源以及资源价值的认识是模糊的、不清晰的。自进入工业文明时代以来，科学技术的发展，工业化和城市化进程的加快，带来了前所未有的经济增长和生活消费水平的提高，从而也使得人类对资源的需求和消耗大大增加。人在人与自然的关系中逐渐突起，人与自然的平衡关系随之被打破，在征服自然、改造自然，进而支配自然这一理念的支配下，人们甚至形成了一种资源低廉和资源无限的征服主义资源观。18 世纪法国著名数学家拉格朗日就曾经说道："不要认为自然资源是有限的，借助于人类的技能，自然资源能够成为无限的。"拉格朗日的看法无疑是当时大多数人对资源所持的基本看法，正是这一看法导致了人们对自然资源采取了掠夺式和耗竭式的占有和使用方式，从而使得人类需求与自然资源的矛盾逐渐出现。

进入 20 世纪以来，特别是第二次世界大战以来，人类对自然资源的消耗成倍增长。据对 50 个国家的统计表明：人均国民生产总值与人均能源消耗成正相关关系。人均国民生产总值不到 1000 美元时，人均能耗在 1500kg 标准煤以下；人均国民生产总值达 4000 美元时，人均能耗在 10000kg 标准煤以上。由于人类对自然资源不加节制的使用和掠夺，人类生存与发展的资源基础遭到了持续削弱，人与资源之间的相互关系变得紧张，且越来越发展和激化，致使资源短缺和资源枯竭的现象时有发生。20 世纪 70 年代末 80 年代初，两次席卷全球的能源危机就是最明显的例证。全球性的资源危机引起了一系列相关的全球问题：如人口增长与资源供给的矛盾更加尖锐；资源日益减少与枯竭使贫困化加剧发展；资源的争夺，引起了一场又一场的战争；资源的不合理开发利用，导致日益严重的生态环境恶化。如此等等，资源问题所引发的不再是某一些国家、某一些地区的局部问题，资源危机已经波及到地球的每一个角落和每一个民族，影响到人类的现在和未来。

发展至今，世界各国政府、学者和普通的平民都对资源危机有了共识，人们逐渐认识到：资源的需求是无限的，然而人们不得不面对资源的有限性的客观事实。只有世界各国人民都树立资源危机感的强烈意识，在快速经济发展对资源的无限需求和现有技术条件下有限的资源之间寻求一种科学和谐的发展模式，才能实现经济发展和资源开发利用的可持续。

二、主要环境问题

目前，危及人类生存和发展的环境问题可以概括为人口剧增、资源危机、自然灾害、生态破坏、环境污染五类。这些问题主要是在人类与环境相互作用的过程中产生的，也有一些是自然环境原生的（如自然灾害），但是在人类与环境相互作用的过程中其效应被放大了。

（一）人口剧增

世界人口已经从 1950 年的 25 亿猛增到当前的 60 多亿，据联合国估计，2025 年全球人口将增加到 80 亿，2050 年将增加到 93 亿。人口的急剧增长可以说是当前环境的首要问题。

随着人口的增长和人们生活水平的提高，土地、水资源、能源和其他自然资源将更加紧张，特别是在发展中国家，可能会引发空前的危机。人口增加在带来许多的社会、经济问题的同时，也使得自然灾害、生态破坏、资源短缺和环境污染问题更加严重。一旦人口超过了区域环境（自然生态环境以及人工环境）的承载能力（资源、生态、经济、基础设施等的承载能力），就会引发生态破坏、环境严重恶化等问题，甚至会出现人类文明的崩溃（如古巴比伦等）。

从人口增加的趋势来看，未来几乎所有人口增长均来于发展中国家。因此，无论是从逐渐改善人类的生存质量来讲，还是从合理保护和利用环境以实现人类和环境的可持续发展角度来讲，控制人口规模都是必要的，尤其是发展中国家，在大力发展经济的同时，控制人口的增长依然是当务之急。

（二）资源危机

人们通常将资源看作为各种自然要素。从环境科学的角度可把自然资源分为以下两大类。

1. 原生性自然资源

阳光、空气、降水等是自然资源，它们随地球的形成和运动而存在，属非耗竭性资源。

2. 次生性自然资源

次生性资源是在地球演化过程中的特定阶段形成的，其质与量有限定，具有一定的空间分布，属耗竭性资源，又可分为两类：①非再生性资源，如煤、石油、天然气等；②可再生性资源，如动物、植物、微生物和各类生物群落等。可再生性资源是在自然界的特定条件下生成的，能持续更新、再生、繁衍和增长，但当该物种消失后，该资源就不可能再生了。关于资源的分类标准及资源类别的内容，将在第二篇内容资源学基础部分详细介绍。

资源是人类生存发展不可缺少的物质依托和条件，全球人口急剧增长和经济高速发展，需要大量自然资源的支持，在"资源无价"和资源"取之不尽、用之不竭"错误认识的引导下，人们在生产和发展过程中把追求经济效益作为唯一目标，掠夺式地开发和利用自然资源，从而出现了全球的资源危机，如全球的水资源危机、不断减少和退化的土地资源、生态系统破坏、生物资源快速减少等。

（三）自然灾害

自然灾害是自然环境自身变化所引起的，主要受自然力的控制，在人类失去控制能力的情况下，使人类生存和发展的环境受到一定的损害，一般也叫原生环境问题或第一环境问题。但是，今天一些大型工程的建设、大型武器试验等也会引发类似的灾害。例如，在一些地方因为水库的建设而引发的水库地震，水库、河流等堤坝损毁造成的洪涝灾害，核试验引发的地震等。

陨石等天体撞击事件（通古斯大爆炸）、太阳异常、电磁风暴、宇宙射线等天文灾害；火山、地震、岩崩、滑坡等地质灾害；水灾、泥石流、旱灾、风暴、冰雹、沙尘暴、干热风、寒潮等气象水文灾害；病虫害、蝗灾、森林火灾、物种灭绝（自然因素）等生物灾害，都是自然灾害的典型形式。

虽然人类很难避免自然灾害的发生，但是可以采取一些措施来减少灾害带来的损失，如灾害预报、建设堤坝等防灾设施，提高建筑物抗灾能力，灾害中的紧急救助以及灾后疾病控制和灾区重建等；也可以运用已经掌握的规律，避开在灾害多发地区进行建设，或者避免人为地制造或强化自然灾害。在科学技术日益发达的今天，人们已经能够在一定范围内控制一些诸如蝗灾、病虫害以及泥石流等灾害的发生，将来人们还可以控制更多的灾害。

（四）生态破坏

生态破坏是指由人类社会活动引起的生态系统的平衡遭到破坏及由此衍生的环境效应，导致了系统的结构和功能严重失调，对人类生存发展以及环境本身发展产生不利影响的现象。造成生态破坏的原因有自然因素和人为因素等。生态环境破坏主要包括：水土流失、沙漠化、荒漠化、森林锐减、土地退化、生物多样性的减少，此外还有湖泊的富营养化、地下水漏斗、地面沉降等。这些生态破坏行为之间存在着直接或间接联系，如土地退化和森林植被锐减、草场退化等。由于森林的破坏，导致了地区气候变化、降雨量减少以及自然灾害（如旱灾、鼠虫害等）日益加剧。据调查，我国四川省已有 46 个县年降雨量减少了 $15\%\sim20\%$，不仅使江河水量减少，而且旱灾加重。在四川盆地，20 世纪 50 年代伏旱一般三年一遇，现在变为三年两遇，甚至连年出现，而且旱期成倍延长。土地退化是当代最严重的生态环境问题之一，它正在削弱人类赖以生存和发展的基础。由于人口增长，大规模、高强度的农业开发以及人为对植被的破坏，导致了水土流失、沙漠化、荒漠化、草场退化、土地贫瘠化和盐碱化。全世界年均流失的土壤超过 $2.57\times10^{13}\,kg$，主要分布在干旱和半干旱地区。沙漠化是非沙漠地区出现的以风沙活动、沙丘起伏为主要标志的沙漠景观的环境退化过程，全球目前约有 $3.6\times10^{9}\,hm^{2}$ 的干旱土地受到沙漠化的直接威胁。在人为干扰下，生物物种濒危和灭绝的速度比自然状态下大大加快了，从公元前 8000 年到 1975 年，哺乳动物和鸟类的平均灭绝速率大约增加了 1000 倍。

（五）环境污染

环境污染是指由于人为的或自然的因素，使得有害物质或因子进入环境，并在环境中扩散、迁移、转化，使环境系统结构与功能发生变化，对人类以及其他生物的生存和发展产生不利影响的现象。导致环境污染的污染物可以是人类活动的结果，也可以是自然变化的结果，或者是两者共同作用的结果。如工业废水和生活污水的排放，使水体水质变坏；因化石燃料的大量燃烧，使大气中颗粒物和 SO_2 浓度急剧增高等现象均属环境污染。在通常情况下，环境污染主要是指人类活动所引起的环境质量下降而有害于人类及其他生物的正常生存和发展的现象。而自然过程引起的同类现象，称为自然突变或异常。在经济高速发展的今天，对人类社会影响和危害较大的也是人类活动所引起的环境污染问题。

环境污染的产生和存在，可以说是由来已久，然而它真正引起人们重视和普遍关注，却是在 20 世纪 50 年代后。正是由于公害事件，导致了人群在短时间内大量致病和死亡，产生了不利于社会、经济发展的社会效应。促使环境污染成为一个全球社会性的问题而被人们所重视，从而促进了全球环境保护事业的发展。

第三节　中国的资源环境问题

一、中国资源的特点及主要问题

从国家尺度上看，各国的情况大相径庭，所面临的资源问题也不一样。美国、加拿大、澳大利亚、俄罗斯等资源大国，人口相对较少，经济较发达，资源问题不是那么危急；而我国和许多发达国家情况相反，资源问题比较严重。

（一）中国资源的特点

1. 资源总量丰富，种类齐全，人均占有量相对不足

中国国土面积（陆地）为 $960\times10^{4}\,km^{2}$，居世界第三位。耕地面积约 $1.218\times10^{8}\,hm^{2}$，占世界 6.5%，居世界第四位。中国森林面积 $1.75\times10^{8}\,hm^{2}$，占世界 3.9%，居世界第五

位。地表水资源约 $26000 \times 10^8 \, m^3$，居世界第六位；按 45 种主要矿物资源的潜在价值计算，居世界第三位；水能、太阳能、煤炭资源分别居世界第一、第二、第三位。我国是世界上少数几个资源大国之一。

我国地形多样，气候复杂，形成多种多样可更新的自然资源，我国生物多样性居世界前列。我国是世界上植物种类最丰富的国家之一，所有种数仅次于马来西亚和巴西。中国森林覆盖率为 14％。中国矿产资源（包括矿物能源资源）极为丰富。45 种主要矿产储量与世界矿产储量和储量基础比较，有一半的矿种在世界上居前三名。其中占世界第一位的有 12 种，占第二、三位的有 12 种，占第四、五位的有 12 种。从总量上来看，现已发现的矿产有 168 种，探明有一定储量的矿产有 153 种，其中能源矿产 8 种，金属矿产 54 种，非金属矿产 88 种，水气矿产 3 种，探明储量潜在价值仅次于美国和俄罗斯，居世界第三位，是世界上矿产资源最丰富、矿种齐全配套的少数几个国家之一。

我国虽然资源总量较丰富，但各类资源人均占有量都低于世界平均水平。我国人均值与世界平均水平的比值，矿产资源是二分之一，土地资源为三分之一，森林资源是六分之一，草地资源是三分之一；人均耕地面积不到世界人均耕地面积的三分之一；人均水资源量只有 $2200 m^3$。从目前资源水平来看，我国主要自然资源的人均占有水平都较低，并将继续降低，这一严峻且不可改变的事实表明我国人口对资源的压力较大，资源承载力问题是人们不得不认真思考的重大问题。

2. 资源总体组合较好，配套程度较高，但质量相差悬殊，结构性短缺现象广泛存在

我国国土资源辽阔，地形多样，气候复杂，形成了多种多样的农业自然资源。尽管我国资源种类较齐全，但结构不尽理想，质量相差较大。我国自然资源分布东西差异极其明显，南北资源组合的差异也很大。耕地资源、森林资源、水资源大约 90％以上集中分布在东半部，而能源、矿产等地下资源和天然草地相对集中于西部。长江以北平原广，耕地多，占全国总量的 63.9％，但水资源少，仅占全国总量的 17.2％；而长江以南则相反，土地面积大，耕地面积少，仅占全国耕地总量的 36.1％，但水资源丰沛，占全国总量的 82.8％。从资源质量看，我国资源质量相差悬殊，就矿产资源而言，我国贫多富少，共生伴生矿多，单一矿少，中小型矿多，大型超大型矿床少。

3. 资源时空分布不平衡，运输成本高

我国资源分布显示出明显的东西、南北分异的空间和时间特征。中国降水的 70％～80％集中在 6～9 月份，并多以暴雨形式出现，使我国供水和储水成本提高。我国耕地资源、森林资源、水资源 90％以上集中在大兴安岭向西南至青藏高原东缘一线以东，而矿产资源、能源及天然草地，相对集中于中西部，东西差异极为显著。

资源时空分布不平衡，资源组合配置不协调，对资源的开发利用带来极大制约，使成本增高，效益降低，给运输增加了极大压力和困难，使资源开发受到运力的制约。另外，许多重要矿产资源多分布在边远地区，基础设施差，经济发展程度低，也使开发利用受到限制。

4. 资源开发强度大，后备资源不足

由于人口多，中国的各类资源在经济技术所能及的范围内都得到了开发利用，后备资源明显不足。目前已基本没有适宜开发种植农作物的后备土地资源，宜农耕地处于"饱和"和"过饱和"状态。这是因为在黄土高原、风沙地带和西南山区，在不适宜农作的陡坡地种植作物，造成水土流失。草地资源面临着超载放牧、土地沙化的危险。森林资源面临采大于育、采育失调的问题。华北平原对地下水的超量开采，已经导致"大漏斗"的发生。

（二）中国资源开发利用中存在的问题

改革开放以来，我国 GDP 年均增长率达 9.4％。但我国经济的高速增长是建立在过度消耗资源和破坏环境基础上的。全社会必须加深对资源节约有利因素和不利因素的认识，增强资源节约的紧迫感和责任感。我国在资源开发利用过程中存在的主要问题如下。

1. 资源消耗大，利用水平低

主要表现在资源利用效率低、效益差，与国际先进水平相比仍存在很大差距。我国矿产品消耗强度高于发达国家，从矿产资源的消耗强度看，在现行汇率下，我国每万元 GDP 消耗的钢材、铜、铝、铅、锌分别是世界平均水平的 5.6 倍、4.8 倍、4.9 倍、4.9 倍、4.4 倍。2003 年，我国实现的 GDP 按当年汇率计算为 1.4 万亿美元，约占全世界 GDP 的 4％，但为此消耗的各类国内资源和进口资源，经折合后粗略估算为 5×10^{12} kg。

2. 资源浪费严重

我国矿产资源总回收率仅为 30％，小型煤矿的煤炭资源回收率只有 10％～15％；资源浪费现象比比皆是，如公共场所长流水、常明灯现象，过度包装愈演愈烈，浪费粮食问题屡见不鲜，开发区等非农业用地侵占和浪费耕地、破坏土地资源现象十分严重。

3. 再生资源的资源化水平低

发达国家再生有色金属的产量一般占其有色金属总产量的 30％～40％，而我国仅为 15％～20％。我国每年约有 5×10^9 kg 废钢铁、2×10^8 kg 废有色金属、1.4×10^{10} kg 的废纸及大量的废塑料、废玻璃等没有回收利用。

二、中国主要的环境问题

中国在全面推进现代化建设进程中，从国情出发，将环境保护作为一项基本国策，开展了大规模的污染防治和生态保护工作，并取得了很大的成绩。但是，应当冷静地看到，由于中国正处于迅速推进工业化和城市化的历史进程中，加上生产工艺落后以及粗放的生产与经营管理方式，目前环境形势依然十分严峻。从整体上看，中国的环境质量仍在继续恶化，局部地区非常严重；以城市为中心的环境污染还在发展，并向农村蔓延；生态破坏的范围在扩大，程度在加剧。如果对此不给予足够的重视，很有可能在环境问题上重蹈 20 世纪 50 年代人口政策失误的覆辙，进而严重威胁我国社会、经济的可持续发展。

（一）生态破坏

生态环境的破坏和生态平衡的失调是影响环境可持续发展的主要障碍之一。与环境污染相比，它的影响更为深远。生态破坏主要表现在水土流失、土地荒漠化、草场退化、森林资源危机、水资源短缺、生物多样性减少等方面。

1. 水土流失严重

中国是世界上水土流失最严重的国家之一，治理的速度赶不上破坏的速度。每年流失量达 5×10^{12} kg 以上，相当于在全国的耕地上刮去 1cm 厚的土层，其中流失氮、磷、钾肥料元素的量相当于 4×10^{10} kg 的化肥，相当于每公顷耕地冲走了 375kg 肥料。截至 2007 年，我国水土流失的面积达 3.5692×10^6 km²，占国土面积的 37.1％。全国受水土流失影响的耕地约占耕地总面积的 1/3。水土流失涉及全国近 1000 个县，主要分布在西北黄土高原、江南丘陵山地和北方土石山区。每年被输入黄河的泥沙量达 1.6×10^{12} kg，居世界河流之冠，其下游 400km 长的河床，每年因大量泥沙的沉积，河底抬高 10cm，现在已成为河底高于周围地面的一条"悬河"。长江流域的土壤流失也日趋严重，长江流域的 1.8×10^8 hm² 土地中的 20％，即 3600×10^4 hm² 土地发生了水土流失，30 年间增加了 1 倍，每年流失表土达 24000×10^8 kg，其中 5000×10^8 kg 被带入东海。

2. 土地荒漠化

目前，中国荒漠化土地面积为 $2.63 \times 10^6 \text{km}^2$，占我国国土面积的 1/3，目前仍在扩展。风沙区生态环境脆弱，耕地萎缩，人民生活受到极大影响，全国有 60% 的贫困县集中在风沙地区，4 亿人口受到荒漠化的影响。

我国北部被沙漠包围，荒漠化最严重的地区包括占国土面积 37% 的内蒙古、甘肃、宁夏、青海、新疆 5 个省、自治区在内的干燥地带。历史上著名的丝绸之路上的西域，荒漠化肆意蔓延。敦煌一带，20 世纪 50 年代红柳茂盛，被称为"红柳园"，目前则是一片荒芜。农田和村落逐渐被沙海吞没，河西走廊的库都克沙漠、柴达木沙漠也在不断向东向南扩大，风沙和热风逐年加剧，每逢风沙来临，天空一片昏暗。内蒙古科尔沁沙漠已经越过内蒙古与辽宁的边界线，正以平均每年前进 30m 的速度向南推进，威逼中国东北工业大城市沈阳。北京春天的风沙天数，从 20 世纪 60 年代的平均 17.2d，增加到 70 年代的平均 20.5d，而 80 年代以后又有所增加，沙漠已经蔓延到北京市南郊永定河北岸的大红门附近。

3. 草场退化

由于长期以来对草地资源采取自然粗放经营的方式，重利用、轻建设，重开垦、轻保护，草地资源面临严重的危机，草地退化面积占可利用草地面积的 1/3，并继续发展。如果不采取有效措施，草原牧草产量将会继续下降，草原生态环境将更加恶化。

青海省玛多县地处黄河之源，属高原大陆性半湿润气候。过去这里水草丰美，畜牧业发达，20 世纪 80 年代是全国有名的畜牧先进单位和牧区富裕县。90 年代开始，由于干旱加剧，草场放牧超载，加上鼠害蔓延，草原大面积沙化，现退化草场面积已占草原总面积的 70%，成为全国十大贫困县之一。

4. 森林资源危机

中国是世界上人均森林面积最少的国家之一。尽管我国的造林和森林保护事业取得了很大的成绩，森林覆盖率在过去的 10 年里有了较大的提高，自 1999 年起，历时 5 年的森林清查的数据表明，目前我国的森林覆盖率达到了 18.21%，虽比 1990 年的 14% 有了较大的提高，但与世界平均覆盖率水平 31.7% 还有很大的差距。在森林覆盖率提高的同时，我国用材林面积缩小，森林质量下降，森林资源面临的形势依然非常严峻。

5. 水资源短缺

由于中国水资源时空分布极不均衡且利用效率低，北方地区严重缺水，对工农业生产和人民生活造成很大影响。据统计，目前我国 600 多座城市中，有 400 多座供水不足，其中 100 多座城市严重缺水，位于中国西北、华北、东北的北方城市几乎全都缺水，年缺水量约 $(300 \sim 400) \times 10^8 \text{m}^3$，北京市人均用水量只相当于一些发达国家首都的 1/3；农村有 3.6 亿人口喝不上符合卫生标准的水，成为健康问题，北方和西北农村有 5000 多万人和 3000 多万头牲畜得不到饮水保障，这些在短期内都难以缓解。淡水资源不足已成为影响中国许多地区社会和经济发展的重要因素。

6. 生物多样性减少

中国是生物多样性特别丰富的国家之一，生物多样性居北半球第一位。但由于人口过快增长和经济高速发展带来的生态环境大面积破坏和退化，我国有 15%～20% 的动植物种类受到威胁，高于世界 10%～15% 的平均水平。

（二）环境污染

中国的环境污染给人民健康与国民经济建设带来巨大的危害，已严重危及当代人的生存环境，必须花大力气加以认真治理。下面以污染对象为主要内容进行简单介绍，具体污染类型的介绍将在第二篇中详细讲述。

1. 水污染

目前中国不仅面临水量的危机，同时水质危机也很严重。据《中国环境状况公报》和水利部门报告显示，1997 年，我国七大水系、湖泊、水库、部分地区地下水受到不同程度的污染，河流污染比重与 1996 年相比，枯水期污染河长增加了 6.3 个百分点，丰水期增加了 5.5 个百分点，在所评价的 5 万多千米河段中，受污染的河道占 42%，其中污染极为严重的河道占 12%。据 2003 年 6 月 5 日国家环境保护总局发布的《2002 年中国环境状况公报》显示，我国七大水系污染程度由重到轻依次为：海河、辽河、黄河、淮河、松花江、珠江、长江。其中，海河、辽河水系污染最严重，劣 V 类水体占 60% 以上。北方一些江河甚至出现"有水皆污，有河皆干"的局面。

我国的主要湖泊污染同样严重，水质令人担忧。大多数淡水湖泊和城市湖泊均为中度污染，水库污染相对较轻。全国主要湖泊氮、磷污染严重，导致富营养化问题突出。

2. 大气污染

燃煤是形成中国大气污染的主要原因，大气污染主要集中在城市，主要污染物是烟尘和二氧化硫。据《中国环境状况公报》显示，1997 年，我国城市空气质量仍处在较重的污染水平，北方城市重于南方城市。一半以上的北方城市和三分之一强的南方城市二氧化硫年均值超过国家二级标准（$60\mu g/m^3$）。北方城市年均值为 $72\mu g/m^3$；南方城市年均值为 $60\mu g/m^3$。以宜宾、贵阳、重庆为代表的西南高硫煤地区的城市和北方能源消耗量大的山西、山东、河北、辽宁、内蒙古及河南、陕西部分地区的城市二氧化硫污染较为严重。

大城市汽车尾气污染趋势在加重，氮氧化物已成为少数大城市空气中的首要污染物，氮氧化物年均值浓度在 $4\sim140\mu g/m^3$ 范围之间，全国年均值为 $45\mu g/m^3$，北方城市年均值为 $49\mu g/m^3$，南方城市年均值为 $41\mu g/m^3$。34 个城市氮氧化物年均值超过国家二级标准（$50\mu g/m^3$），占统计城市的 36.2%。其中，广州、北京、上海三市氮氧化物污染严重，年均值浓度超过 $100\mu g/m^3$；济南、武汉、乌鲁木齐、郑州等城市污染也较重。

由于二氧化硫等酸性气体含量的增加，近年来，酸雨危害在我国发展很快。中国从 271 个酸雨观测站中选出具有代表性的 81 个同步进行连续观测，再把所得到的数据进行分析。结果发现，81 个站中有 49 个站的降雨属于酸雨，占 61%，酸度低于 4 的重酸区在长江以南，几乎连成一片，除了东北西部、内蒙古、山西北部、西北大部和西藏与四川西部以外，其余地区都有酸雨。目前年均降雨的 pH 值低于酸雨临界值 5.6 的地区已占全国面积的 40% 左右。随着中国未来社会经济发展与能源需求的增加，因燃煤排放的二氧化硫的量将急剧增加。据统计，1990 年中国煤炭消耗 $1.052\times10^{12}kg$，二氧化硫排放量为 $1.495\times10^{10}kg$（不含乡镇企业）；1995 年煤炭消耗量超过欧洲和美洲，居世界首位；2000 年，煤炭消耗量增至 $1.45\times10^{12}kg$，二氧化硫排放量达 $2.73\times10^{10}kg$。中国酸雨形势十分严峻。

3. 固体废物污染

近年来，中国固体废物的产生量、排放量和堆存量不断上升。工业固体废物利用率很低，多数仅是简单堆放或随意弃置，不仅占用农田，而且对地表水和地下水造成严重污染。目前受污染的农田已达 $1\times10^5km^2$，因此而造成的粮食减产每年在 $1\times10^{10}kg$ 以上。城市垃圾产生量以平均每年 10% 的速度递增，有 25% 的城市垃圾得不到及时清运，工业固体废物和城市垃圾的"围城"现象十分普遍，严重制约了城市的建设和发展。有害废物大多未得到安全处置，其随意堆放已构成重大的环境隐患。

4. 噪声污染

据《中国环境状况公报》显示，1997 年，我国多数城市噪声处于中等污染水平，其中，生活噪声影响范围大并呈扩大趋势。交通噪声对环境冲击最强。

目前全国 2/3 的城市居民生活在噪声超标的环境中。近年来，由于城市机动车辆保有量的迅速增加和经济的迅速发展，噪声污染范围有所扩大，并有向近郊和乡镇扩散的趋势。全国道路交通噪声等效声级分布在 67.3～77.8dB 之间，全国平均值为 71dB（长度加权）。在监测的 49 个城市道路中，声级超过 70dB 的占监测总长度的 54.9%。

城市区域环境噪声等效声级分布在 53.5～65.8dB 之间，全国平均值为 56.5dB（面积加权）。在统计的 43 个城市中，声级超过 55dB 的有 33 个，其中，大同、开封、兰州三市的等效声级超过 60dB，污染较重。

环境污染事故给人民生活和经济生产带来了巨大损失。据《中国环境状况公报》公布，2003 年，全国发生工业污染事故 11446 起，其中废水污染事故 4667 起，废气污染事故 3585 起，固体废物污染事故 938 起，噪声污染事故 839 起。在上述污染事故中，特大事故 42 起，重大事故 31 起。

此外，环境因素已成为影响居民健康和导致居民死亡的四大因素之一。各种研究表明，恶性肿瘤和呼吸系统疾病均与环境密切相关，在恶性肿瘤的死亡中，城市仍以肺癌的死亡率为最高，达 35.59 人/10 万人，这与城市大气污染有直接关系；农村恶性肿瘤的死亡率逐年上升，占死亡总数的 17.25%，成为农村地区居民第二位的死亡原因。农村地区居民的首位死亡原因是呼吸系统疾病，占死亡总数的 26.23%。

可见，中国生态破坏与环境污染十分严重，已经危及人民身体健康与国发经济持续发展，并造成了巨大的经济损失。

本 章 小 结

资源问题的发展经历了开发技术限制时期、资源大量浪费与矛盾突显时期、资源消耗和智力资源缺乏时期。目前主要的环境问题包括两类，一类环境问题是生态破坏，另一类为环境污染。环境问题伴随着人类活动而存在，并伴随着人类活动强度的增加而发展。人类主要的环境问题有人口剧增、资源危机、自然灾害、生态破坏、环境污染等。

我国是人口众多的发展中国家，我国的资源具有不同其他国家的特点，即总量上丰富，种类齐全，人均占有量相对不足；资源总体组合较好，配套程度较高，但质量相差悬殊，结构性短缺的现象广泛存在；资源时空分布不平衡，运输成本高；资源开发强度大，后备资源不足。我国在资源开发利用过程中，问题比较多，主要环境问题表现在水土流失严重、土地荒漠化、草场退化、森林资源危机、水资源短缺、生物多样性减少及环境污染等。

复习思考题

1. 资源问题的发展经历了哪几个时期？
2. 环境问题的发展过程和主要的环境问题。
3. 我国资源的特点及开发利用中的主要问题。
4. 我国的主要环境问题有哪些，根据你的理解谈谈我国资源环境问题与全球资源环境问题的一致性及特殊性。

第二章 资源与环境可持续发展的必要性

环境是人类生存、繁衍所必需的物质条件的综合体，而资源是环境中能被人类直接利用，并带来物质财富的各种要素的总和。资源的合理利用和良好生态环境的保持，构成了人类社会可持续发展的基础。

第一节 持续减少的资源

世界各国人口的增长和工业化进程使得全球相当一部分自然资源状况趋于恶化，发展中国家尤甚。我国虽然资源总量多，但由于人口众多的压力，资源结构性短缺问题突出，受国民经济的扩张式发展模式的影响，资源开发毫无节制，加之利用中损失浪费严重及管理机制的不健全等问题，出现了明显的资源危机。

一、资源有限性的含义

资源有限性也称稀缺性，是资源最重要的特征，它包含以下两个方面的含义。

1. 数量上的有限性

自然资源是所有资源的基础，除气候资源外，其他自然资源如土地资源、森林资源、矿产资源、海洋资源、草场资源等都是有限的，并非取之不尽、用之不竭。国土资源部公布的2006 年度全国土地利用变更调查结果显示，截至 2006 年 10 月 31 日，2006 我国耕地面积减少 $3.07 \times 10^4 \, hm^2$，降至 $1.218 \times 10^8 \, hm^2$，逼近 $1.2 \times 10^8 \, hm^2$ 红线。

2. 可替代资源品种的有限性

人们为了满足生产和生活的某种需要，必须投入一定品种和数量的资源。根据实际需要所投入的资源品种可以相互代替。如为了发电，可以利用煤、石油、天然气、水力、风力、潮汐、地热等资源，尽管可用作发电的资源有很多种，但是其种类总是有限的。

同时我们还应辩证地认识资源有限性，一方面，一切资源特别是自然资源在数量上和品种上都是有限的，但随着科学技术的发展，通过新的科学发现和技术发明，人类会发掘出新的资源或新的代替资源，如利用核能发电等。另一方面，人类也可以开发出过去不能开发的一些储量丰富的资源。但是绝不能认为依靠科技进步就完全可以避免资源有限性给人类带来的危机。因为科技新发现是不确定的，新技术的发明也需要一个过程，有时甚至是一个漫长的过程。资源的有限性必须引起人们的高度重视，不能盲目乐观。

二、资源减少的原因

1. 资源的开发利用缺乏法律保护

资源管理方面的法律、法规不健全，许多重要环节尚无法可依，存在着以言代法、以权代法的不正常现象。对国家已颁布的有关法律、法规，存在着有法不依、执法不严、违法不究的现象。地方资源管理薄弱，有些地方各自为政，有令不行，有禁不止。资源国有意识淡薄，"靠山吃山、靠水吃水"，对国家的矿产资源随意开采，对森林资源滥砍乱伐，导致资源的严重浪费。

2. 生产粗放，投入多，产出少

由于我们的技术和设备不够先进，长期以来走的是一条资源消耗型的经济发展道路，资源的利用率和回收率低，整个经济资源投入量大，消耗量大，而物质产品产出少，产出与投入不成正比。我国产品对资源的消耗，远远高于世界发达国家的水平。如资源的综合消耗是美国的2.6 倍，是日本的 5 倍。中国工业的能源利用率和资源回收率均约为 30%，大大低于发达国家50% 的水平。工农业用水浪费严重，农田灌溉水的有效利用率为 25%～40%，工业用水的重复用水率只有 20%～30%，而发达国家一般达到 70%。中国木材的综合利用率为 60%，而国外发达国家达到 80%。中国粮食在产后环节中损失和浪费达 15%，大大超过了联合国粮农组织提出的 5% 的粮食产后损失标准。有限的资源得不到有效的利用，造成很大的浪费。

3. 对废旧物资利用不够重视

废旧物资的回收、再生和利用，是取得物资资源的一个重要方面。但由于人们缺乏资源意识，缺乏资源危机感，大量的废旧物资未能得到充分的利用，造成资源的浪费。特别是在由传统的计划经济向社会主义市场经济转变的过程中，行政职能弱化，法制不健全，市场行为不规范，使废旧物资的回收多渠道、多层次，失去控制，造成混乱。由于废旧物资回收不力，所以也得不到很好的利用。废旧物资的再生得不到重视，资金短缺，投入不够，技术装备落后，资源再生的广度和深度都受到影响，很多资源得不到综合利用，造成极大浪费。

4. 缺乏对自然资源的成本核算

自然资源是一个国家或地区社会经济长期发展的物质基础，但我国现行的国民经济核算体系，只重视经济总产量的某种虚幻增加，资源基础持续削弱，在经济发展中出现资源空心化现象。由于自然资源的无价、低价，许多使用单位都想多占自然资源，随意截流引水、弃贫矿采富矿、乱砍林木等现象时常发生。若能充分考虑到自然资源的价值与价格，计入生产成本，可有效防止自然资源的不必要浪费。

三、资源管理与资源开发利用及保护

可供人类消费的资源是有限的。粗放式的生产使得能源、淡水、土地、矿产等资源不足的矛盾进一步突出，生态平衡不断遭到破坏，资源的有限性与人类需求的无限性使得供需矛盾日趋明显和突出。

从我国的资源情况来看，人均资源占有量本来就比世界平均水平低，加之长期资源保持不力，资源浪费严重，致使一些重要自然资源的可持续利用面临日益严峻的挑战。单从资源可持续利用来看，问题相当严重，据有关专家测算，全世界石油资源保有可采储量不到 $9 \times 10^{13} kg$，最多可开采 30 年，煤炭资源总量估计约 $2 \times 10^{14} kg$，资源寿命约 50～100 年。铁、锰、铬、铜、铅、锌、硫、磷、钾等金属和非金属固体矿产资源探明储量的使用年限，一般都不超过 50 年。其他可再生资源也是有限的。

为强化资源管理，国家发展和改革委员会明确提出："实行有限开发、有序开发、有偿开发，加强对各种自然资源的保护和管理。"实行有限开发，就是要设置开发禁地，严禁乱采滥挖的行为。实行有序开发，就是要求优先开发可再生资源、可循环利用资源、可综合利用资源，严格按照法律法规和规划进行开发。实行有偿开发，就是要在明晰产权的基础上，通过价格、税收等经济手段，健全各种资源有偿使用和合理补偿的机制，形成能全面反映资源状况的价格机制。尤其要重点加强对水资源、土地资源和矿产资源的管理。

第二节 资源开发利用与环境的关系

由于人类活动、人口及消费的增长，使自然资源不断地被开采利用从而不断减少了地球维持生命的能力，并逐渐损害到人类本身的生存和繁荣。改革开放以来，中国走的基本上是粗放扩张型经济增长方式，导致了巨大的能源消耗、严重的生态破坏和环境污染。由此产生的资源环境危机已威胁到中国的持续发展。

人类对资源的开发利用过程就是人类开发利用、干预自然和改造自然环境的过程，是人类与自然环境间能量和信息不断交换的过程。这一过程——从资源由自然环境中取出再以"三废"形式排向自然环境，正是通过这些活动人类创造了人工环境，促进了社会经济的发展。

一、水资源开发利用与环境

开发水资源的目的是为了满足人类社会的用水需要，其实质性就是为了改善与人类的生存和发展息息相关的生态环境。不仅如此，人类为了不断提高物质生产的需要，通过开发利用水资源来制造人工生态环境，如干旱地区的绿洲农业等。但是，由于人类对自然的认识还不够深入，在利用水资源时也给生态环境带来负面的影响。

1. 合理开发利用水资源的有利影响

农业灌溉用水是为了有利于人类需要的农作物得到一个更适宜的生长环境，从而可以比在自然状态下的环境提供更高的产量以满足人类的需求；城市绿化用水是在城市环境中培育草木，美化环境，有利于人的身心健康；人工水产养殖用水量是制造有利于人类需要的水生生物人工生存环境，向人类提供更丰富的食品。

2. 不恰当地开发利用水资源的副作用

水资源工程的建设改善了一个局部的用水条件及其生态环境，如在河流上游修建了灌溉用水水库，并在邻近地区发展了灌区，农作物生产有了提高，但因引水过多，致使河流下游水量锐减，不能满足当地工农业甚至城市生活用水需要，生态环境恶化。例如：新疆塔里木河因上游发展灌溉，导致下游大面积胡杨林死亡。

人们开发利用水资源增加了对农业及生活的供水能力，同时污水排放量也增加，因不能及时处理，地表和地下水体因承纳污水而水质变坏，水中各类有害物质污染水生生物并通过食物链危害人类健康，有的水环境变得不利于水生生物的生存和发展，大批水生生物死亡以致绝迹。水坝水闸等拦河建筑物未留过鱼通道，阻碍其洄游产卵繁殖，使某些鱼类和其他水产不能获得适宜的生存环境，数量锐减。

水资源的过度开发利用引起下游水环境劣变，或因开发利用水资源而对河川径流进行调节，导致其下游汛期水量减少而枯季有所增多，可能影响一些洼地浅滩汛期上水，造成一些野生生物或鱼类的繁衍环境破坏，或过度抽取地下水，地下含水层疏干，地表植物根系吸不到水而死亡；地下水位下降，海滨城市出现海水入侵等现象。

二、土地资源开发利用与环境

由于人类的肆意开发土地，破坏森林植被，草原过度放牧，实行破坏性耕作制度，进行不合理的灌溉等，使土地资源发生严重退化，水土流失、荒漠化等严重威胁着仅有的耕地。

当前世界荒漠化的发展速度极快。据估计，撒哈拉沙漠在过去半个世纪里吞掉了萨希尔 (Sahir) 地区宜农宜牧的土地 $6.5 \times 10^4 \mathrm{km}^2$，撒哈拉沙漠南侵速度每年达到 $30 \sim 50 \mathrm{km}$，有些受侵袭的国家每年损失 $(4 \sim 8) \times 10^4 \mathrm{hm}^2$ 良田。这一地区在以往 50 年内共损失农田和集约牧场 $640 \times 10^4 \mathrm{hm}^2$。撒哈拉沙漠向北进展速度也很惊人，它以每年几十万公顷的速度向地中海沿岸扩展。据联合国沙漠会议估计，世界上由于荒漠化而损失农田每年约有 $500 \times 10^8 \sim 700 \times 10^8 \mathrm{hm}^2$。如不加以控制，荒漠化仍按目前速度推进，到 21 世纪末，全世界的可耕地将损失 1/3。我国广大的干旱及半干旱地区荒漠化也在发展。1949 年后，我国沙漠的治理取得了一些成就，但由于风力作用使沙丘前移，并向邻近非沙漠地区入侵，造成沙漠范围的逐渐扩大，特别是因利用不当所引起的荒漠化土地的发展更严重。据不完全统计，我国现代荒漠化土地大约有 $6.5\times10^4\,km^2$，其中人为不当的经济活动所造成的荒漠化土地约占现代荒漠化土地的 91%。

其次是土地侵蚀。由于森林的砍伐、植被破坏、土地裸露，土地受水和风的侵蚀而损失的农田数量也是可观的。在美国由于水的冲刷，农田每年损失土壤 $3\times10^{12}\,kg$ 左右，仅密西西比河每年就可带走磷 $6.1\times10^7\,kg$，钾 $1.626\times10^9\,kg$，钙 $2.245\times10^{10}\,kg$。前苏联每年被水冲刷走的土壤有 $5\times10^{10}\sim5\times10^{11}\,kg$，同样风蚀带来的耕作土壤损失也极为严重。我国土地资源也在不断损失，仅长江、黄河每年可带走的泥沙达 $2.6\times10^{12}\,kg$，相当于冲去 $40\times10^4\,hm^2$ 良田。由于肥沃的表土被冲走，使土地越来越贫瘠，耕地也日渐缩小。

人类为了获取更多的食物，满足生活的需要，在农业生产中，人为地不断施入肥料（有机或无机肥料）、农药（包括化学农药、除草剂等的使用范围不断扩大，数量和品种不断增加），并进行灌溉等，这些自外界带入的大量物质进入土壤，在土壤中逐渐累积造成污染。

三、生物资源开发利用与环境

自从人类诞生以来，便与自然界中存在的各种生物息息相关，生物成为人们生存的基本源泉，早期人类并不完全清楚生物资源的所有价值，仅为了生活和生存，必须和大自然做斗争，以周围的各种动植物为生活的必需品。人类对生物资源的利用，伴随着人类对生物资源价值认识的进步和科学技术水平的不断发展，也经历了直接利用野生生物资源阶段，引种、驯化、选种、育种为主的阶段和人类利用现代科学技术，用化学合成、生物技术去改造生物资源阶段。在这些阶段和过程中，人类对生物资源开发利用的深度和广度不断增加，从基因、物种到生态系统等层次上都有了巨大的突破，为人类的生产、生活提供了丰富的资源。

和其他再生资源相同，生物资源是具有再生性的自然资源。在对生物资源的开发利用中，合理的开发利用可以促使生物资源的循环再生，如果对生物资源过度开发利用则会影响到生物资源的再生，从而产生两个方面的影响，一是生物资源的消失会造成生态破坏问题，另一方面生物资源的过度开发造成生物多样性的降低。

1. 森林资源开发利用与环境

森林资源的急剧减少，是人类面临的一个重大生态问题，给全球环境带来了深刻影响，我国目前森林的覆盖率仅为 18.21%，低于世界平均水平。按人口平均每人占有森林面积不足 $0.13\,hm^2$。特别值得注意的是，一些地区的森林仍然遭到破坏，乱砍滥伐，毁林开荒和森林火灾等还在继续发展，均由不合理开发造成的。近几年长江连年洪水泛滥，已证明与长江上游地区森林资源破坏而导致的水土流失等有密切的关系。

森林资源是整个陆地生态系统中的重要组成部分，是自然界物质能量交换的重要枢纽，对于地面、地下和空间环境都有多方面的影响。根据国内外经验，一个国家或地区森林覆盖率达到 30% 以上，且分布较均匀，这个国家或地区的自然环境就比较好，农牧业生产就比较稳定。同时，森林自身也是重要的生物资源，是地球上蕴藏最丰富的生物群落。

2. 草原资源开发利用与环境

我国草原约有 $2.87\times10^8\,hm^2$，其中可利用面积为 $2.2\times10^8\,hm^2$，是世界上草原面积较大、资源比较丰富的国家之一，草原总面积占世界第 4 位。但由于过去盲目毁草开荒，过度放牧及其他的不合理利用，鼠害、虫害等原因，使草原面积大大减少，草原严重退化、沙化和碱化。自 1949 年以来，我国草场退化 $4.7×10^7$ 多公顷，占总面积的 1/4，优良牧草大幅度减少，干草产量下降 3/4，使草原生产力大大下降。例如，鄂尔多斯草原曾开垦面积达 $66.67×10^4 hm^2$，结果造成 $120×10^4 hm^2$ 草原沙漠化。

人类是自然的产物，人类的生存也依赖于良好的自然环境。但人们在开发利用资源的同时，常常自觉不自觉地破坏了原来的自然环境和相对稳定的生态系统，其结果会使一些珍贵的生物种类灭绝和面临灭绝的危险，如已有若干种动物已濒临绝种。经济价值高的珍贵树种由于大量砍伐和采集，数量也越来越少，如不加强保护和引种栽培也有灭绝的危险。因此，保护生物资源要防止环境污染，但更重要的是保护自然，从而合理利用自然资源。

建立自然保护区是保护自然环境资源的一项根本性措施，也是保护生物资源的有效途径，截至 2007 年，我国已有自然保护区 2531 个，保护区面积占至国土面积的 15.19%。自然保护区的建立，对保护、监测、恢复、发展和合理利用自然资源、自然综合体及其生态系统，保护自然历史产物，改善人类生存环境，以及促进生产、科学、文化、教育、卫生保健等事业的发展都具有重要的意义。但自然保护事业的范围远不限于保护区，整个自然的保护都将对维护生态平衡、改善人类环境、实现自然资源的可持续利用起着积极的作用。因此，对自然资源的开发利用必须与保护自然并重。

四、矿产资源开发利用与环境

据统计，全世界每年开采的金属、非金属矿石及化石燃料等矿产资源共约 $9×10^9 kg$，为满足全世界工业发展的需要，估计到 21 世纪末矿石开采量至少提高到现有水平的 3 倍以上。矿藏资源的采掘使原有的自然环境结构或状态发生了巨大的变化，特别是露天开采造成局部环境景观的破坏，人为地加速了环境中的物质循环过程，造成了环境污染。

矿山开采活动对环境的破坏，给人们以直观感觉的有大规模露天采矿场、高大的废石堆、大面积的尾矿场、地下采矿造成大面积地表塌陷与开裂，以及巨大的采矿机械运输的噪声。但实质问题是矿产资源开采对区域环境中水、空气、土壤的污染。

1. 矿产资源开发对水体的污染

由于采矿、选矿活动，使地表水或地下水呈酸性，含重金属和有毒元素，这种污染的矿山水通称为矿山污水。矿山污水危及矿区周围的河道、湖泊，甚至破坏整个水系，影响生活用水、工农业用水。当有毒元素、重金属侵入食物链时，会给人类带来潜在的威胁。

2. 矿产资源开发对空气的污染

露天采矿及地下开采工作面的钻孔、爆破以及矿石、废石的装载运输过程中产生的粉尘，废石场废石（特别是煤矸石）的氧化和自然释放出的大量有害气体，废石风化形成的细粒物质和粉尘，以及尾矿风化物等，在干燥气候与大风作用下会产生尘暴等，这些都会造成区域环境的空气污染。

3. 土地破坏及复田

矿山开采，特别是露天开采造成了大面积的土地遭到破坏或被占用。据统计，美国约有 1.5 万个露天矿，每年破坏 $3×10^4 hm^2$ 以上的土地；而在德国，仅开采褐煤一项，每年就占地约 $2.1×10^4 hm^2$。我国据初步掌握的资料显示，各类主要的露天矿山有 1000 多个，多属于小型露天矿，对土地的破坏也是大面积的。

近些年来在露天矿开采中注意了恢复破坏土地的工作。被露天开采破坏的土地采取复田措施，有的用地表植物恢复植被，有的开辟成新的风景游览区，以降低对土地资源的消耗。

4. 地下开采造成地面塌陷及裂隙

地下采矿，当矿体采出后，其采场及坑道上部岩层失去支撑，原有的地层内部平衡被破坏，岩石破裂、塌落，地表也随着下沉形成塌陷坑、裂缝，以及不易识别的变形等直接影响，破坏了周围的环境及工农业生产，甚至威胁人们的安全。

5. 海洋矿产资源开发的污染

开发矿藏所产生的环境污染还影响到海洋。目前世界石油产量的 17% 来自海底油田，而且这一比例还在迅速增长。油井的漏油、喷油以及石油运输和精炼过程中不可避免的跑、冒、滴、漏所造成的污染也将增加。另外，很快还要从海底开采其他许多矿物，特别是锰矿，从海底采掘矿物会给环境带来什么危害值得进一步研究。

五、能源开发利用与环境

（一）能量生产与环境污染

多数能源是用于发电，目前多采用的是火力发电，即矿物燃料加热产生蒸汽来发电。核电站也是通过热能来发电的。无论哪种发电形式对环境均产生热污染。另外，根据所应用的能源性质的不同，会对环境产生不同性质的污染。

1. 火力发电对环境的影响

火力发电目前主要是靠燃烧煤炭、石油或天然气等矿物燃料。燃煤时火力发电厂排出的污染物主要是烟尘和二氧化硫，其次是二氧化氮；燃油时主要是二氧化硫，其次是二氧化氮；燃天然气时主要是二氧化氮。这些污染物的排放均造成环境污染。同时在火力发电过程中，冷却器中的冷却水同时增温外排，进入河流或其他水体，造成热污染。

2. 核能发电与环境

核能就是利用铀-235（或钚-239）等放射性元素的核，在中子轰击下发生裂变，同时释放出核能，将水加热成蒸汽，驱动汽轮机-发电机组运转，发出电来供作动力。所以进行核变反应的反应堆，就是核电站的"锅炉"。它的优点是，无烟尘，无粉煤灰，无漏油等环境污染。它唯一使人担心的是存在着放射性污染，特别是要求由反应堆产生的放射性废物要与环境隔离，不使其进入生态环境，才能认为是安全的。尽管核能的利用已很普遍，但核泄漏事故也是时有所闻，如影响比较大的前苏联切尔诺贝利核电站泄漏事故等。因此，核电站的安全性是非常重要的一个因素。

3. 地热发电与环境

地球内部的热量主要是由于放射性分解以及地球内部物质分异时产生的能。地壳中温度随着深度增加而均衡地增长，在 100km 深处约为 1000~1500℃。作为热源的岩浆，侵入地壳某处并加热不透水的结晶岩层，使其上面的地下水升温到 500℃ 左右。但由于顶岩封盖压力很高，所以水蒸气仍处于液体状态，需要打井才能喷出地面。

应用地热发电虽然不像火力发电对环境影响那样突出，但大量应用地热电站时，也会对环境造成影响。热效率利用低，热污染比较严重；地热井中，常产生一些有害气体（如硫化氢），带入地表会造成局部环境污染；取用地下水多于回灌水，有可能发生地面沉降的危险。

我国是一个地热资源十分丰富的国家，据不完全统计，现已查明的温泉和热水点已接近 2500 处，并陆续有发现。我国地下热水资源几乎遍布全国各地，温泉群和温泉点温度大多在 60℃ 以上，个别地方达 100~140℃。此外在西藏、云南、台湾等省、自治区都发现了地热湿气田。

我国在开发和利用地热资源的同时，注意了地热的综合利用工作，强调地热资源的"能源"和"物质"相结合地利用，以防止对环境的污染和生态系统的破坏。

（二）探索和开发新能源

随着经济的不断发展，能源的消耗量迅速增长，能源问题也越来越成为经济发展中的突出问题。作为不可再生资源的煤和石油等能源，其开发利用越多，地球上储量就越少，同时这类能源还会带来严重的环境污染问题。因此，人们正在积极寻找各种办法和措施，大力探索和开发各种新能源。

1. 太阳能

太阳能是地球的总能源，也是唯一极端庞大，既无污染又可再生的天然能源。据估计太阳每秒钟放射的能量相当于 $3.75 \times 10^{23} kW$ 的能量，除去所有消耗，每秒钟到达地面上的能量还高达 $80 \times 10^{12} kW$，相当于 $5.5 \times 10^9 kg$ 标准煤的能量。由此可见，太阳能是一种可以源源不断地供给人类的清洁能源，然而由于技术限制，至今我们利用的甚微。近期内，太阳能只能作为一种辅助的能源。

2. 生物能源——沼气的利用

沼气是由生物能源转换得来，是甲烷、二氧化碳和氮气等的混合气体，具有较高的热值，可以做燃料烧饭、照明，也可以驱动内燃机和发电机。$1m^3$ 沼气约相当于 $1.2kg$ 煤或 $0.7kg$ 汽油，可供 $3 \times 10^3 kg$ 卡车行驶 $2.8km$，沼气燃烧后的产物是二氧化碳和水，不增加空气中有害物的组成，不留灰尘和废渣，不危害农作物和人体健康。因此，沼气对解决我国农村能源的消费问题，以及从保护环境维持生态平衡等方面最具有现实意义。

3. 核聚变能

核聚变能可能成为未来发电方面的新能源。但是，核聚变反应要发出大量的电力，要达到实用阶段还须做长期的努力。核聚变是将两个非常轻的原子核聚合在一起，这种聚变过程是模仿太阳的原理获得能量，也是热核武器或氢弹的能源。聚变反应不产生裂变碎片，所以其放射性问题不如裂变反应那样严重。核聚变反应所需要的原料从本质上来说是不受限制的，而且所引起的环境污染也较轻。

4. 其他能源

（1）氢能 氢能又叫氢燃料，它是一种清洁能源。氢作燃料其优越性很多，在燃烧时发热量很大，相当于同重量含碳燃料的 4 倍，而且水可以作为氢的廉价原料，燃烧后的生成物又是水，可循环往复，对环境无污染，便于运输和储藏。若以氢做汽车、喷气机等交通工具的燃料和炼铁的还原剂，可使环境质量有极大的改善。此外还适宜于航天及国防工程中的高能燃料。但目前作为燃料（火箭发射燃料）实际应用的主要是液态氢。

（2）潮汐能 潮汐能是由于海岸潮汐的振荡流动产生的。它包括水平面上的上升与下降的垂直运动和涨潮与退潮浪的水平运动。潮汐运动的影响因素之一就是月球的引潮力，故而形成周期性涨落，这种运动的能量永远不会枯竭而且对环境无污染。

潮汐产生的能量较其他能源来说很轻微。据估计，世界潮汐力资源利用不到水力资源的 1%。世界第一座大型潮汐发电站建立于法国拉朗斯（La Rance），其发电能力为 $2.4 \times 10^5 kW$，在美国、加拿大、前苏联一些海湾也修建有潮汐电站。我国一些沿海省也先后建成若干潮汐电站，规模较小，共发电 $600kW$。随着能源的需求的增加，潮汐能的利用必将越来越广泛，将成为能源中的补充力量。

（3）风力 风作为一种自然源，是一种无污染的廉价的并且取之不尽、用之不竭的能源。风能在古代就已开始被利用但并没引起重视。自从被证明了可用风力来发电，特别是化石燃料短缺和环境污染问题日益严重的今天，人们在探索新能源的过程中，对风能的利用又重视起来。

据估计，大气中的总风力是 $3 \times 10^{17} kW$，其中约 1/4 在陆地上空，也有人估计地球上全年的风能差不多等于 $1 \times 10^{15} kg$ 标准煤的发热量。随着风能利用上一些技术问题的不断突破，从减少能造成的污染角度出发，风能利用必有一个较大的发展。

第三节　资源环境可持续发展与人类社会

一、资源环境与人类社会的关系

人类社会的存在和发展需要一定的资源为其服务。人类社会作为一个大系统又可以划分为一系列相互关联的子系统，由于这些子系统的运动和发展而构成人类社会的进步和发展。这些子系统大体可分为两类：第一类属于社会子系统类，包括社会、经济、环境和生态等子系统，其发展状况直接决定人类社会的发展水平，只有保持社会子系统间的协调发展，才能真正维持人类社会的协调、健康的发展，而这发展的最终目的是为了创造更文明的社会、更舒适的生存环境、更强大的物质文明和丰富多彩的精神文明；第二类为资源子系统类，包括人口资源、土地资源、水资源、矿藏资源、生物资源和能源等子系统，而资源子系统类是人类社会生存和发展的必要条件。但是应当认识到，资源是有限的，资源的更新也是有周期的，对资源的开发利用必须保持在一个合理的限度内。如果对资源进行掠夺性的开采耗用，结果必将破坏自然平衡，其后果是十分严重的。因此，研究资源环境可持续发展与人类的关系十分必要。

二、资源环境的可持续发展

综观全球，历经原始文化、农业文明和工业文明时代后，以《里约环境与发展宣言》为标志，可持续发展思想在全世界范围内被接受，人类社会逐步进入工业文明向生态文明转变的时期。1978 年中国改革开放以来实现了一个增长的奇迹，成为世界上经济增长速度最快的国家之一。但是，在经济持续、快速发展的同时，发达国家上百年工业化过程中分阶段出现的资源与环境问题在中国近 20 多年来集中出现，再加上规模庞大的人口。人口压力、资源耗竭、生态环境恶化、环境容量不足等问题成为中国经济社会发展的梗阻。

面对以上一系列的问题，我们必须深刻理解以下几个原则。一是"人类-环境系统"由自然系统和人类社会组成，是这两者相互依存的整体，任何一方的存在和兴旺都依赖于另一方的存在和兴旺。二是人类是大自然的一部分，人类与所有在这个星球上的其他物种一样，同样都受永恒的生态规律所支配，所有生命都依赖于"人类-环境系统"的不间断的运转来保证能量和营养物质的供应。三是后代人的幸福是我们当代人的社会责任之一，因此，当代人应当限制自己对不可更新资源的消费，要把这种消费水平维持在仅仅满足社会的最基本需要方面，并对可更新资源进行抚育，以确保持续的生产力。

可持续发展的前提是资源的永续利用和良好的生态环境。可持续发展要求在控制人口、用好资源和保护环境的前提下进行经济建设和社会发展。因此控制人口增长和提高人口素质、保护好自然资源、防治环境污染和生态破坏，是中国社会主义现代化建设的一项战略任务，也是中国可持续发展的重要内容。

三、实行可持续发展战略是人类社会进步的必然选择

资源的开发利用在促进经济和社会的发展、改善人类生活质量的同时，也带来了一些严重问题，主要表现在资源的不断耗竭和生态环境的日趋恶化。《中国环境保护 21 世纪议程》指出："长期以来，中国主要沿用以大量消耗资源和粗放经营为特征的传统发展战略，重发展速度和数量，轻发展效益和质量，重外延扩大再生产，轻内涵扩大再生产；对自然资源重开发轻保护。这种发展战略违背经济和自然规律，造成环境污染和生态破坏，成为制约经济、社会发展的重要因素。"

从现实和国情出发，中国必须坚持环境与经济协调发展，走可持续发展的道路。可持续发展的目标是发展，关键是可持续性。可持续性经济和社会发展目标确定为满足人的基本需要，尤其是先考虑摆脱贫困。但是，发展要以生物圈的承受能力为限度，通过技术进步和管理对发展进行协调和制约，以求得与生态环境保护相适应。可持续发展的基础是资源与环境。可持续发展的实质，就是协调好人口、资源、环境与发展的关系，为子孙后代开创一个能够持续发展的基础。

资源的可持续利用、人口的可持续发展和保持良好的生态环境是实现经济和社会可持续发展的基本保证。保证资源的可持续利用，首先需要有效地控制人口增长，提高人口质量。对可耗竭资源，在不同时期应合理配置有限的资源，并尽可能地使用再生性资源替代耗竭性资源。对再生性资源，要确定资源的最佳收获期和最大可持续收获量，或通过控制使用率和收获率，实现最大可持续收获量。对各种污染源，要通过科学与技术进步、资源的高效利用、推广清洁生产和进行环境监测等进行有效的污染控制，保证生态环境安全。

实行可持续发展战略，要求资源与环境科学在研究资源的发生、演化规律及时空规律，人类社会发展与资源环境的关系和发展规律，人类活动对资源环境的影响基础上，探讨资源的优化配置和合理使用及保持良好生态环境的途径，以实现资源的可持续利用以及经济和社会的可持续发展。

本 章 小 结

可持续发展在全球得到了广泛的传播，但资源环境与发展的冲突仍在加剧，人类还在面临空前的环境变化的挑战。本章通过阐述日益减少的资源和资源开发与环境的关系以及资源环境的可持续发展与人类社会的关系，让学生了解目前我国资源正在逐年减少，尤其是自然资源，作为我们物质生活和生产的主要来源，由于社会和经济的发展，不节制、盲目地大量开发利用资源，造成资源浪费和环境污染。做到资源的永续利用和保持良好的生态环境是可持续发展的前提，也是创造人类和谐社会的前提。可持续发展要求在控制人口、用好资源和保护环境的前提下进行经济建设和社会发展。

复习思考题

1. 怎样理解资源的有限性？
2. 举一实例说明资源的开发利用会对环境产生的影响？
3. 新能源开发对保护环境可起到什么作用？

第三章 资源环境学的使命

资源环境学是其母体学科资源学与环境学的交叉学科，也是综合性十分明显的新兴学科。本章介绍了资源环境学的定义、资源环境学的形成与发展及资源环境学的研究内容与任务。最后，结合资源环境学研究阐述了资源环境学研究的主要研究方法。

第一节 资源环境学的学科体系

一、资源环境学的定义

资源环境学是环境学的新分支，是伴随着资源的开发和环境问题的出现而产生和发展的综合性学科。与传统的环境学相比，它重点研究由于人类对资源的开发利用而引发的生态破坏、环境污染所产生的影响及生态系统的一系列变化。如人类对矿产资源和水资源等的开发，是满足人类对资源的需求和促进经济发展必不可少的活动，而过度的矿产资源开发在造成资源短缺的同时，也造成了对土地资源的破坏，如矿产的露天开采和倾卸固体废石、垦矿坝等，不仅占用大批土地，而且会引起崩塌、陷落和地面下沉，以及由采矿或废石堆积引起滑坡、泥石流等，都会造成土地资源的极大浪费和对人类安全的威胁。此外，在矿产资源开发过程中的开采、冶炼等步骤中，如不对污染加以治理，都会造成了水和大气等的严重污染。为了满足人们对水资源的需求，人们不得不大量开发水资源，而在水资源开发过程中，大量废水的随意排放就会造成水污染和地面沉降、地下漏斗区的形成等环境污染和生态破坏问题。这些都是由于人类对自然资源的开发而产生的环境问题，而资源系统和环境系统是一个效应载体，他们相互作用相互影响，或把影响相互降低或把问题放大。因此，人们将资源环境学定义为，资源环境学是研究自然资源和环境相互影响和相互作用的规律及其机理的科学。它是自然资源和环境科学的边缘学科。这里所指自然资源主要包括矿产资源、土地资源、水资源、生物资源和气候资源等。所谓的环境包括人类生存环境和一般生物及其环境构成的生态系统。

二、资源环境学的形成与发展

资源环境学的形成，既有当代全球问题挑战的要求，也有其历史渊源，其发展经历了一个过程。了解这个发展进程，有助于加深对资源环境学的认识。从人类形成部落、使用火之时，人们就已经开始了对资源的开发，同时也开始了对环境的污染，但人类社会早期的采集和渔猎活动，对自然资源的开发利用规模和影响程度有限，属本能型影响。农牧业发展后，不仅更广泛地利用自然资源，且对环境要素进行了重大改变，培育和驯化一系列作物及家禽家畜，把大片森林、草原、河滩和沼泽开垦为耕地，开采出大量矿产资源，提高了对自然资源和环境的影响程度，属生产型影响。17世纪，随着工场手工业的发展，煤烟污染加重，但仅限于局部地区。18世纪下半叶到19世纪初实现了产业革命，伴随科学技术的发展，人类对自然资源和环境的利用改造及其产生的影响均达到空前规模，物质文明也提高到新阶段，属智慧型影响。特别是20世纪50年代以来，随着工业化、城市化及现代科学技术迅猛发展，环境污染和生态破坏问题日趋严重。自然资源的开发导致的环境变化，潜伏着对生物生存和人类活动的巨大威胁，资源开发和环境保护之间所产生的矛盾日益尖锐，资源危机、环境危机正日益威胁着人类本身的生存和发展。保护环境成为举世瞩目的问题。此时，资源环境学在研究资源利用与环境间的相互关系中得到迅速发展。

目前，国内外以《资源环境学》为名的专著和教材还不多，现能见到的中文关于"资源环境学"的报道仅有现任中国自然资源学会秘书长的沈镭研究员在 1991 年的《地理科学进展》杂志上对该学科进行的评述和预言。目前的研究多把资源和环境作为相互独立的研究对象来开展。相信，随着人们开发资源过程中所产生的环境问题的增多及对资源开发与环境相互作用规律认识的加深，"资源环境学"作为明确研究领域和学科任务的分支学科，其地位将得到越来越多学者的认可。

三、资源环境学的相关学科

资源环境学研究由于人类开发利用自然资源所引起的环境质量变化和保护与改善环境的问题。它把自然资源和环境作为整体来研究，从理论上阐明"资源-环境"系统各自的内在矛盾和运动规律，以及它们之间相互影响和相互作用的规律及其机理。从对象来看，资源环境学是自然科学，但从环境污染的主体来研究时，必须涉及人文和社会科学，因此，它兼具自然科学和社会科学的内容和性质，既是基础科学又是应用科学。

资源环境学具有多学科性和很强的综合性。它涉及不同区域范围内气、水、土、生物等环境因素，以及人类社会、政治活动和自然资源与经济活动等方面综合因素，要充分应用一些基础科学（如生物学、土壤学、地质学等）及其发源学科（资源科学和环境科学）的基本理论，并大量从社会学、技术科学（如遥感遥测、工艺学）、经济科学（如资源经济学、工业经济、农业经济）和数学中吸取其方法和概念。资源科学和环境科学是两个姊妹学科，它们都是综合性很强的现代学科群。主要的学科有资源地学、资源生态学、资源经济学、资源信息学、资源法学、环境地理学、环境地学、环境水文学、环境生物学、环境生态学等。这两个学科群的相互渗透与交叉对彼此的学科发展均有重要作用。资源环境学在发展过程中离不开与这些学科的交叉和促进。由于资源环境学兴起的时间还不长，还处于成长发展时期，因此关于它的研究和方法等问题，国内外学者还处于探索中。从资源环境学自身来看，当前在理论和体系方面还不完善，亟须更多的研究者致力于该学科的发展。但我们坚信，随着认识的深入和科学技术的发展，资源环境学的完整理论体系必将逐步建立起来。

第二节 资源环境学的研究内容和任务

一、资源环境学的研究内容

在环境科学的庞大体系中，资源环境学属于资源学和环境学的交叉学科之一，也是综合性十分明显的新兴学科。根据该学科的发展，除了涉及环境学的理论外，研究内容主要包括如下几个方面。

1. 自然资源的开发与环境污染

自然资源的开发会引起环境诸要素如大气、水体、土壤等受到污染物的破坏，尤其是当污染超过了自然界的稀释和净化能力时，其危害便在环境诸要素中显现出来。同时，这些环境要素又是自然资源的重要组成部分，如水资源、土地资源等，人们在对资源开发的过程中，也造成了对其他资源的破坏和对环境的污染。

2. 自然资源的开发与生态效应

应用生态系统理论研究自然资源与受污染的环境之间相互关系及污染物在生态系统中迁

移、转化、积累规律。近二三十年来各国科学家的调查表明，大气污染造成大片森林的枯萎和农作物减产，水体污染导致大量鱼类死亡和渔业产量下降，土壤污染等引起农作物发育障碍和植物体内积累残毒等。这些现象的发生都与自然资源开发过程中所造成的生态系统的平衡遭到破坏或污染物的排放超过了生态系统的自净能力有着直接的关系。因此，通过对自然资源的开发造成的生态效应的研究，保护生态系统的平衡，实现资源开发的良性循环，是资源环境学的主要研究内容之一。

3. 自然资源的开发与环境管理

随着社会需求量的不断增加，自然资源因供不应求，必然会导致价格大大提高，"原材料的日益昂贵，自然成为废物利用的刺激"。因此，自然资源的合理开发，可以促使资源的有效利用，抑制环境污染的发生。据估计，目前各国出现的环境污染和生态破坏等环境恶化问题，多由自然资源用养不当，计划不周，科学技术落后，人们环境意识薄弱，环境管理不严等因素引起，故加强环境管理是防止环境污染、维护生态平衡的一种有力措施。

4. 自然资源的合理利用与环境保护

合理利用自然资源与环境保护是密切相关的。世界上包括中国在内的许多国家都制定了一系列相应的环境保护战略措施，也在相关的法律条文中对破坏环境的行为作了明文规定。中国根据国情制定了以综合利用煤炭资源为重点，积极发展水能、生物能、太阳能和风能等资源的能源环境战略；以合理开发重复利用、分类处理、土地净化为重点的水环境保护战略；以保护土地资源和各种生物资源为重点的自然环境保护战略等。环境保护是经济社会可持续发展的重要组成部分，在环境要求不断提高、环境保护压力逐年加大的情况下，应当从环境保护的角度来审视中国资源发展的战略。作为发展中国家，未来资源需求仍将会有较大幅度的增长。如何结合中国资源系统结构的实际，加强资源环境的综合决策，改善资源生产和消费行为，最大程度地降低其带来的环境成本，实现资源开发与环境保护的双赢，是经济社会可持续发展所面临的、必须解决的重大课题。

5. 自然资源、环境与经济协调发展

这三者是互相关联、互相制约的。在社会再生产的经济发展过程中，利用价值规律和社会发展综合平衡的需要来调节自然资源的利用和生产废弃物排放的关系。经济的再生产过程不断从自然环境中获取各种原材料，经过制作加工，成为适于人们需要的中间产物与最终产品，又不断地把在生产过程中遗留的废物释放到自然环境之中。这种关系处理不当，会直接影响环境质量，以致出现自然资源的枯竭、环境污染和破坏以及经济发展停滞。当前在我国经济发展中所实行的循环经济的目的就是追求更大经济效益、更少资源消耗、更低环境污染，和更多劳动就业的先进经济模式。资源环境学研究中，必须对自然资源、环境与经济的协调发展关系进行深入研究。

二、资源环境学的研究任务

资源环境学是最近十几年来发展起来的一门综合性的交叉学科，其学科的主要任务是研究人类在开发利用自然资源的过程中所引起的环境质量变化和保护与改善环境的问题，寻求资源开发利用与环境协调发展的途径。因此，资源环境学不同于对自然资源的数量、质量、时空变化发展为研究内容的资源学，也不同于以人类社会发展与环境演化规律之间相互作用关系为主要研究内容的环境学。资源环境学也充分认识到了人文精神尤其是人的科学素养、道德伦理观在资源和环境保护中的重要作用，但它的学科任务又不同于研究社会生态系统结构、功能、演化机制以及人类与周围自然、社会环境相互作用的人类环境学。

进入 21 世纪，资源与环境问题既有遗留下来的历史问题，又有在新的发展时期出现的新问题，因此，资源环境学的研究任务在新形式下也将不断丰富。结合过去和当前资源开发利用与环境的关系问题，资源环境学将主要在以下方面面临着新的任务：

① 由于对自然资源利用、加工改造或把新的资源引进环境所引起的化学、物理及生物的变化；

② 由于人类的工农业生产和社会活动对自然资源的冲击，以及工业废物（废气、废水和废渣）和生活垃圾所引起的环境化学性质上的变化和生物学的影响；

③ 为控制和改善环境质量，研究自然科学、社会科学、政治经济学和管理科学在资源环境学上的应用。

综上可以看出，维护资源的可持续开发利用，改善人类生存环境，并使两者间得到协调发展，是资源环境学的根本目的。运用资源形成与开发规律，结合生态学原理、环境学原理等，保护和合理利用自然资源，治理污染和破坏的生态环境，实现资源、环境与经济的协调发展，以满足人类生存发展的需要，是资源环境学要解决的核心问题。

第三节 资源环境学的研究方法

资源环境学作为研究人类对资源的开发而引发的环境问题及生态系统变化的一门新的学科分支，其发展的历史还较短。因此，其研究方法也在不断完善和成熟。作为一门研究资源系统和环境系统之间的相互影响和相互作用，并探索其变化机理的学科，以下方法在其研究过程中逐渐显示出其作用。

一、系统分析方法

系统论是 20 世纪发展起来的，为现代科学普遍运用的方法。它可以在对一个系统的信息并未彻底弄清的情况下研究这个系统，并预测该系统在某些参数变化时所进行的变化，从而为系统设计、系统决策、系统实施提供依据。

所谓系统，是指在一定的边界范围内，由两个或两个以上相互联系和相互作用的组分构成的、具有某种特定功能并朝着某个特定目标运动发展的有机体。在一个系统内，不论是结构还是功能，都存在着至少有几个以上的部分，它们彼此间形成网络结构，并相互作用、相互联系、相互制约，具有规律性的变化等级体系。一个系统某一组分的变化，必然会引起其他组分乃至最终导致整个系统的相应变化。

系统可分为亚系统，亚系统又可分为亚-亚系统，也有分为组分、单元、环节、要素及因子等的。研究系统的目的，主要在于通过分析系统的结构与功能以及两者相互适应的关系，寻求发挥最高功能的适宜结构，达到管理、修建、改进和根据人类的利益创造新的系统。

系统是相互联系、相互依存、相互制约、相互作用的诸事物和完整过程所形成的统一体，而体现这种整体性和相互联系的思想，就是系统的思想。随着科学技术的进步，当代系统论必将成为资源环境学方法论的理论基础，因为它涉及面广、现实意义大、内容丰富、体系庞大、结构复杂。对于这样一门由多学科向跨学科发展的年轻科学，需要进行不断探索和研究。

二、生态学方法

生态学作为研究生物与其环境间相互关系的科学，关注不同的生物系统和环境系统间的相互作用和相互关系。生态学发展之初，主要研究个体以上的层次，被认为是宏观生物学，但近年来，生态学除继续向宏观方向发展外，同时还向个体以下的层次渗透，20 世纪 90 年代初期出现了"分子生态学"。可见，从分子到生物圈都是生态学研究的对象。生态学涉及的环境也非常复杂，从无机环境（岩石圈、大气圈、水圈）、生物环境（植物、动物、微生物）到人与人类社会以及由人类活动所导致的环境问题等。由于生态学研究对象的复杂性，它已发展成一个庞大的学科体系。

在生态学研究中，较常用的方法有观察方法、实验方法、逻辑思维与抽象方法等。观察方法是指在自然条件下，人们对自然现象进行搜集、描述和记载的一种手段，在各种科学手段十分发达的今天，观察依然是生态学研究的基本方法。目前生态学中的观察主要有野外观测（包括野外考察和定位观测）和实验室（包括试验田）观察两大类。

在生态学中的实验方法主要有原地实验和人工控制实验两类。原地实验是在野外条件下通过某些措施，以获得某个因素的变化对生物的影响及生物的响应数据。人工控制实验是在受控条件系统中研究单项或多项因子对目标的作用。

逻辑思维与抽象方法也是生态学研究中不可或缺的方法之一。由观察、实验获得的大量第一手资料，首先需要经过比较与分类，并进一步通过归纳、演绎、分析、综合，进行逻辑思维与抽象，形成概念，提出假说，经实践验证，才能最后发展成理论。

资源环境学作为一门与生态学有紧密联系的科学，在其研究过程中，也离不开生态学的常用方法。如在对资源开发利用所产生的环境问题的研究中，大量的观察和实验方法获取的数据资料，是进行环境治理问题的前提和依据。对资源开发和环境变化的数据的比较、分类，并通过演绎、分析和综合，提出资源管理决策和环境治理对策，是资源环境学研究的常用方法之一。

三、理论与实践相结合的方法

任何一门学科的发展都离不开实践，同时也需要科学的理论的指导。资源环境研究也必须紧密结合经济发展过程中对资源的需求、资源开发的现状、资源开发所产生的环境问题、资源开发和环境的关系这些通过实践得来的知识。同时，资源环境的发展，还需要资源环境协同发展的相应的理论指导，坚持"循环再生、协调共生、持续稳生"的生态调控原则，遵循相互依存和相互制约规律、物质循环和再生规律、物质输入输出系统的动态平衡规律、相互适应和补偿的协同进化规律、资源环境的有效极限规律等规律，实现资源开发的可持续发展和友好环境的建设。

四、数理模型分析方法

模型是理论抽象思维与客观现实之间的中间环节。模型的质量取决于它反映和复制客观世界的客体、现象及其结构和有规律的序列的能力。模型以简化形式再现被研究的客体或者过程。所以，在建立模型时，研究者面前经常会产生两种危险，即过于简化和过于复杂。模型在反映客观现实时，要简化客观现实，抛开一切次要的和附属的东西。但是，这种简化不能是任意的和粗糙的。完全符合现实，这是对模型提出的主要要求。对模型与现实之间的异同条件，还应该加以清楚的表述和准确的规定。

用模型法模拟实际的资源与环境状态是研究资源环境学的方法之一。资源环境系统中的资源、环境和社会诸因素在相互作用过程中，无论是因子分析，还是综合系统分析，都与数理模型的应用相关联。资源与环境变化中，如气候资源开发和大气环境、水资源开发与水环境等过程的研究，也采用数理模型的分析方法。通过建立模型能够把复杂的资源环境系统中各因素之间数量关系和动态机理较清晰地表现出来，使人们能把握资源环境问题的主要方面和内在规律。

数学模型可以将关系错综复杂的环境系统用数学方法量化为数学模型，便于利用计算机进行处理。数学模型的种类和方法较多，在资源环境系统研究中，研究者可根据各自不同的研究对象和目的，采用各种不同的数学方法，通过数理模型分析来预测复杂的资源环境问题。

五、信息技术方法

遥感技术包括传感器技术，信息传输技术，信息处理、提取和应用技术，目标信息特征的分析与测量技术等。遥感技术为资源环境学诸多研究领域提供了技术支持，如土地资源利用格局及其过程的变化、环境污染程度和范围及其变化、森林资源的变化等。遥感技术提供了一种快速资料收集和整理办法，资源环境学研究中资料难以收集和整理的困难得到了一定程度的解决，成为资源环境学研究领域的重要手段和方法。

地理信息系统（GIS）与遥感技术的相结合，使得资源环境研究中从资料收集到整理的速度、精度都大大提高了，地理信息系统所具备的图形图像分析能力、可开发的空间分析方法，为资源环境学的研究提供了极大的效率。

自动记录和检测技术，广泛用于环境变化等要素的记录和分析，随着记录、监测点位的增多和时间的延长，资源环境要素的时空演化过程将更加准确清晰地呈现在人们的面前。

采用电子计算机手段和改进的数学分析方法，建立自然资源开发决策信息系统和环境信息系统（如全国水土保持信息系统）等，可为资源开发利用、管理、环境保护及经济建设等部门提供资源环境基础数据，为制订全国或区域性战略发展规划提供决策咨询及为多用户提供资源、环境信息的共享。

在资源环境学学科研究中，可用的新技术日新月异，只有将资源环境学研究与开发的新技术结合，才能加快新技术在资源环境学研究中应用，促进资源环境学的大发展。

六、自然科学和社会科学相结合的方法

资源和环境是人类生活和生产的基础，人类活动的分析和描述主要是经济学、社会学、法学等社会科学研究的范围，而资源环境学为了解决资源、环境和社会的协调发展问题，必须通过分析全国或区域的人类活动规律和构成资源环境系统的资源、环境所具备的客观规律，将二者结合起来，并将研究结果应用到人类的生产和生活中去，才能达到学科研究的目的。因此，资源环境学在众多的环境学分支领域中，更加需要与诸多社会科学，特别是经济学、法学等的结合，才能有效地解决资源环境问题，保证资源环境系统的可持续发展。

当前，我国的资源环境问题相对较突出，在资源环境问题的解决手段中，除了依靠自然科学的方法和技术加以解决外，社会科学的管理方法和手段也是资源环境学研究中常用的和必不可少的工具。

本 章 小 结

资源环境学作为环境学的新分支，是研究自然资源和环境的相互影响和相互作用的规律及其机理的科学，重点研究人类对资源的开发利用而引发的生态破坏、环境污染所产生的影响及生态系统的一系列变化。本章介绍了资源环境学的定义、形成过程，指出了其发展的必然性。基于资源环境学性质认识，总结了与资源环境学相关的基础学科（社会学、技术科学、经济科学、资源信息学、资源法学等），并指出了资源环境学与资源学、环境学两个学科群的关系。通过对资源环境学研究内容的介绍提出了资源环境学研究在新的时期面临的新任务。同时，本章对资源环境学的主要研究方法进行了阐述，指出系统分析方法、生态学方法、理论与实践相结合的方法、数理模型分析方法、信息技术方法及自然科学和社会科学相

结合的方法是资源环境学研究中常用的研究方法。

复习思考题

1. 资源环境学的概念及其与其他学科间的关系？
2. 资源环境学常用的研究方法？

第二篇　资源学基础

　　资源作为"资财之源"是人类生存与发展的基础，具有客观实在性。处于基础地位和发展原动力作用的资源，仍来源于对自然物的开发利用，即自然资源。自然资源尤其是与农业生产及工矿生产关系密切的自然资源发展的历史也最长，因此，本教材中对资源的介绍主要集中在自然资源。虽然随着科学技术的发展，资本、技术等对于自然资源的替代性逐渐增强，但随着现代社会发展对资源的需求量的增加和资源总量的减少，自然资源开发中存在的各种矛盾也越来越突出。因此，人们对资源的认识急需深入，资源的开发和管理的研究也越来越成为人们关注的热点。

　　随着科学技术的发展、社会生产力的进步以及人类对客观世界认识的变化，人类社会资财来源的范畴日益扩大，对资源利用与保护的实践经验的"结晶"在理论和方法上都不断完善和系统。在此过程中，资源学作为年轻而又古老的综合性学科应运而生，并在不断深化认识的过程中得到发展。资源学是研究资源数量、质量、特征及其开发利用、保护与管理的学科。资源学是一门不断向综合与分化两个方向发展的现代学科群，被称为环境科学的姊妹学科群。资源与环境概论作为资源科学与环境科学的入门学科，在其发展和研究中，必须以资源学为基础，同时跨越资源学，丰富资源环境学的内涵，解决资源开发利用过程中的资源环境问题，实现资源与环境的协调发展。

第四章　资源与资源学概要

　　资源是人类生存和发展的物质基础，人类的进步离不开资源，随着人口的增加与社会经济的快速发展，资源学研究成为人们关注的热点之一。本章将介绍资源的概念、资源的分类与资源系统的特征，并阐述了资源学的发展历程与发展前景。

第一节　资源的概念

　　关于"资源"的概念，至今还没有严格的、明确的、公认的定义。从词义上看，中文里最早对"资源"的解释为"资财之源，一般指天然的财源"。英文里的"资源"一词为 resource，它是由 re 和 source 组成，前缀 re 含有"再"的意思，source 表示来源；俄文里的"资源"一词为 ресурсы，也是指"财富的来源"。可见资源一词在不同的民族语言里的词义是很相近的。

　　由于人们的研究领域和研究角度的差别，对资源概念的理解也不同。通常对资源的理解有广义和狭义之分。广义的资源是指在一定的技术经济条件下，现实或可预见的将来能作为人类生产和生活所需要的一切物质的和非物质的要素。也就是说，在自然界及人类社会中，有用物质即资源，无用物质即非资源。它包括阳光、空气、水、土壤等一切人类需要的自然物和房屋、设备、生产资料性商品等以人类劳动产品形式出现的一切有用的物质。此外，还包括社会经济资源及知识信息资源，如信息、知识和技术以及人类本身的体力和智力。从资源的广义定义可以看出，资源是动态的，它依赖于人的成就和行为而相应地扩大或缩小，不能同人类需要和能力相分离，是一个可变的历史范畴，随着社会生产力水平和科学技术水平的变化而变化。关于广义资源的概念，历史上早有一些间接的论述，英国的威廉·配第曾经指出："土地是财富之母，劳动是财富之父。"马克思在论述资本主义剩余价值的产生时指出："劳动力和土地是形成财富的两个原始要素，是一切财富的源泉。"恩格斯则进一步明确指出："其实劳动和自然界一起才是一切财富的源泉。自然界为劳动提供材料，劳动把材料变为财富。"马克思和恩格斯虽然没有给资源下定义，但已经把劳动力和土地、劳动和自然界肯定为形成财富的源泉。这种论述和我们现在的理解是非常接近的。有些学者提出的"总资源"概念，认为"总资源是构成社会、经济、生态环境三大运行系统基本要素的总和"，这种理解与广义的资源包括自然、社会经济资源及知识信息资源是一致的。

狭义的资源指自然资源，联合国环境规划署（UNEP）对资源下了这样的定义："所谓自然资源，是指在一定的时间、地点的条件下能够产生经济价值的，以提高人类当前和将来福利的自然环境因素和条件的总称。"在此资源的定义中，仅指自然，而且排除了那些目前进行开采，在经济上还不合算，但在技术上能够加以开采的那部分矿产资源，以及目前无法开垦利用，但却有观赏、探险猎奇、考察研究等功能，能作为旅游资源的沙漠、冰雪覆盖地等。

目前，在"资源"这一概念的解释和使用上，大体存在以下几种情况。

① 把资源当作广义的资源。认为资源不仅包括自然资源，还包括社会资源。这一理解在资源经济学及生态经济学中被普遍运用。因为仅就资源理解为自然资源或社会经济资源难于解释社会、经济和生态环境如何实现协调发展的很多基本理论和实际问题，只有使这两大类资源实现合理组合和优化配置，才能最终实现资源生态经济的协调发展。

② 把资源当作自然资源的代名词。美国经济学家阿兰·兰德尔说："资源是人们发现的有用途和有价值的物质。"其实，他的著作所探讨的通篇都是自然资源。我国不少的著作，使用的"资源"，有时也仅指自然资源，如彭补拙等编著的《资源学导论》等。有些权威性辞书，把"资源"条目解释为"生产资料和生活资料的天然来源"，显然也是指自然资源。在许多场合下，人们谈论某国具有资源优势，或某一地区属于资源丰富地区等问题时，所指的实际上也是自然资源。

③ 把资源当作生产资源。西方经济学家赫帝（Heady）认为资源与生产要素同义，是指使用于生产过程中的任何原动力。可见，在这里所谈的实际上是生产资源，现代西方微观经济学，尤其是"帕累托最适度"状态理论，正是研究生产资源配置效率的最大问题。

④ 把资源等同于产品即原料。社会上通常所说的资源或自然资源，很多时候指的实际上是资源产品，即原料。

资源是一个具有广泛意义的词汇，在理解其含义时，应该把握以下两层含义。

首先，资源必须具有社会性开发利用价值，即具有社会化的效用性。资源就是这样一开始便与人口问题联系在一起的。对于人文性质的资源，更是具有直接而普遍的社会效用性，比如，劳动力和资金是构成经济活动的两大基本要素，可以说是经济效用的代名词；又比如，文化古迹资源，其主要效用是社会和心理，同时也具有发展旅游业的经济价值。

其次，资源具有相对稀缺性，这是资源与人口必然联系的另一个侧面。阳光与空气这类事物虽然对人类具有极重要的社会效用，但人们并不视其为资源，这是因为与人类的需求相比，它们的供给是充分的，只在某些特殊的情况下，才表现出相对的稀缺性或潜在的限制性，并被视为资源，比如阳光作为太阳能开发或日光被利用时就显示出相对的稀缺性。

因此，资源的概念又被人们归纳为：在一定的历史条件下能被人类开发利用以提高自己福利水平或生存能力的、具有某种稀缺性的、受社会约束的各种环境要素或事物的总称。资源的根本性质是社会化的效用性和对于人类的相对稀缺性，而二者均围绕人类的需要而成立，从而构成人口与资源这一对地理学的重要范畴。

第二节　资源的分类与系统特征

一、资源的分类系统

对客观事物进行分类是人类认识复杂世界的手段。在资源学科发展中，资源分类的研究是相对滞后的，这主要是由资源分类的复杂性引起的。目前，对于资源类型的划分，从不同的角度、标准有着各种各样的分类方法。通常将资源分成以下几类：①按资源的根本属性的不同，划分为自然资源和社会资源；②按利用限度划分为可再生资源和不可再生资源；③按其性能和作用的特点，划分为硬资源和软资源。

1. 自然资源与社会资源

自然资源是指具有社会有效性和相对稀缺性的自然物质或自然环境的总称。对自然资源范畴的认识，不同的人、不同的时间也有着较大的差异。地理学家金梅曼给出了一个主观的、相对的功能上的概念，即无论是整个环境还是其某些部分，只要它们能（或被认为能）满足人类的需要，就是自然资源。《辞海》一书中将自然资源定义为"一般天然存在的自然物（不包括人类加工制造的原材料），如土地资源、矿藏资源、水利资源、生物资源、海洋资源等，是生产的原料来源和布局场所。"随着社会生产力的提高和科学技术的发展，人类开发利用自然资源的广度和深度也在不断增加。大英百科全书自然资源的定义为人类可以利用的自然生成物，以及形成这些成分的源泉的环境功能。前者指土地、水、大气、森林、海洋等，后者指太阳能、环境的地球物理机能（气象、海洋现象等）、环境的生态学机能（地热现象、化石燃料非金属矿物的生成作用等）。联合国出版的文献中将自然资源理解为人在自然环境中发现的能以任何方式为人类提供福利的各种成分。在国土开发利用中单项的自然资源包括土地资源、水资源、生物资源、气候资源、矿产资源、海洋资源、能源资源等。

社会资源是指自然资源以外的其他所有资源的总称，它是人类劳动的产物。社会资源包括人力资源、智力资源、信息资源、技术资源、管理资源。

自然资源一般具有以下几方面的特点。

第一，有限性。有限性是自然资源最本质的特征。如第二章所述，资源的有限性包括两方面的含义。一方面，任何资源在数量上是有限的。其有限性在矿产资源中尤其明显。由于任何一种矿物的形成不仅需要有特定的地质条件，还必须经过千百万年、上亿年漫长的物理、化学、生物作用过程，相对于人类而言是不可再生的。另一方面，可替代资源的品种是有限的。煤、石油、天然气和水力、风力等资源都可用于发电，但总的来说，可替代的投入类型是有限的。自然资源的有限性要求人类在开发利用自然资源时必须从长计议，珍惜和保护一切自然资源，注意合理开发利用与保护，绝不能只顾眼前利益，掠夺式开发资源，甚至浪费、破坏资源。

第二，区域性。区域性是指自然资源分布的不平衡，存在数量和质量上的显著地域差异，并具有特殊分布规律。自然资源的地域分布受太阳辐射、大气环流、地质构造和地表形态结构等因素的影响。因此，其种类特性、数量多寡、质量优劣都具有明显的区域差异，分布也不均匀，又由于影响自然资源地域分布的因素基本上是恒定的，在特定条件下必定会形成和分布着相应的自然资源区域，所以，自然资源的区域分布也有一定的规律性。如伊拉克、科威特、阿联酋等国家盛产石油；我国山西省的大同煤炭储量丰富；黑龙江省的大庆、山东省的东营石油储量丰富。森林资源也随着太阳辐射热量对纬度带的递变，依次为雨林、季雨林、常绿林、落叶阔叶林、针叶林和苔原等。自然资源区域性的特点要求人类在开发利用资源方面应以因地制宜为原则，充分考虑区域、自然环境和社会经济的特点，在保护自然资源的前提下，高效地开发利用自然资源。

第三，综合性与整体性。所谓综合性主要表现如下。首先，自然资源是由多种单项资源组合而成的庞大的自然系统，即自然综合体，各资源之间有着密切联系。水资源、土地资源、生物资源与气候资源之间都是密不可分的，特别是土地资源，它是由多种资源组合起来的自然综合体。正是由于各种资源之间的相互关联性，因此，一种资源的开发利用，常常要引起其他资源的变化。其次，各单项资源内部也是一个复杂的系统。如生物资源是由绿色植物、草食动物、肉食动物、微生物等构成，它们之间构成了一个庞大而复杂的生态网络。这个网络中任何一个环节起了变化，都会产生连锁反应，引起整个生态系统的变化。再次，自然资源与资源开发利用有关的社会经济条件也形成一个相互联系、相互制约的整体。资源与技术、经济以至与国家政策之间都是紧密联系的。自然资源，实际上是一个由资源-生态-社会经济组合而成的复合体系。自然资源学是集自然科学、生态科学、社会科学、环境科学和工程技术与管理科学于一身的综合性科学（见图 4-1）。

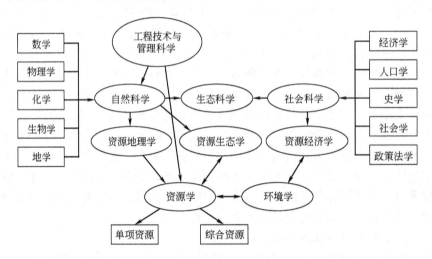

图 4-1　自然资源学与其他学科联系图（陈永文，2002）

整体性是指每个地区的自然资源要素彼此联系，形成一个整体，触动其中一个要素，可能引起一系列的连锁反应，从而影响整个自然资源系统的变化。这种整体性，在再生资源上表现突出。例如，森林资源除具有经济效益外，还具有含蓄水分、保持土壤的环境效益，如果森林资源遭到破坏，不仅导致河流含沙量的增加，引起洪水泛滥，而且使土壤肥力下降，植被退化严重，甚至沙漠化，从而使动植物及微生物资源减少。相反，如果对沙漠进行植被恢复，促进沙漠区域形成良好的生态系统，各种资源的数量和资源所发挥的作用将会增加。自然资源的整体性要求对资源必须进行综合研究和系统开发。

第四，多用性。多用性是指一种自然资源有多种用途。自然资源的多用性只是为人类利用资源提供了不同用途的可能性，到底采取何种方式来利用则是由社会、经济、科学技术以及环境保护等许多因素决定的。资源的多用性要求在对资源开发利用时，必须根据其可供利用的广度和深度，实行综合开发、综合利用和综合治理，以做到物尽其用，取得最佳效益。

第五，利用的层次性。自然资源包括的范围很广，它从一种植物中的资源化学成分到物种，从种群、生态系统直至生物圈，都可以成为利用和研究的对象。从空间范围来看，它可以包括一个局部的地段，也可以包括一个地区、一个国家甚至于洲和全球作为研究的范围。由此，在进行资源研究时必须首先明确在空间、时间上所处的水平和等级，然后决定采用的信息。对于一个进行资源分析的工作者来说，不仅要善于收集大量的资料，更重要的是要善于根据其研究对象的水平层次进行信息传递和筛选。

第六，变动性与稳定性。资源系统属于开放的系统，像世界上任何事物一样处于运动和变化之中。长期自然演化的生态系统在各种成分间能维持相对稳定的平衡。相对稳定的生态系统内，能量流动和物质循环能较长时间保持平衡状态，并对内部和外部的干扰有一负反馈机制，使得扰动不致破坏系统的稳定性。但是，当这种干扰超过其所能忍受的阈值时系统就要崩溃。不同的资源生态系统的稳定性不同。尽管有许多例外，一般来说生态系统的稳定性与种群数是和食物的结构有关的。通常种群越丰富的生态系统稳定性越高，对外界干扰有较大的抵抗力。

从自然资源合理利用和保护的角度来考虑，深入了解自然资源系统内部结构的动态稳定性机理和特点，以及对外力干扰的负荷能力，预测自然资源系统的发展趋向，采取有效的措施来维持对人类生活、生产有利的系统结构，或使其向有利于人类社会发展的方向转化，以谋求人与环境之间协调共生。

和自然资源具有一些特点相同，社会资源也具有一些特点，如易变性，不同历史时期生产关系和生产力发展水平的影响，形成了社会资源的易变性这一最大的特征。由于自然资源分布的不平衡性，政治、经济发展的不平衡性及投资政策、资金政策、教育政策、科学技术政策、产业政策、经济管理体制等因素直接或间接的影响，决定了社会资源具有不平衡性的特点；人类用以创造社会财富的劳动资源、智力资源、技术资源、经济资源等无不是在一定的社会活动中造就出来的，因此，不同的历史年代，不同的民族、文化，不同的外界条件，不同的社会活动方式，都会形成不同种类、数量和质量的社会资源。此外，社会资源的社会性还表现在它们没有疆界，不同民族种族，谁都可以掌握并用于创造新的社会财富。另外，社会资源的积累并不是空中楼阁，丰富的社会资源一方面是来源于人类在现实生活中对社会资源的更新和扩展，另一方面来源于对前人已有社会资源的继承。

2. 可再生资源与不可再生资源

可再生资源是指能连续或往复供应的资源，包括：①恒定性的环境资源，如太阳辐射能、风力、水力、海潮、径流、地热、温泉等；②可循环再生的环境资源，如一个地区由光热、年降水量、年光照时间、年积温、年无霜期等构成的气候资源，及主要由年降水量决定的区域水资源和水能资源；③人类劳动的产物，包括人力资源、信息资源、技术资源等各种社会资源。在合理的开发利用中，这类资源可以通过大自然和人类的劳动不断循环地开发利用。但是，如果人类在一定的时期里过度耗用，就可能破坏资源再生循环的途径，使其资源处于枯竭状态。如我国的森林砍伐和近海捕猎都曾向大自然过度攫取资源，导致资源不能再生或再生速度受到影响，不能满足社会经济发展对资源不断增加的需求。

不可再生资源是指相对于人类自身的再生产及人类的经济再生产周期而言是不能再生的各种地质和半地质资源。地质资源包括金属矿、非金属矿、核燃料、化石燃料等，它们的成矿周期往往以百万年计，除非从废物中回收，或者通过工程手段合成、制造，这些再生的自然资源将随着人们的消费而减少。土壤和地下水资源的形成周期虽然较短，但与人类的消费速度相比是十分缓慢的，因此被称为半地质资源。对于不可再生资源的开发利用应遵循节约和尽可能综合的原则，严禁浪费和破坏，使大多数矿产品回收利用，形成资源利用的循环系统。

3. 软资源与硬资源

软资源与硬资源的分类体系首先在王铮等人所著的《理论地理学纲要》中提出。所谓的硬资源是指在量上，或归根结底表现为量上的稀缺性的资源。比如，土地、矿产、劳动力、资本等。所谓软资源是指主要在质上表现出稀缺性，而量不可度的软件型资源，如技术、市场、信息、区位等。

二、资源系统的特征

1. 构成的复杂性

广义的资源指人类生存发展和享受所需要的一切物质和非物质的要素。也就是说，在自然界及人类社会中，有用物即资源，无用物即非资源。因此，资源既包括一切为人类所需要的自然物，也包括以人类劳动产品形式出现的一切有用物，还包括无形的资财，不仅来源于自然界，而且来源于人类社会。资源不仅包括物质的要素，也包括非物质的要素。具体来说，有自然资源，包括土地资源、水资源、矿藏资源、生物资源、气候资源等；人力资源，包括人力的数量，劳动者的体力、智力（知识、技能、智慧、远见等）、精神（责任感、事业心、积极性、创业精神、敬业精神等）；科技资源，包括学术理论、学术观点、技术发明、技术专利、技术储备、新技术、新工艺等；经营管理资源，包括企业家的数量、素质，经营管理的思想、经验、方法和手段等；信息资源，包括信息产业、信息资料等。因此，资源系统是一个复杂的巨系统。

2. 内涵的动态性

资源是一个历史的范畴，又是社会的产物。它的内涵与外延并非是一成不变的，它随技术经济的提高而不断扩展、深化。早在原始社会末期，人们就开始意识到自然物质是"资财的源泉"，从而形成了自然资源的概念。20 世纪 20 年代以前的漫长岁月里，在发展条件的研究中，人们始终把自然资源放在中心地位，后来，由于能源和矿产资源相对充裕，只要有资本，就能从市场上买到劳动力和原材料，因此，资本被视为发展的主体。虽然"能源危机"和一些矿产资源面临枯竭增强了人们对自然资源重要性的认识，但新材料、新能源的出现，又继续使资本在经济中的核心地位得以巩固。因此，这一时期，资本资源在资源的概念中，处于核心的位置。

第二次世界大战以后，在全球性"资源危机"威胁下，人们把美好的前景寄希望于海洋资源的开发利用，把海洋作为独特的资源系统归属于自然资源研究范畴，合理开发利用与保护海洋资源已成为现代自然资源研究的基本内容。

随着经济的发展，全球性环境问题越来越严重，自然资源的概念也发生了变化，不仅指可利用于人类生产和生活部分的自然资源，也包括了能给予人类精神文明享受的自然环境部分。与此同时，旅游资源也纳入到自然资源概念之中，并成为自然资源研究的内容。

近年来，随着一系列新兴技术的迅猛发展，现代产业的发展不仅依赖自然资源和资本，而且越来越多地依赖人的智力、信息、技术、管理和组织能力。自然资源只是为经济的发展提供了可能，而先进的科技水平、科学的管理，能够使自然资源得到合理的开发利用，并取得更大的经济效益。因此，资源的含义又得到了扩展。智力资源、信息资源、技术资源、管理资源都纳入了资源的范畴，并占据着越来越重要的地位。

3. 结构的层次性

从组成上看，资源系统是由不同层次的资源子系统所构成的，因此资源系统的结构具有明显的层次性特征。例如，资源系统可划分为自然资源和社会资源两个子系统，其中自然资源又可划分为可再生资源和不可再生资源，而其中的可再生资源还可划分为水资源、生物资源等。社会资源又可划分为人力资源、智力资源、信息资源、技术资源、管理资源等。

按照性能和作用特点，资源系统还可划分为软资源和硬资源两个子系统。软资源又可细分为信息资源、技术类资源、文化资源、区位-市场类资源；硬资源又可分为第一类硬资源和第二类硬资源，第一、二类硬资源又可进一步下分，构成鲜明的层次性。

从资源系统包括的范围来看，它的构成也具有层次性。就生物资源而言，资源系统既包括植物中的化学成分，也包括生态系统乃至生物圈中的资源。从空间研究范围来看，它既可以是一个局部地段的资源，也可以是一个地区、一个国家，甚至大洲和全球的资源。

第三节　资源学的发展历程与发展前景

一、资源学的发展历程

资源的内涵是随人类历史的发展而不断变化的。因此，关于它们的知识及其发展过程就是不断在纵横两个方向的发展过程中丰富起来的，即在现代科学不断分化与不断综合的发展进程中丰富起来的。据《辞海》的解释，科学"是实践经验的结晶"；资源则被解释为"资财之源"。因此，资源科学应是研究有关资财来源实践经验结晶的科学，具体讲它是研究资源的形成、演化、质量特征与时空规律性及其与人类社会发展之间相互关系的一门综合性学科，其目的是为了更好地开发、利用、保护和管理资源，协调资源与人口、资源与环境之间的关系，促使其向有利于人类生存与发展的方向转化。

人类开发利用资源（尤其自然资源）的实践经验，几乎与人类的发展历史同步，但将其"结晶"为现代的资源科学知识，却经历了漫长的发展过程。从资源科学发展的社会历史背景中，资源科学的发展大致经历了四个不同的时期。

1. 资源的原始利用时期

原始的人类社会经历了漫长的发展阶段。从 200 万～300 万年前人类诞生一直到距今约 1 万年前，人类主要使用打击石器与自然作斗争，这一时期为旧石器时代。在这个时期，由于受各方面条件的限制和制约，人口的数量长期处于一个很低的水平上，人类对自然资源只有初步的感性认识，而且认识和利用自然资源的种类也很有限，主要是石头（用作石器）、树枝（钻木取火或做工具）、兽、鱼、果等。到了距今大约 5 万～0.5 万年前，人类进入了旧石器时代末期和新石器时代早期，人类的劳动工具——石器才有了较大的改进，人类利用集体的力量捕猎，甚至开始驯化兽类，并出现了原始农业。这段时期属于人类对自然资源的原始利用时期，人类虽然也积累了一些自然资源利用方面极为原始的经验，但根本谈不上总结和记载。

2. 对资源记载描述时期

这一时期大约从距今 1 万年到 19 世纪中期的工业革命时期。当人类刀耕火种，有意识地把种子撒向土地时，人类的文明便前进了一大步，进入了农业文明时期，土地也随即成了农业文明的核心资源。随着人类技术和生产力水平的提高，人口数量也逐渐增加，公元前 8000 年时全球人口约 500 万，到第一次进行人口调查记录的 1650 年，大约 1 万年的时间里人口才增长到 5 亿。到工业革命结束时的 19 世纪中期，世界人口达到约 10 亿。尽管此期间人口有所增加，但在当时的技术水平下人类对自然界并没有形成很大的压力，当时的经济可用天苍苍、野茫茫的"牧歌式"经济来形容，人口稀少，土地广阔，资源丰富。世界上许多文明古国，古埃及、古希腊以及古代中国，都开始了关于自然资源的分布、开发、利用，人与自然资源的关系等方面的记录，也产生了一些有关自然资源利用和保护的朴素而深邃的思想。本阶段后期的一些哲学家、政治家、地理学家及博物学家在他们的著作中对这方面进行记载和总结，如我国的《周礼》、《山海经》、《本草纲目》和《齐民要术》等都有关于资源利用和保护的记载。这些零星但十分宝贵的经验，为18～19世纪开始的各有关学科对各项自然资源进行近代科学研究提供了重要基础。

3. 分学科进行自然资源研究时期

这段时间大致从19世纪中期到20世纪初期。在工业革命时期，人口迅速增加，从1650～1850年，仅200年的时间，人口增加了1倍，从5亿增加到10亿；工业革命后，从1850～1930年，仅用了80年的时间，人口又翻了一番，达到了20亿。工业革命解放了生产力，推动了科学技术的进步，许多学科如生物学、地理学、地质学、农学、生态学和资源利用的工程技术学科（农学、森林学、土壤学、矿物学）等都快速发展起来。这些学科分别基于各自的科学理论体系，从不同的认识角度分别对同一项资源或某几项资源进行了各自的研究，这些研究很少交叉渗透，仍各自保留着自己学科的理论体系。但这些学科所具有的共同的资源基础，使它们分别积累的科学资料和知识在资源和资源利用这个交汇点上联结，为资源科学的产生奠定了基础。

4. 资源学的形成和蓬勃发展时期

真正的资源科学研究应该说是20世纪初期以来的事情。工业革命后，人口爆炸性增长，物质生活水平和技术水平也不断提高，人类对自然资源的压力与日俱增。正如《世界自然保护大纲》中所指出的那样，我们时代的一个重要特征是人类几乎有着无限的建设能力和创造能力，但又有同样的破坏力和毁灭力。在开发自然资源方面，由于资源的需求量急剧增长，迫使人们采取一些只顾眼前利益的做法，带来了一系列前述的资源与环境危机。在严峻的事实面前，积极保护自然资源与合理开发利用自然资源已成为国际社会关注的焦点。自然资源学也在新的科学技术手段和方法的武装下，以崭新的面貌出现在当代科学的舞台上。

与此同时，各学科积累的有关资源和资源利用的科学资料和知识日益丰富，加上生态学的发生发展，现代科学技术（如系统论、计算机、遥感、地理信息系统与全球定位系统技术等）的发展，促使各学科有关资源的研究日益与其母体学科分离，在资源与资源利用领域汇聚。需要与可能的结合，孕育了资源科学研究的诞生。

从满足生产和人类其他需要出发，20世纪初期的资源科学集中体现在专题及"应用地理"研究方面，着重探讨自然资源的开发利用和不利因素的控制，以分类区划和质量评价为主要内容，这也是目前资源科学研究最为成熟的领域。第二次世界大战后，资源科学研究进入了一个稳定的发展时期。1948年国际自然保护联盟成立（1955年更名为"国际自然与自然资源保护联盟"），1949年联合国经社理事会在美国纽约召开了第一次世界自然资源利用科学大会，出版了八卷论文集，随后，"干旱区研究计划"、"国际潮湿热带研究计划"等国际合作计划纷纷展开。1960年联合国教科文组织专门成立了自然资源研究与调查处（后改为生态处），负责协调和组织有关自然资源的考察与研究工作。此后，国际社会开展了"国际生物学计划"（IBP，1964～1974），该计划向全世界进行了一次生态学的大宣传，对未来资源和生态学研究起到重要的指导作用。70年代开始的"人与生物圈计划"（MAB，1972）是为合理开发利用和保护自然资源而开展的一项庞大的国际研究计划，其研究内容涉及当前国际范围内自然资源利用中最重要的14个方面的课题。

1980 年《世界自然保护大纲》的问世是当代自然资源研究中的又一件大事。世界自然保护大纲把开发与保护紧密地结合起来，对保护资源目标和实现这些目标的必要条件、需要国家和国际间优先采取的行动等 10 个方面的问题进行了专门的论述。它对自然资源的保护和开发起到了重要的推动作用。

从 1972 年的"人类环境会议"到 1992 年的联合国"环境与发展大会"标志着人类对资源、环境与发展问题的认识逐步深入并走向成熟。资源科学作为一个完整的科学领域正在走向成熟的另一个标志是，目前出版了大量有关自然资源期刊、学报及综合性、系统性的论著。见诸于文献的综合资源科学研究著作主要有 Dyne 的《生态系统的概念在自然资源管理中的应用》（1961），Eall 的《生态学和资源管理》（1968），Negi 的《地理学与资源》（1971），Bruce 的《地理学与资源分析》（1979），Oroen 的《自然资源保护——一种生态学方法》（1980），Ramade 的《自然资源生态学》（1984）、《自然资源学报》（1986）等。我国为了促进资源科学学科发展和学术建设，展示资源科学的发展目标和前景，提出中国资源科学发展的战略需求，于 2006 年在中国科学院地理科学与资源研究所召开了"2006 年中国科协学科发展讨论会第四分会场——资源科学学科发展"会议。该活动指明了我国的自然资源学科发展趋势及其前景，对丰富自然资源学的内容和促进该学科的发展将起到巨大的促进作用。

二、资源学研究发展的趋势

1. 资源科学研究的层次不断扩大，新的资源学科分支不断创立

资源科学研究层次性是资源不同地理尺度的体现。早期资源科学研究侧重在比较小的区域，研究小区域的资源数量、质量，制定小区域资源开发利用保护的措施、规划，促进小区域的经济发展。资源科学研究层次扩展到大区域或全球范围，既与当今世界经济全球化的发展趋势相吻合，也是解决全球资源短缺、环境恶化这一共同问题的需要。小区域与大区域相结合，地区研究与全球研究相结合，是今后资源科学研究发展的趋势，无论水资源、土地资源、生物资源还是气候资源都是如此。小区域研究见效快，易操作，带有明显的针对性，是资源科学研究的基石。但世界、国家、地区之间的协调发展同样要求资源科学研究要面对区域发展与全球发展的结合，区域研究与全球研究的结合。

2. 研究内容的综合性逐步加强，强调系统性、整体性、协调性

人类日益增长的需求和资源本身的稀缺性、有限性的矛盾冲突，是促进资源科学发展的内在动力。资源科学研究从单一的资源研究扩展到将人口、资源、环境作为整体系统来研究，不仅研究资源间、资源与环境间的自然属性，还要研究人类活动对资源、环境的影响和资源、环境对人类的反影响；研究资源及其开发利用的社会属性、技术经济属性，实现经济、社会和环境三大系统的整体协调。

资源开发利用所带来的经济增长与资源短缺、环境污染、生态破坏的矛盾日益加剧，人们不得不从整体上、从相互关系、从长远利益上来考虑资源永续利用的原则与可持续发展的问题，促使资源科学研究开展涉及人口、资源、环境、生态、社会、经济与发展之间相互关系的战略性研究，包括资源的中长期供求平衡、区域资源开发战略、经济可持续发展动态模型等。此外，资源作为一个系统，要求资源科学研究跨部门、跨学科、跨时段地对资源进行综合研究，才能建立系统的学科理论体系，用于正确地指导实践。

3. 资源开发的环保效应和资源安全对资源科学研究的战略性与政策性要求不断提高

资源与生态环境密切相关，人类离不开资源也离不开赖以生存的自然生态环境，具体说经济发展依赖自然资源的长期供给能力，也依赖生态环境的长期承受能力。自然生态环境的

恶化，将影响人类经济和社会的持续稳定发展。通常说环境问题的产生归根结底是资源不合理利用的结果。

资源开发所带来的环境安全、资源安全问题包括：温室效应、臭氧层破坏、森林滥伐、生物多样性减少、酸雨、土地退化等。这些问题的解决最终都要落实到资源的开发利用和保护上，即资源科学的范畴。

政府制定相应的发展战略和政策，使经济发展达到环保安全要求是保证资源可持续利用的根本措施。而政府所制定的具有指导性和方向性的政策、方针、行动计划也需要科学研究的成果提供依据。节约资源，提高资源效益，寻找替代资源，是当前国民经济持续发展的迫切要求。加大科技投入和资本投入，实现资源替代战略是我国缓解资源短期的必由之路。因此，当前资源科学研究要求在资源开发的环保效应和资源安全方面进一步加强。

4. 科技创新、信息共享成为资源科学研究未来发展的基石

现代新技术、新方法的运用，现代信息技术的收集分析的手段、方法的创立和改进极大地提高了现代科学的发展速度。资源科学研究也不例外，现代资源勘查技术、开发技术、冶炼加工技术的发展，极大地提高了人类对资源探索、开发的广度和深度，从而使得资源科学研究在深度、广度和精度上，达到了以前的研究所无法比拟的高度。但是，如果没有合理的数据和信息，只凭经验和想象决策，很容易出错，信息成为决策成功的基础。资源科学研究已经取得了很大进展，但要能够继续维持并改善这些工作，保证获得及时可靠的信息，这还有待于资源科学研究中进一步的深入。目前，发达国家和发展中国家在科技方面的差距，是影响世界分工的重要因素，也是造成世界资源不平等利用的原因，也一定程度地阻碍了资源科学研究的进展。建立一个高效的、可供全球使用的信息系统，促进数据、指标的统一，并且与经济社会信息系统紧密结合，这将是资源科学发展所面临的重要任务。

本 章 小 结

由于人们的研究领域和研究角度的不同，资源的概念的理解也不同。通常资源的概念被理解为广义的资源和狭义的资源。广义的资源指在一定的技术经济条件下，现实或可预见的将来能作为人类生产和生活所需要的一切物质的和非物质的要素。狭义的资源指自然资源，即指在一定时间、地点的条件下能够产生经济价值的，以提高人类当前和将来福利的自然环境因素和条件的总称。资源的分类的研究中，按照资源的根本属性，划分为自然资源和社会资源；按照利用的限度划分为再生资源和不可再生资源；按照其性能和作用的特点划分为了硬资源和软资源。不同的资源类型在开发利用中都应遵循其特点，以充分发挥其效用和功能。资源系统作为复杂的大系统，具有构成的复杂性、内涵的动态性、结构的层次性的特征。资源学是在环境学、地理学等学科发展的进程上诞生的，在其形成和发展过程中，经历了几个不同的时期和蓬勃发展时期。随着资源学科的发展和国家发展战略的需求，资源学研究面临着广阔的发展前景。

复习思考题

1. 如何理解什么是资源？资源系统有哪些特征？
2. 资源一般分为哪几类，根据各类资源的特点，在开发利用资源中应注意哪些问题？
3. 资源学经历了哪几个发展时期？资源学研究发展的趋势是什么？

第五章　资源过程的生态学原理

资源从其形成、自然存在到与人类发生关系再到被消费的整个过程，可称为资源过程。资源过程可以从各种角度来研究，或者说它涉及多种过程。如果把资源过程看作无机界、生物界与人类社会的一系列相互作用，而且人类在其中起着支配作用，那么所研究的资源过程就涉及生态学的一些基本原理。

第一节　地球表面圈层与资源分布

地球不是一个均质体，而是具有明显的圈层结构。地球每个圈层的成分、密度、温度等各不相同。地球圈层分为地球外圈和地球内圈两大部分。目前，人类开发利用的资源主要分布在地球外圈。因此，本节主要从地球外圈的资源分布进行介绍。

一、地球表面圈层的组成

地球表面可进一步划分为五个基本圈层，即大气圈、水圈、生物圈、土壤圈和岩石圈。

1. 大气圈

大气圈是地球外圈中最外部的气体圈层，它包围着海洋和陆地。大气圈没有确切的上界，在 $2000\sim16000$ km 的高空仍有稀薄的气体和基本粒子。在地下，土壤和某些岩石中也会有少量空气，它们也可认为是大气圈的一个组成部分。地球大气的主要成分为氮、氧、氩、二氧化碳和不到 0.04% 比例的微量气体。地球大气圈气体的总质量约为 5.136×10^{18} kg，相当于地球总质量的 0.86%。由于地心引力作用，几乎全部的气体集中在离地面 100km 的高度范围内，其中 75% 的大气又集中在地面至 10km 高度的对流层范围内。根据大气分布特征，在对流层之上还可分为平流层、中间层、热成层和散逸层。

2. 水圈

水圈包括海洋、江河、湖泊、沼泽、冰川和地下水等，它是一个连续但不很规则的圈层。从离地球数万公里的高空看地球，可以看到地球大气圈中水汽形成的白云和覆盖地球大部分的蓝色海洋，它使地球成为一颗"蓝色的行星"。地球水圈总质量为 1.66×10^{21} kg，约为地球总质量的 1/3600，其中海洋水质量约为陆地水（包括河流、湖泊及表层岩石孔隙和土壤中的水）的 35 倍。如果整个地球没有固体部分的起伏，那么全球将被深达 2600m 的水层所均匀覆盖。大气圈和水圈相结合，组成地表的流体系统。

3. 生物圈

生物圈的概念是奥地利地质学家休斯（Eduard Suess）于 1875 年首次引进自然科学的。生物圈是指地球上有生命的部分，即地球上所有的生物，包括人类及其生存环境的总体。但是，这个概念却并不十分精确。因为在大气圈相当高的地方（大约在海拔 9000 米以上）仍然存在着细菌和真菌的孢子。甚至在地球上的干旱、高寒（-190℃）和酷热（140℃）地区，尽管难以维持代谢过程的进行，但在这类地区亦能找到孢子。因此，在生机勃勃的生物圈以外，还围绕着一个界限不甚明确的，有一些休眠形式生命的"副生物圈"区域（见图5-1）。

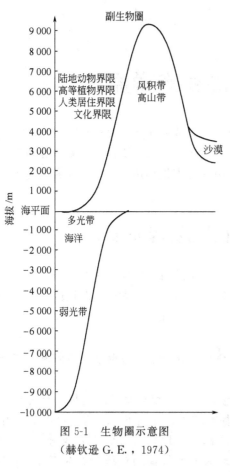

图 5-1 生物圈示意图

（赫钦逊 G.E.，1974）

生物圈是地球上最大的生态系统，它包括海平面以上 9km 到海平面以下 10km 的范围。在这个范围内有正常的生命存在，有构成生态系统的生产者、消费者、分解者和无生命物质四个组成部分，有能量的流动和物质的循环。

4. 土壤圈

土壤分布在陆地表层，除了江河湖海等水体及两极冰盖与高山冰川覆盖的地区以外，几乎都有土壤的存在。即使在岩石露出和流沙被覆的地方，也可能有原始土壤和风沙土的发育。因此，土壤就在地球表面上形成一个断续地分布的圈层，覆盖于岩石圈之上，其厚度由几厘米至几米不等，在炎热湿润的亚热带和热带地区，有些土壤的厚度可能更大。这就是土壤圈存在的范围。

5. 岩石圈

对于地球岩石圈，除表面形态外，是无法直接观测到的。它主要由地球的地壳和地幔圈中上地幔的顶部组成，从固体地球表面向下穿过地震波在近 33km 处所显示的第一个不连续面（莫霍面），一直延伸到软流圈（地球内圈的组成部分之一）为止。岩石圈厚度不均一，平均厚度约为 100km，只占地球半径的 0.5%。岩石圈包含了大陆与海盆，也是大陆与海洋沉积物、海洋盐类、大气团气体、海洋、陆地与大气中一切自由水的源泉。

二、生物圈与资源分布

生物圈是地球上有生命的部分，即动物、植物、微生物以及它们所生存的环境。它是由大气圈、水圈、岩石圈、土壤圈这几个圈层的交接的界面所组成的。生物圈的发育大约经历了 30 亿年的漫长历程。从 30 亿年前出现原始细菌开始，20 亿年前出现了能进行光合作用的固氮生物，释放出氧气，并在约 16 亿年前形成了含氧的大气圈，12 亿年前出现最早的真核细胞，7 亿年前出现了多细胞生物，5 亿年前出现了海洋无脊椎动物，4.5 亿年前生物才登上陆地，哺乳类动物的出现则是近 2 亿年的事情。

生物圈的概念于 1875 年被提出后，较长时期以来并没有引起广泛的关注，直到前苏联地质学家 V.I.Vernadsky 于 1926 年发表了著名的"生物圈"演讲，才引起广泛的重视。到了 20 世纪 50 年代，随着人类活动范围的逐渐扩大和活动强度的日益增加，人类与环境的矛盾具有了全球性的特点。人类与其赖以生存的生物圈的关系逐渐引起各国学者的普遍关注。1971 年，联合国教科文组织发起了一项政府间跨学科的综合性研究计划，即"人与生物圈（MAB）"。该计划的目的是通过多学科相结合，探索人与环境之间的相互关系，为资源和生态系统的保护和持续利用提供科学的依据，并通过培训、示范、信息传播等方式，提高人类对生物圈的有效管理能力。

生物圈中分布着丰富的能为人类利用的自然资源。主要包括地貌、土壤、植被等因素构成的土地资源，由地表水和地下水构成的水资源，由光、热、水等因素构成的气候资源和由各种动植物构成的生物资源等。

生物圈中的资源是发展农业生产的重要物质基础。这些资源在地理分布上有一个显著的特点，就是"整个生物圈中的资源实际上是一个不可分割的统一整体。土地、水、气候和生物资源之间有着千丝万缕的联系。就地球大陆而言，可以说任何一个空间里这些资源都是同时存在的，并且相互联系、相互制约，构成了一个统一的系统。"组成生物圈中资源的各自然要素本身又各自形成一个自然综合体而相互联系和制约着。如土地资源中的湖泊、沼泽、高山、农田等；生物资源中的森林、草场、鱼类、微生物等。任何一种自然资源的开发利用，随着向深度和广度发展，必然会使其他多种自然资源受到相应的影响，如果不能从系统的角度深入了解相互之间的关系，就可能出现不良的后果。如我国的新疆塔里木盆地的塔克拉玛干沙漠南部，曾经是我国历史上记载的发达地区之一。作为西域交通要道的丝绸之路南道所经的楼兰、且末、精绝、渠勒、于田、莎车等地均有很发达的农业。到了唐代，农业更为发达。而在今天，古代的大片良田已沦为流沙，古城废墟历历在目，曾经浩瀚的罗布泊已经干涸。丝绸之路沿线的环境变迁和古文明消失，固然与气候变化、降水量减少等自然因素的波动有关，但土地的过度开垦、水资源和生物资源的不合理利用、天然植被的破坏等人为因素也不可忽视。因此，人类对生物圈资源的开发与利用，不仅要单项地研究各种资源的利用与保护，而且要求把自然资源作为整体，来研究生物圈中各资源间在开发利用中的相互关系。

生物圈中资源的地理分布具有地带性、区域性和不平衡性。由于地球与太阳的位置及其运动的特点以及地球表面海陆分布的关系、地质地貌的变化，造成了地球上各个地区水热条件不一样，形成了多种多样的资源生态环境。从全球范围看，首先显示的是地带性的差别。以植被资源为例，在北半球，自南而北，可以区分出热带植被类型、亚热带植被类型、温带植被类型、寒带植被类型和苔原等地带性的差别。在高山地区，也出现类似植被生态环境的垂直变化，如我国的长白山，自山脚到山顶，随着海拔上升，依次为阔叶红松林、暗针叶林带、岳桦林带和高山冻原等不同的植被类型。再以太阳辐射能为例，太阳辐射是生命活动的唯一能量来源，但地表上能够接受的太阳辐射的光能和热量，则也由于受地球本身的运动、海陆分布和地表形态的影响，而在地表上形成明显的地带性和地区性差别，直接影响到地表土壤、植被以及动物界的地理分布特点。

由于生物圈的资源多具有可更新性、循环性、不可逆性和可培育性的特点，并且它们是发展的、变化的，它们的地理分布特征及其变化，在一定意义上取决于人类社会对自然资源合理利用程度。如生物资源是可通过人类的种植（养殖）和收获等进行补充、消耗的，而且直接受到气候资源的影响。

第二节　生态系统理论

一、生态系统的基本概念

生态系统这一术语是 Tansley 在 1935 年提出的，它既包括生命有机体又包括无机环境。Odum 在 1959 年给它下了一个严格的定义：生态系统就是生命有机体和无机物相互作用并产生相互之间物质交换的一个自然区域。此外，Odum 在 1971 年还认为，在一个给定的区域内的所有生物个体（即群落）与其生存的自然环境之间相互作用，并伴随能量流动产生鲜明的能量结构、生物多样性和物质循环（比如一个系统中的生物体和非生物体之间的物质交换），这样的任何一个单元也可以称为生态系统。按照生态学的观点，任何一个生物群落与其周围非生物环境的综合体就是生态系统，是生命系统和环境系统在特定空间的组合。

自然资源过程研究必然要涉及各种自然要素之间的联系，尤其是活生命物质与其非生物环境之间的相互作用，还包括人对自然系统的影响，所有这些组成生态系统。

关于生态系统的概念，主要强调一定地域中各种生物相互之间，它们与环境之间功能上的统一性。生态系统主要是功能上的单位，而不是生物学中分类学的单位。因此在研究生态系统时，有两个问题值得注意。第一个问题是，这一概念可用于任何尺度上，小至含有原生动物的一滴水，大至整个地表生态圈（包括大气圈、水圈、生物圈和岩石圈）。其间可以划分出无数的生态系统等级。由此就有一个确定界线的问题，由于一个生态系统的各种组分常与其他生态系统交叠，即使像池塘那样边界较明确的生态系统，除了与外界有能量和水分的联系外，水禽一类的动物也会带来或带走某些物质。所以，很难在空间上对生态系统作出满意的界定。第二个问题是生态系统内生命成分与无生命成分之间的交互作用，不仅环境作用于生命物质，生物也可反过来影响环境。因此，在资源研究中必须认识到，当把一个生态系统中的有生命部分当作资源来开发利用时，会使无生命部分也发生变化。例如，森林及其中的土壤之间就有极其紧密的相互联系，如果温带的落叶林为针叶林所取代，那么原来的褐土会逐渐变成灰化土。我国亚热带的常绿阔叶林被砍伐后，如果人工种植杉木林，杉木生长过程中会显著地消耗土壤肥力，同时成土的生物过程较为缓慢，从而导致土壤肥力下降。

显然，这两个问题使生态系统的科学研究极为复杂，各种组分的相互关系和作用机制很难搞清。寻找建立生态系统持续性的机理，是研究生态系统规律的主要目的。目前，生态系统的概念和原理已经被许多学科和许多实践领域所接受。在自然资源过程研究中，处理组成生态系统的界限和组分间相互作用问题的基本途径一是人为限定生态系统的边界，虽然这种限定在理论上尚欠完善，但对于实际研究而言不失为一种科学的方法；二是从生态系统的功能研究入手，着力于已限定生态系统中的能量流与物质流。

二、生态系统的组成和类型

（一）生态系统的基本组成

地球表面各种不同的生态系统，不论是陆地还是水域，大的还是小的，一个发育完整的生态系统的基本成分都是可概括为非生物成分（环境系统）和生物成分（生命系统）两大部分，包括生产者、消费者、分解者和非生物环境四种基本成分（见图5-2）。

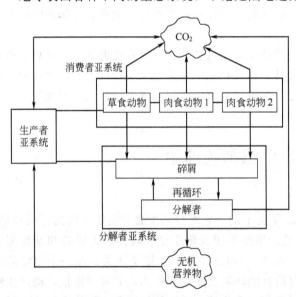

图5-2　生态系统组成结构的一般性模型（孙儒泳，2002）
注：3个粗线大方块表示三个亚系统；连线和箭头表示系统各成分间物质传递的主要途径和方向；无机物质以不规则块表示

1. 非生物环境

非生物环境也就是非生物成分，通常包括能量因子和物质因子以及与物质和能量运动相联系的气候状况等，其中能量因子包括太阳辐射能（热能）、化学能、潮汐能、风能等；物质因子包括岩石、土壤、水、空气等基质和介质，光照、温度、湿度等气候要素，以及各种生物生命活动的代谢物质，如 CO_2、H_2O、O_2、N_2 等空气成分和 N、P、K、Ca 等矿物质元素及无机盐类等。此外，也包括联系生物和非生物成分的有机物质，如蛋白质、糖类、脂类和腐殖质等。

2. 生物成分

生物成分是生态系统中有生命的部分。根据生态系统中的作用和地位，可将其划分为生产者、消费者和分解者三大功能群。

（1）生产者（producer）是指利用太阳能或其他形式的能量将简单的无机物制造成有机物的各类自养生物，包括所有的绿色植物、光合细菌和化能合成细菌等。它们是生态系统中的最基础的成分。

（2）消费者（consumer）是指不能利用太阳能将无机物质制造成有机物质，而只能直接或间接地依赖于生产者所制造的有机物质维持生命的各类异养生物，主要是各类动物。根据动物食性的不同，通常分为草食动物（herbivorse）、肉食动物（carnivore）、杂食动物（omnivore）、腐食动物（saprotrophus）和寄生动物（zooparasite）。

（3）分解者（decomposer）分解者是异养生物，其作用是把动植物残体的复杂有机物分解为生产者能够重新利用的简单化合物，并释放出能量，其作用与生产者相反。分解者在生态系统中的作用是极为重要的，如果没有它们，动植物尸体会堆积成灾，物质不能循环，生态系统将毁灭。分解作用不是一类生物所能完成的，往往有一系列复杂的过程，各个阶段由不同的生物去完成。例如，在森林生态系统中有生活在枯枝落叶和土壤上层的细菌和真菌，还有蚯蚓、螨等无脊椎动物，它们也进行着分解作用。

（二）生态系统的类型

在对生态系统进行研究时，可根据研究的目的按照不同的分类标准将生态系统划分为不同的类型进行研究。

依据生态系统受人类干扰程度的大小，将生态系统划分为自然生态系统，如无人类干扰的原始森林、未曾有人涉足的水域等；半自然生态系统，如种植用的农田、养殖用的池塘等；人工生态系统如人类建造的城市等。

根据环境条件的不同，生态系统通常可分为两大类，即水生生态系统和陆地生态系统。这两大生态系统还可以进一步分为更多的生态系统。

水生生态系统包括海洋、河流、湖泊和沼泽等水域。根据水体的物理、化学性质不同，又可分为海洋生态系统和淡水生态系统。在淡水生态系统中还可分为流水生态系统和静水生态系统。

陆地生态系统包括陆地上的各类生物群落。根据地理位置、水、热等条件及植被状况，又可分为森林、草原、荒漠、高山、冻原等生态系统。在森林生态系统中还可分为热带、亚热带、温带和寒带等森林生态系统。

三、生态系统的结构与基本功能

（一）生态系统的结构

生态系统的结构（ecosystem structure）是指生态系统中生物和非生物的诸要素在时间、空间和功能上分化与配置而形成的各种有序的系统。生态系统的结构是生态系统功能的基础。现代生态学在不同层次上对生态系统的组成、结构和功能进行定性和定量研究，以阐明组成、结构和功能的相互关系，提高生态系统的生产力，维持系统的稳定性，改善系统的整体功能。生态系统的结构通常包括物种结构、营养结构、时空结构和层级结构等。

（1）生态系统的物种结构（species structure）指根据各生物物种在生态系统中所起的作用和地位分化不同而划分的生物成员型结构。一般在生态系统中有优势种、建群种、伴生种等。

（2）生态系统的营养结构（nutrition structure）指生态系统中各种生物成分之间或生态系统中各生态功能群——生产者、消费者和分解者之间通过吃与被吃的食物关系以营养为纽带依次连接而成食物链网结构以及营养物质在食物链网中不同环节的组配结构。食物链（food chain）是指各种生物按其取食和被食的关系而排列的链状顺序。生态系统中的食物链彼此交错连接，形成的一个网状结构，称为食物网（food web）。为了更好地表示食物链和食物网间的营养关系，生态学家们提出了营养级（trophic level）的概念，将处于食物链某一环节上的所有生物种的总和定位为一个营养级。通过不同营养级上的能量多少进行生态系统中能量流动的研究。

（3）生态系统的时空结构（space-time structure）也称形态结构，它是指生态系统中组成要素或其亚系统在时间和空间上的分化与配置所形成的结构。任何一个生态系统，都具有在水平空间上或简单或复杂的镶嵌性、在垂直空间上的成层性和在时间上的动态发展与演替特征。

（4）生态系统的层级结构（hierarchy structure）是基于 20 世纪 60 年代以来逐渐发展形成的层级（等级）理论（hierarchy theory）而确立的有序结构体系。该理论认为任何系统都处于一定的层级，并具有一定的时间和空间尺度（scale）。一个复杂的系统由相互关联的若干亚系统组成，各亚系统又是由各自的许多亚系统组成，以此类推，直到最低的层次。

（二）生态系统的基本功能

生态系统的组成和结构提供了实现生态系统功能的基础。任何生态系统都不断地进行着能量流动和物质循环，二者紧密联系形成了一个整体，成为生态系统的动力。同时，系统中还存在着信息传递。概言之，能量流动、物质循环和信息传递是生态系统的 3 大基本功能。

1. 生态系统的能量流动

从能量观点看，地球是一个开放系统，即存在着能量输入与输出的系统。为了生物的生存，地球必须不断地接受太阳能量输入并把热量输出到外层空间。因为一切生物（包括人类在内）所消耗的能量，除了极少部分的原子能以外，最终还是来源于太阳能，食物是通过光合作用新近储存的太阳能，化石燃料则是过去地质年代光合作用储存的太阳能。

光合作用是植物吸收太阳能的唯一有效途径，通过光合作用，植物利用无机物生产有机物并且贮存能量。光合作用的全过程虽然很复杂，需要 100 多步反应才能完成，但是其总反应式却非常简明：

$$6CO_2 + 12H_2O \xrightarrow[\text{叶绿素}]{\text{阳光}} C_6H_{12}O_6 + 6O_2 + 6H_2O$$

植物通过光合作用能够制造第一性食物分子，因此植物被称为"自养生物"。其他生物则依靠从自养生物取得其生存所必需的食物分子，这些生物称为"异养生物"。它们是绿色植物的消费者，没有任何办法固定太阳能，因此只能直接（如食草兽）或间接（如食肉兽）从植物中获取富能的化学物质，然后通过"呼吸作用"把能量从这些化学物质中释放出来。呼吸作用的方程式被表示为：

$$C_6H_{12}O_6 + 6O_2 \xrightarrow{\text{呼吸作用}} ATP + 6CO_2 + 12H_2O + 热量$$

反应生成的 ATP 即三磷酸腺苷，是生物化学反应中通用的能量，可以保存起来供未来之需，或用以构成和补充细胞的结构以及执行各种各样的细胞功能。

生态系统中一切能量的流动都是按热力学第一定律和第二定律进行的。根据热力学第一定律，能量可以从一种形式转化为另一种形式。在转化过程中，能量不会消失，也不会增加，即能量守恒。热力学第二定律表明，能量总是沿着从集中到分散，从能量高到能量低的方向传递的。在传递过程中又总会有一部分成为无用的能放出。生物圈中能量在食物网中转移的情况就是这条定律的极好说明。太阳能向地面流动时，也是遵循这些规律进行的。据测定，实际只有 10％左右太阳能辐射到绿色植物上，而其中大部分又被植物叶面反射回去，真正被绿色植物利用的只有其中的 1％左右。绿色植物利用这些太阳能进行光合作用，制造有机物质，每年可达 $1.5 \times 10^{14} \sim 2 \times 10^{14}$ kg（干重），这就是绿色植物提供给消费者的有机质产量。

绿色植物能够通过光合作用把太阳能（光能）转化成化学能，因此被称为初级生产者，在生态系统中居于第一营养级。储存在有机物质中的能量，被草食性动物消费，它们被称为初级消费者，属于第二营养级。肉食性动物以草食动物为食，是第二级消费者，属于第三营养级。而猛兽和猛禽则是第三级消费者，属于第四营养级。动植物死后被分解者分解，把复杂的有机物转变为简单的无机物，在分解过程中把有机物储存的能量释放到环境中去。同时，生产者、消费者和分解者的呼吸作用，也都要消耗一部分能量，消耗的能量也释放到环境中去。这就是能量在生态系统中的流动。

当能量在食物网中流动时，某一级中所储存的能量只有大约 10％能够被其下一营养级的生物所利用，可见其转移效率是很低的。其余大部分能量消耗在该营养级生物的呼吸作用上，以热量的形式释放到大气中去。这就是生态学上所谓的 10％定律（或称"十分之一定律"）。图5-3的生物量金字塔与能量金字塔就是这条定律的说明。这条定律曾被认为是生态学的一项重要定律，但仅是湖泊生态系统的一个近似值，在其他生态系统中，高则达 30％，最低可能只有 1％或更低。

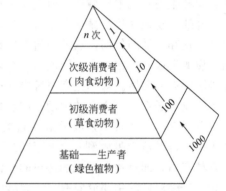

图 5-3 能量传递的"十分之一定律"
（祝廷成等，1983）

在热力学定律的约束下，如果没有人类的人为干扰，自然界中大大小小的生态系统处于一种平衡之中，当某种疾病或虫害袭来时，并非所有的物种都遭到毁灭，灾害过后，生态系统能够逐渐得到恢复。但人们必须认识到生态系统也十分脆弱，当人类的干扰破坏了生态系统的生态金字塔和自然界的生态生物多样性时，生态系统内部就会失去平衡，从而导致严重的生态危机。

2. 生态系统的物质循环

生态系统的物质循环也是生态系统的功能之一。维持生命除了需要能量外，还需要物质。能量和物质紧密相连，不能分开。目前地壳中的 90 多种元素几乎都是机体细胞、组织和器官的成分。这些元素的含量和作用各不相同；有的是营养元素，有的在机体的生理、生化过程中起特定的作用，还有一些元素是在外界环境特定条件下，偶然进入机体的。随着科学技术的发展，人们对有机体生命所必需元素的认识也逐渐增加。现在已经查明，有机体生命所必需的元素包括碳、氧、氢、钙、硫、磷、钠、钾、氮、镁、铁、碘、铜、锰、锌、钴、锡、钼、氟、硅、硒和钒，可能还有镍、溴、铝和硼。

但是，生态学家一直认为，生物圈仅是氢、碳、氧和氮 4 种元素相互作用的场所。这 4 种元素构成动植物体的 99％以上，在生命中起着最关键的化学作用，被称为"关键元素"或"能量元素"。其他的元素可分为两类，按其含量多寡，一类为大量元素，另一类为微量元素。目前，人们对微量元素越来越重视，认为微量元素虽然所需不多，但其作用与任何大量元素同样重要，一旦缺乏，动植物就不能正常生长。反之，某些微量元素过多也会对动植物产生有害影响。

对生物元素循环研究通常从两个尺度上进行，即全球循环和局域循环。全球循环，即全球生物地球化学循环（global biogeochemical cycle），代表了各种生态系统局域事件的总和。

为了更好地了解全球循环，首先对某个局域生态系统的元素循环进行研究是有必要的。以下将以森林生态系统中的元素循环——硅循环来介绍生态系统中的物质循环过程。

硅是地壳中除氧外，含量最丰富的元素，其丰度约为 29.50%。在地球圈层中，大多数的硅存在于岩石中，参与生物地球化学循环的硅只有很少的一部分。目前，硅的生物地球化学循环研究的热点，多集中在硅酸盐风化过程与二氧化碳从大气圈到岩石圈转移相关联，可改变大气中 CO_2 的浓度，对全球气候变化产生较大的影响等方面。尽管在森林生态系统中，植物对生物硅（biogenic silica）的积累量与海洋生物对生物硅的积累量相当，但在以往的研究中，在利用溶解的硅含量来研究岩石的风化动力学时，往往忽视植被对硅的吸收、固定和释放。直到 20 世纪 90 年代以来，人们才开始重视森林生态系统中的硅在全球生物地球化学循环中的作用，并展开了多方面的研究。我国关于硅的全球生物地球化学循环的研究还较少，森林生态系统中硅循环的研究还鲜见报道。

硅的生物地球化学循环属于沉积型循环。在该种循环类型中，元素储存在地壳中，经过自然风化和人类的作用，从陆地岩石中释放出来，在植物的生长过程中被植物吸收，参与生命物质的形成，并在生态系统的营养级之间转移。最后，经微生物的分解作用由动植物残体或排泄物返回环境。森林生态系统内的硅循环，是指硅在森林生态系统的植物子系统、土壤子系统及水子系统等之间的运动，即硅在森林生态系统内部植物-土壤-水之间的迁移转化过程（见图 5-4）。该过程是以可溶性硅被植物吸收为起点，以枯枝落叶等分解释放硅到土壤和水中，再被植物吸收利用为终点的反复过程。在此循环过程中，循环硅的来源主要有：①森林产出，即植物所吸收的游离的硅的释放；②土壤中硅酸体的分解；③硅酸盐矿物质的风化。硅循环后的主要流向有：①以硅酸体的形式被沉积，保存到土壤风化层中；②植物吸收游离硅后，在体内固定成硅酸体，构成植物体的一部分；③流通到地下水中（或者土壤溶液中）或被自然活动和人为活动带出森林生态系统。

森林生态系统硅循环的动力主要来自于生物作用，特别是森林植被对硅的吸收与土壤微生物对枯枝落叶的分解。此外，风化作用下岩石的分解，也是森林生态系统硅循环的动力之一。研究表明，森林生态系统中，参与营养循环的硅主要源于生物作用的释放，而不是缓慢的矿物岩石的风化。因此，我们推断生物作用将是森林生态系统中硅循环的主要动力。森林土壤中能被植物吸收的可溶性的硅，来自于硅酸体和含硅岩石，它们经过生物过程和物理化学过程释放到土壤中或水中。其中，生物过程对岩石的风化过程有重要的影响，主要原因在于，森林植物通过光合作用将 CO_2 固定形成有机化合物，一部分在根的吸收作用下运输到根部。植物的根和土壤微生物在呼吸过程中分解有机物，释放 CO_2，这些释放的 CO_2 多积累在根部，导致根际环境的 pH 值降低，加快了可溶性硅酸和金属碳酸盐的形成，从而促进了硅酸盐的风化。可溶性的硅酸又可通过植物的吸收，进入植物体内参与循环。

森林生态系统硅素循环，对维持森林生态系统的稳定性、提高森林生产力具有重要作用，其具体作用表现如下。首先，森林生态系统中营养的可获得性，是影响森林生产力的一个重要因素。硅作为森林植被生长发育的有益营养元素，其对植物生长发育的功能，正逐渐被人们认识。大量研究表明，森林生态系统硅循环对促进系统内营养物质的运输、维持植被

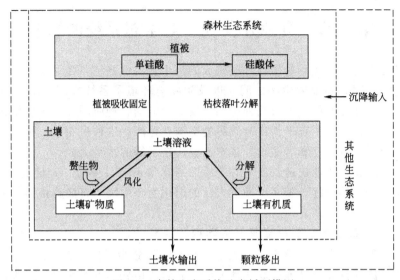

图 5-4　森林生态系统硅素循环模型

的正常生长发育和抵抗不良环境具有重要作用。其次，森林生态系统是全球生物地球化学循环的重要缓冲区，是硅的全球生物地球化学循环的重要组成部分。森林生态系统不仅是生物硅的重要储库，而且影响岩石的风化过程。大量的研究数据表明，森林生态系统硅循环在硅的全球生物地球化学循环过程中起着重要的调节作用。再次，森林生态系统硅循环可调节大气中 CO_2 的水平。森林生态系统的植被通过光合作用固定大气中的 CO_2，被固定的部分 CO_2 最终以有机碳的形式运输到根部，再通过植物和土壤微生物的呼吸释放到土壤间隙中，使土壤中 CO_2 浓度高出大气中浓度 2 个数量级，土壤中高浓度的 CO_2 增加了其与硅酸盐反应的速度。通过该反应过程，土壤中 CO_2 被固定到重碳酸盐中，因而促进了有机碳化合物分解释放 CO_2，从而加速光合作用产物的消耗，促进光合作用进行，使大气中 CO_2 得以大量固定。由于该生物过程可改变大气中 CO_2 的浓度，减缓温室效应，影响全球气候变化，因而，正逐渐成为人们关注的热点。

我国对森林生态系统硅循环研究的意义还没有足够的认识，对生态系统内硅循环的研究，多集中在硅作为营养元素，应用于农业生态系统和草原生态系统所产生的效应。森林生态系统硅循环的探索几乎空白。因此，开展我国森林生态系统硅循环的研究，对于维持我国森林生态系统的结构和功能，充分发挥森林生态系统在全球生物地球化学循环中的杠杆作用，实现森林资源的可持续利用都将产生重要的意义。

3. 生态系统的信息传递

信息传递是生态系统的重要功能之一。生态系统中的各种信息形式主要有以下 4 种。

（1）物理信息　由声、光和颜色等构成。动物的鸣叫声可以传达惊慌、警告、安全和求偶等各种信息。光和颜色可以向昆虫和鱼类提供食物信息。

（2）化学信息　由生物代谢产物，尤其是生物分泌的各种激素组成的化学物质。同种动物间以释放化学物质传递求偶、行踪和活动范围等信息是相当普遍的现象。

（3）营养信息　食物和养分也是一种信息。通过营养交换的形式，把信息传给另一个种群。食物链（网）就是一个营养信息系统。

（4）行为信息　无论是同一种群还是不同种群，个体之间都存在行为信息的表现。不同的行为动作传递着不同的信息，如同一物种间的以飞行姿态、舞蹈动作传递求偶信息等。

第三节 资源开发利用对生态系统的影响

生态系统是由生物环境和非生物环境构成的一个开放性系统,在无人为干扰、生态系统处于一种稳定状态时,系统内生物之间,以及生物与环境子系统之间,出现高度的相互适应,并相互联系、相互制约地维持某种协调,使能量流动、物质循环和信息传递达到某种相对平衡的状态,通常称为生态平衡或自然界的平衡。显然,这种平衡是一种动态的平衡,即各自的能量和物质"输入"和"输出"基本上保持在平衡的水平上。

随着人口的增长,工业快速发展,对资源的需求量也与日俱增。大量资源的开发利用,导致了生态系统平衡的破坏,随之出现了大量的退化生态系统,直接威胁到人类的生产和社会发展。

一、退化生态系统类型及与资源开发利用的关系

根据退化过程及景观生态学特征,退化生态系统可分为裸地、森林采伐迹地、弃耕地、沙漠化地、采矿废弃地和垃圾堆放场几种类型。显然这种分类主要适用于陆地生态系统。实际上生态退化还包括水生生态系统的退化(如水体富营养化、干涸等)和大气系统的退化(如大气污染、全球气候变化等)。根据生态系统的层次与尺度,章家恩(1999)把退化生态系统划分为局部退化生态系统、中尺度退化生态系统和全球退化生态系统。常见的退化生态系统类型划分还是按照退化过程及景观生态学划分为了6种。裸地通常具有较为极端的环境条件,或是较为潮湿,或是较为干旱,可能盐渍化程度较深,或是缺乏有机质甚至无机质,或是基质移动性强等;森林采伐迹地是人为干扰形成的退化类型,其退化状态随弃耕的时间而异;沙漠可由自然干扰或人为干扰而形成;采矿废弃地是由采矿活动所破坏的、非经治理而无法使用的土地;垃圾堆放场是人为干扰形成的家庭、城市、工业等堆积废物的地方。

生态系统退化的直接原因是干扰,有些干扰是来自于自然因素,但多数导致生态系统退化的干扰因素来自于人为。但并不是所有的干扰都会导致生态系统的退化,决定生态系统退化程度的根本原因是干扰的强度和频度。合理的资源开发利用并不会导致生态系统的退化,随着人们对资源开发利用的深度和广度不断加深,人们在资源开发利用过程中对生态系统所造成的干扰的强度逐渐加强,频度逐渐增大,从而导致生态系统不断退化。

裸地又分为原生裸地和次生裸地,裸地生态系统的形成主要与人类对土地资源的开发利用有关,人类合理地开垦土地资源,对原生裸地的治理与利用,将会减少裸地的存在。反之,人们不科学的开垦过程或放弃对土地的开垦,都会形成裸地;森林采伐迹地的形成是由于人们对森林资源的开发利用过程中,没有遵循生物资源更新特点和规律,过度地获取木材资源或者薪材资源,导致了森林生态系统的退化;弃耕地也是由于人类对土地资源开发过程中,对土地资源的放弃所造成的,其退化状态随弃耕的时间而异,弃耕时间越长,退化越严重;沙漠化的原因有自然和人为两种因素,自然因素与干旱少雨等气候资源的缺乏有直接关系,而对植被的破坏及不合理的开垦所造成的水土流失等人为因素,也是导致古老的文明古国消亡与目前沙漠化程度加快的直接原因之一;采矿废弃地是由于人们对矿产资源开采过程中,没有及时对该生态系统进行合理的保护,废水大量排放、煤矸石等大量堆放,长此以往,大量的土地资源退化,形成采矿废弃地;垃圾堆放场也是由于人类对资源再利用的不合理所造成的,如果人类能够对大量的垃圾科学地资源化,将会减少大量的垃圾堆放场的出现。

二、退化生态系统的生态恢复

1. 裸地的生态恢复

裸地的特点是土地的极度贫瘠，其理化结构也很差。由于这些生态系统总是伴随着严重的水土流失，每年反复的土壤侵蚀加剧了生境的恶化，因而极度退化的生态系统很难在自然条件下恢复植被，而相应的生物措施尤其植物措施是整治裸地的有效措施之一。植被不仅可以构建人工植物群落的整体结构，控制水土流失，而且可以利用植物残体及其根系促进生态系统土壤的发育形成和熟化，并在水平和垂直空间上形成多格局和多层次，促进生态系统多样性的形成，从而维持生态系统的良性循环。

2. 森林采伐迹地的生态恢复

一般来说，森林采伐迹地的恢复应根据退化程度和所处地区的地质、地形、土壤特性及降水等气候特点确定恢复的优先性与重点。对森林严重退化的生态系统，应优先考虑对土壤等自然条件的保护，可主要采取一些工程措施及生态工程技术。对干扰程度较轻的退化生态系统，则重点要考虑生物群落的整体恢复。在林业上，对森林采伐迹地的恢复常采用封山育林、林分改造、透光抚育和加强森林管理等方法进行森林生态系统的恢复。

3. 弃耕地的生态恢复

弃耕地恢复的程序包括：研究当地使用历史，适合于当地的乡土作物以及种植习惯，人类活动对农业生态系统的影响，健康农田的土地特征和退化农田的特征等，分析退化的原因；在小范围内进行针对退化症状的样方试验，研究农田生态系统的恢复机理，控制污染并合理用水，进行土壤改良和作物品种的更新换代，选用优质品种，提高生物绿肥的使用，通过生物措施改善土壤结构等；成功后在大范围内推行，并及时进行恢复后的评估及改进。主要措施包括模仿自然生态系统、降低化肥输入、混种、间作、施用农家肥、秸秆还田等。

4. 荒漠化的生态恢复

国内外的实践证明，以生物治沙措施为主是固定流沙、阻截流沙和防治土地沙漠化的基本措施，包括建立人工植被或恢复天然植被以固定流沙；营造大型防沙阻沙林带，以阻截流沙对绿洲、交通沿线、城镇居民及其他经济设施的侵袭；营造防护林网，以控制耕地风蚀和牧场退化；保护封育天然植被，以防止固定、半固定沙丘和沙质草原的沙漠化危害。我国西北绿洲地区大力发展营造防风阻沙的重要措施，并且取得了卓越的成效。随着生物治沙而发展起来的机械沙障（人工障碍）和化学固沙制剂，则为稳定沙面、在沙丘和风蚀地上建立人工植被或天然植被创造了稳定的生态环境。

5. 采矿废弃地和垃圾堆放场生态恢复

采矿废弃地生态恢复是一个复杂的问题，其与生态学、地质学、土壤学、林业科学、环境科学等诸多学科有关。因此，采矿废弃地生态恢复技术是涉及多学科的技术问题。矿产资源的开采往往对当地的生态环境造成毁灭性的灾害，因此矿区废弃地的生态恢复也相当困难。对矿区废弃地进行生态恢复，通常处理的步骤是先用物理法或化学法对矿地进行处理，消除或减缓尾矿、废石对生态系统恢复的物理化学影响，再铺上一定厚度的土壤。若矿物具有毒性，还需设置隔离层再铺上土，然后栽种植物以逐渐恢复生态系统。一般来说，矿区废弃地的生态恢复技术包括如下：地形地貌恢复技术，主要包括填充恢复技术、废弃物利用技术等工程技术；土壤系统恢复技术，主要包括一些物理、化学及生物的治理恢复技术；植被恢复技术，主要包括选种、栽种、养护等一些植物系统恢复技术。

对垃圾处置场地废弃地的生态恢复实践中，大多是先对原有的废弃地进行表土的更换和覆盖，然后采用植物恢复技术对原有废弃地进行生态恢复。

第四节 资源开发利用与景观生态的维持

一、景观与景观生态学

景观（landscape）有广义和狭义之分，在广义上是指出现在从宏观到微观不同尺度的，具有异质性或缀块性的空间单元；而在狭义上则是指在几十平方千米至几百平方千米范围内，由不同生态系统所组成的，具有重复格局的异质性地理单元；而反映气候、地理、生物、经济、社会和文化综合特征的景观复合体相应地称为区域（region）。

景观强调空间异质性和景观的绝对空间尺度随研究对象、方法和目的而变化，它体现了生态系统中多尺度和等级结构的特征，有助于多学科、多用途研究。而景观生态学（landscape ecology）是研究景观单元的类型组成、空间配置及其与生态学过程相互作用的综合性学科。强调空间格局、生态学过程与尺度之间的相互作用是景观生态学研究的核心所在。

格局是指空间格局，广义地讲包括景观组成单元的类型、数目以及空间分布与配置。景观结构的缀块特征、空间相关程度以及详细格局特征可通过一系列数量方法进行研究。与格局不同，过程强调事件或现象的发生、发展的动态特征。

景观生态学研究的对象与内容主要包括三个方面，即景观结构、景观功能和景观动态。与其他学科相比，景观生态学明确强调空间异质性（heterogeneity）、等级结构（hierarchical structure）和尺度（scale）在研究生态学格局和过程中的重要性。

二、资源开发利用对景观变化的影响

人类开发利用资源并不总是导致所有景观的变化。这是由景观具有稳定性的特点所决定的。多数景观具有长期的变化趋势，如果景观参数的长期变化呈水平状态，并且其水平线上下波动幅度和周期性具有统计特征，就认为景观是稳定的。景观的稳定性是在干扰条件下景观的不同反应。在这种情况下，稳定性表现为系统的恢复性和抗性特征的产物。恢复性或弹性是指系统发生变化后恢复原来的能力；抗性是指系统在环境变化或潜在干扰下抵抗变化的能力。一般来说，景观的抗性越强，景观受到外界干扰时的变化越小，景观越稳定；景观的恢复性（弹性）越强，也就是说景观受到外界干扰后，恢复到原来状态的时间越短，景观越稳定。

景观可看作是干扰的产物。景观之所以稳定，是因为建立了与干扰相适应的机制。不同干扰频度和规律下形成的景观的稳定性不同。如果干扰的强度很低，而且干扰是规则的，景观能够建立起与干扰相适应的机制，从而保持景观的稳定性；如果干扰严重，但干扰经常发生而且可以预测，景观也可以发展适应干扰的机制来维持稳定性；而如果干扰不规则，而且发生的频率较低，景观的稳定性最差。如我国的大兴安岭火灾、汶川大地震等干扰，就容易导致原有景观的毁坏，从而形成新的景观类型。

自然资源分布于地球表面的各圈层中，从微观向宏观过渡，也分布于不同的景观类型中，如森林景观、农田景观、水体景观等。对资源的开发利用也是对景观的一种干扰，如上所述，景观具有一定的稳定性，合理的科学的资源开发，对景观是一种低强度的干扰，景观并不会改变，但在人类对资源开发利用强度逐渐增大，且无规划地开发利用的干扰下，就会使景观发生变化，生态系统稳定性丧失。景观的变化多表现为人类长期的资源开发利用的结果。如在某区域水资源的开发利用过程中，如果能遵循水循环规律，合理进行干扰，水体景观会保持相对稳定的状态，但如果对水资源长期不合理地开发利用，造成水体减少和水环境的破坏，就会改变该区域水体景观的结构和功能。对土地资源的开发利用也是如此。如美国佐治亚州人们 50 多年（1935～1985 年）对土地资源的利用影响到了该州的绝大多数景观。佐治亚州包括有 3 个主要的地理区域：山区、山前地带和沿海平原。对其景观结构变化的研究涉及了土地利用的变化、景观空间格局、景观多样性等。土地的变化不仅表现在土地利用的性质（农场、森林、城市等）改变，还涉及空间格局（斑块大小、空间排布等）的改变。从非城市地区选择了 9 个郡进行了 8 种土地利用类型的分析，区分了 8 种土地利用类型：城市用地、农业用地、废弃农田、牧草地、松林、高地硬木森林用地、洼地硬木森林用地和水域。结果是，20 世纪 30 年代景观拼块数目多，但面积小，用途多样；而50 年代以后，斑块面积增大而数量减少，说明景观破碎程度降低，更具连通性。对景观中各种类型景观元素间的边缘长度的测定表明，1930～1980 年间边缘总长度下降了，这个结果同样证明景观破碎化程度的降低。该州景观多样性的研究表明，景观多样性与物种的多样性有相反的分布趋势，即从沿海到山区多样性下降。在对生物资源、气候资源等开发利用过程中，也存在着正反两方面的影响，当生态系统的稳定性长期遭到破坏时就会产生该生态系统的稳定存在与否的严重问题，当多个生态系统长期受到影响时，景观结构与功能就可能发生变化。

三、景观生态学在资源保护与管理中的应用

景观生态学强调空间异质性、等级结构和尺度在研究生态学格局和过程中的重要性。而人类活动，尤其资源开发利用对生态系统的影响，也往往是景观生态学在较大的尺度上的研究的一个重要方面。因此，与其他生态学科的研究内容相比，景观生态学突出空间结构和生态学过程在多个尺度上的相互作用。因此，无论是从时间和空间上，还是从组织水平而言，景观生态学研究所涉及的尺度都比其他学科更广泛。

自从人类诞生以来，人们就开始了对资源的开发利用活动。从时间尺度上讲，人类开发利用资源的时间是比较久远的，因此，在较长的时间里，资源开发利用对某一景观的干扰时间也是长期的。在这种长期的过程中，必将对景观格局和过程产生影响，如何对长期的资源开发利用形成的景观结构、格局和过程进行分析，并实现景观恢复和景观的可持续性，景观生态学具有广泛的作用。另一方面，由于资源分布的广泛性，人类在对资源进行开发利用的过程中，所涉及的尺度也是多层次的，小到一个生态系统，大到一个流域或一个区域，在对多尺度资源的开发利用过程中，如何通过景观生态学原理，实现维持景观的前提下资源开发利用的可持续性，也使这门学科在资源开发利用中作用更加突出。总结景观生态学在资源开发利用中的应用，主要体现在如下几个方面。

1. 自然生态保护

为了维持物种的多样性，人们需要在尺度与空间上来安排生境中的各个斑块。景观生态学与异质种群动态学的结合可以帮助我们理解为什么物种会从景观中消失，为什么斑块没有任何形式的改变，而物种还是会从斑块中消失。从景观生态学的角度来看，以前的自然保护的重点放在受威胁或濒危的少数物种，耗资大而效果差，这显然是片面的，不可行的，物种保护必然要依赖于它们所生存的生态系统和景观的多样性与完整性。近些年，人们应用景观生态学原理，开始强调每种物种生境以及那些生物多样性相对丰富的生态系统。与此相对应，保护了生态系统与生物多样性，也保护了与人类息息相关的生物资源。

2. 土地资源开发利用与保护

景观生态学的目的之一是理解生态学过程如何影响空间结构。其原理可以为土地规划和

设计提供必要的理论基础，并可以帮助评估、预测、规划和设计可能带来的生态学后果。而不同规划是土地资源科学利用的前提。在我国这样的人口大国中，人均土地占有率低，因此，如何科学合理地利用有限的土地资源，是土地资源开发利用中要深入思考的问题。景观生态学的应用，不仅为土地资源的开发利用提供理论依据，也为规划和设计提供了一系列科学的方法、工具和资料。如景观生态学中的格局分析和空间模型方法与遥感技术的结合，大大促进了土地规划、城市规划和设计的科学性和可行性。这对我国土地资源的开发利用与保护都具有重要的意义。

3. 自然资源管理

景观生态学观点在自然资源管理中的应用越来越受到人们的关注。自然资源管理与景观生态学间存在着本质的联系。一方面，管理活动为景观生态学提供独特的研究机会并改变其研究的内容，因为管理活动影响景观结构、功能，驱动景观变化，改变景观完整性。另一方面，景观生态学为自然资源更好的管理提供有用的工具。因为，景观的空间排列格局能够加速或阻止物种、能量、物质和干扰的运动，这样人们就可以根据管理的需要对景观进行设计和管理。随着传统的自然资源管理与社会需求矛盾的增加，传统的自然资源管理遇到了越来越多的问题，如短期的管理与长期利益的冲突，小尺度管理与大尺度管理的矛盾，不同资源管理方法的差异等问题越来越成为影响人们资源管理水平的突出问题。为了克服传统资源管理中的问题，人们有必要进行由传统的管理方法向景观生态学观点的管理的转变。这些转变主要体现在从单一尺度的管理向多尺度管理转变；由边界内的管理向跨越边界的管理转变；由静态的管理向适应性管理转变；由独立的管理向综合性的管理转变。

4. 全球变化

全球变化研究的核心问题是探讨土地利用（土地资源开发利用）和气候变化（气候资源）对生态系统的影响及其反馈机制，以及人们在未来气候（环境）变化下所要采取的适应性管理对策。研究尺度的选择是全球变化研究中所面临的主要问题之一，这关系到各种尺度之间的转换以及大尺度（全球或区域尺度）模拟的精确度。许多重要的生态过程如干扰、养分循环以及水分转化等都是发生在景观尺度上的，这些生态过程对全球变化影响的动态模拟至关重要。因此，在景观尺度上开展全球变化的研究也是我们资源开发利用与保护研究的重要内容。

本 章 小 结

资源过程可以从各种角度来研究，本章中将对人类起着支配作用的无机界、生物界与人类社会的一系列相互作用的过程看作资源过程。在资源过程中，资源形成于地球圈中，在由大气圈、水圈、生物圈、土壤圈和岩石圈组成的地球表面圈层中，都分布着丰富的资源，各资源间相互联系。因此，人们在开发利用资源中不仅要对单项资源进行研究，还要研究资源间的关系。生态系统理论与景观生态学理论是我们对资源开发利用过程中必须遵守的生态学理论，认识生态系统的组成、结构及其功能，对人们认识资源开发利用对生态系统的影响，实现资源开发利用的可持续性具有重要的意义。同时，人类对资源的开发利用也影响到景观，景观生态学原理与自然资源的保护与管理有着相互联系，景观生态学对自然生态保护、土地资源开发利用与保护、自然资源管理和全球变化研究都有重要的指导意义。

复习思考题

1. 地球表面圈层的组成? 生物圈中资源的分布及其关系?
2. 生态系统的概念、组成、结构及其类型?
3. 生态系统的基本功能?
4. 退化生态系统主要有几种类型? 它们与资源开发利用的关系如何?
5. 什么是景观与景观生态学? 景观生态学在资源保护与管理中有哪些主要应用?

第六章　水　资　源

　　水是我们居住的星球上一种特殊的物质和资源，是自然环境的重要组成部分，也是全球环境中最重要、最活跃、最敏感、影响最大的因子。水环境的有利条件给各类生物提供可栖居的场所，并且通过全球水文循环赋予物质和能量活动的动力，是人类及一切生物赖以生存的不可缺少的重要物质，也是工农业生产、经济发展和环境改善不可替代的极为宝贵的自然资源，同土地、能源等构成人类经济与社会发展的基本条件。但 20 世纪后半叶许多国家用水量急剧上升，水资源问题日益突出，引起世界有关组织对水资源问题及其影响的重视和探讨，并把水作为环境中的最主要因素对待。为此联合国在 1977 年召开世界水会议，把水资源问题提到全球的战略高度考虑。

第一节　水资源与水循环

　　水资源与水循环关系十分密切，水资源是由水循环形成的。地球表层的水体以气态、液态或固态的形式存在，它主要包括海洋、河流、湖泊、沼泽、土壤水、地下水以及冰川水、大气水等，这些水形成了包围地球的水圈。水圈的水相互不断地循环，这也是地球上水资源具有的特征。

一、水资源

　　1. 基本含义

　　水资源（water resources）一词早在 1894 年美国地质调查局（USGB）内设立水资源处（WRD）开始一直沿用到现在，当时的业务范围是对地表河川径流和地下水观测。随着时代的前进，其内涵在不断地丰富和发展。

　　《大不列颠百科全书》解释水资源为："全部自然界任何形态的水，包括气态水、液态水和固态水。"这一解释为"水资源"赋予十分广泛的含义。人类对水资源的认识最先是对自然资源含义的了解。通过我们对第四章的学习，了解到自然资源并非泛指所有物质，而是特指那些有益于、有助于人类生态系统保持稳定与发展的某些自然界物质，并对于人类具有可使用性，不能被人类所利用的不能称为资源。因此，英国在 1963 年制定的《水资源法》中把水资源定义为：（地球上）具有足够数量的可用水。此概念在水环境污染不突出的条件下，比《大不列颠百科全书》的定义赋予水资源更为明确的含义，它强调了水资源在量上的可利用性。

　　根据联合国教科文组织（UNESCO）和世界气象组织（WMO）共同制定的《水资源评价活动——国家评价手册》中的定义：水资源为"可以利用或有可能被利用的资源，具有足够数量和可用的质量，并能在某一地点为满足某种用途而可被利用"。从定义中可以看出作为水资源一要有足够的数量，二是强调了水资源的质量。有"量"无"质"，或有"质"无"量"均不能称之为水资源。这一定义又比英国《水资源法》中水资源定义的含义更为明确，它不仅考虑水的数量，还必须具备质量的可利用性。

　　《中国大百科全书》认为："地球表面可供人类利用的水，包括水量（质量）、水域和水能源。一般指每年可更新的水量资源。"在水利卷中，水资源被定义为"自然界各种形态（气态、固态或液态）的天然水，并将可供人类利用的水资源作为供评价的水资源。"

1988 年 8 月 1 日颁布实施的《中华人民共和国水法》定义水资源为"地表水和地下水"，《环境科学词典》（1994）定义水资源为"特定时空下可利用的水，是可再利用资源，不论其质和量。水的可利用性是有限制条件的"。我国还有些水文专家（如姜文来、王东华）认为，水资源是人类生产和生活不可替代的自然资源，是在一定的经济技术条件下，能够为社会直接利用或有待利用，参与自然界水分循环，影响经济活动的淡水。

因此，水资源可以理解为人类长期生存、生活和生产过程中所需要的各种水，既包括了它的数量和质量，又包括了它的使用价值和经济价值。

2. 基本概念

水资源的概念有广义和狭义之分，广义水资源是指人类在一定的经济技术条件下能够直接或间接利用的地球上的各种水体，包括天上的雨雪、河湖中的水体、浅层和深层的地下水（包括土壤水）、冰川、海水等，在社会生活和生产中具有使用价值和经济价值。狭义水资源是指人类在一定的经济技术条件下能够直接利用的淡水，是以江河、湖泊为代表的地表水和地下水的淡水资源为主。

广义上的水资源强调了水资源的经济、社会和技术属性，社会经济技术发展水平对水资源的开发利用起着制约与促进作用。并且在当今的经济、技术发展水平下，进一步扩大了水资源的范畴，将原来造成环境污染的量大面广的工业、城市生产和生活污水也作为水资源的重要组成部分，填补水资源的短缺，用技术从根本上解决长期困扰国民经济发展的水资源短缺问题；在突出水资源实用价值的同时，强调水资源的经济价值，利用市场理论与经济杠杆调配水资源的开发与利用，实现经济、社会与环境效益的统一。

狭义上的水资源概括起来为：水资源是人类生存和发展不可替代的自然资源，又是环境的基本要素。水资源是人类可以利用的、逐年可以得到恢复和更新的淡水量，大气降水是它的补给水源。在这里需要强调的是，水资源是"人类可以利用的"水，是指：①水质应符合人类利用的要求，所以水资源指的是符合人类不同用途相应水质标准的淡水量；②在现代技术经济条件下，通过工程措施或净化处理可能利用的水，才算水资源。深层地下水、净化代价过高的海水，一般均不作为水资源。而水资源的"逐年可以得到恢复和更新的"，是说明水资源可通过水循环得到恢复和更新，是再生性资源。

二、水循环

（一）全球水储量

水圈（地壳表层、表面和围绕地球的大气层中气态、液态和固态的水组成的圈层）中的水在太阳能的作用下，不断交替转化三态，通过全球水文循环在地球表层及大气中不断运动。地球表面面积 $5.1 \times 10^8 km^2$，水圈内水体总储量达 $13.86 \times 10^8 km^3$。海洋面积 $3.61 \times 10^8 km^2$，占地球总表面积的 70.8%。含盐量为 35g/L 的海洋水量为 $13.38 \times 10^8 km^3$，约占地球总储水量的 96.5%。陆地面积为 $1.49 \times 10^8 km^2$，占地球总表面的 29.2%，水量仅为 $0.48 \times 10^8 km^3$，约占地球水储量的 3.5%。

在陆地有限的水体中并不全是淡水。据统计，陆地上的淡水量仅为 $0.35 \times 10^8 km^3$，占陆地水储量的 73%。其中的 $0.24 \times 10^8 km^3$（占淡水储量的 69.6%）分布于冰川、多年积雪、两极和多年冰土中，在现有的经济技术条件下很难被人类所利用。人类可利用的水只是 $0.1 \times 10^8 km^3$，占淡水总量的 30.4%，主要分布在 600m 深度以内的含水层、湖泊、河流、土壤中。根据联合国 1977 年的资料，地球上各种水的储量见表 6-1。

表 6-1 地球水圈水储量

水体种类	储水总量		咸 水		淡 水	
	$\times 10^3 km^3$	比例/%	$\times 10^3 km^3$	比例/%	$\times 10^3 km^3$	比例/%
海洋水	1338000	96.54	1338000	99.04	0	0
冰川与永久积雪	24064.1	1.74	0	0	24064.1	68.7
湖泊水	176.4	0.013	85.4	0.006	91	0.26
沼泽水	11.5	0.0008	0	0	11.5	0.033
河流水	2.12	0.0002	0	0	2.12	0.006
地下水	23400	1.69	12870	0.95	10530	30.06
永冻层中冰	300	0.02	0	0	300	0.86
土壤水	16.5	0.001	0	0	16.5	0.047
大气水	12.9	0.0009	0	0	12.9	0.037
生物水	1.12	0.0001	0	0	1.12	0.003
全球总储量	1385984.6	100	1350955.4	100	35029.2	100

由表 6-1 我们可以看出：地球上水的储量十分巨大，但可供人类利用的淡水资源却是有限的，仅占全球水总储量的不到 1%，并且其分布地极不均匀。表 6-2 表示世界各大洲淡水资源的分布状况。

表 6-2 世界各大洲淡水资源分布

名 称	面积 /$\times 10^4 km^2$	年降水量		年径流量		径流系数	径流模数 /[L/(s·km³)]
		mm	km³	mm	km³		
欧洲	1050	789	8290	306	3210	0.39	9.7
亚洲	4347	742	32240	332	14410	0.45	10.5
非洲	3011	742	22350	151	4750	0.2	4.8
北美洲	2420	756	18300	339	8200	0.45	10.7
南美洲	1780	1600	28400	660	11760	0.41	21.0
大洋洲①	133	2700	3610	1560	2090	0.58	51.0
澳大利亚	761	456	3470	40	300	0.09	1.3
南极洲	1398	165	2310	165	2310	1.0	5.2
全部陆地	14900	800	119000	315	46800	0.39	10.0

① 不包括澳大利亚，但包括塔斯马尼亚岛、新西兰岛和伊里安岛等岛屿。

由表可见，南美洲是世界上水资源最丰富的大洲，其中赤道地区水资源最为丰富。而热带和亚热带地区仅有陆地水资源总量的 1%。水资源较为缺乏的地区是中亚南部、阿富汗、阿拉伯地区和撒哈拉沙漠地区。西伯利亚和加拿大北部地区因人口稀少，人均水资源量相当高。澳大利亚的水资源不很丰富，总量不多。就各大洲的水资源相比较而言，欧洲稳定的淡水量占其全部水量的 43%，非洲为 45%，北美洲为 40%，南美洲为 38%，大洋洲为 25%。

（二）地球上的水循环

自然界的水循环是连接大气圈、水圈、岩石圈和生物圈的纽带，是影响自然环境演变的最活跃因素，是地球上淡水资源的获取途径。

1. 自然界的水循环

全球水循环时刻都在进行着，在太阳热力和重力的作用下，地壳浅表面的水不断循环，从海洋及陆地的江、河、湖和土地表面及植物叶面蒸发成水蒸气上升到空中，并随大气运行至各处，在水蒸气上升和运移过程中遇冷凝结成液态或固态降落（即雨、雪等不同形式的降水）；降到地面的水，除植物吸收和蒸发外，部分渗入地表以下成为地下水，另一部分沿地表流动成为地表水，并通过江河流回大海。地表水有的重新蒸发成为水汽，返回大气圈；有的渗入地下，成为地下水；地下水有的通过地面蒸发直接返回大气圈，有的被植物吸收，通过植物叶面蒸腾而返回大气圈，其余部分则形成地下径流。地下径流或直接流入海洋，或在径流过程中到达地表转化为地表水，然后再返回海洋。通常把自然界水的这种运动称为自然界的水文循环。图 6-1 水文循环示意图。

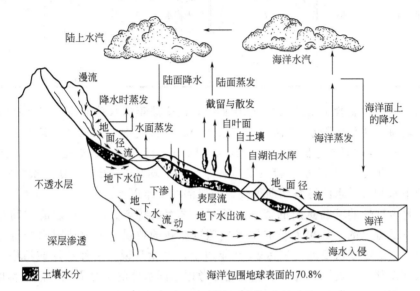

图 6-1　水文循环示意图

　　自然界的水文循环，根据其循环途径分为大循环和小循环。

　　大循环是指水在大气圈、水圈、岩石圈之间的循环过程。具体表现为：海洋中的水蒸发到大气中以后，一部分飘移到大陆上空形成积云，然后以降水的形式降落到地面。降落到地面的水，其中一部分形成地表径流，通过江河汇流入海洋；另一部分则渗入地下形成地下水，又以地下径流或泉流的形式慢慢地注入江河或海洋。

　　小循环是指陆地或者海洋本身的水单独进行循环的过程。陆地上的水，通过蒸发作用（包括江、河、湖、水库等水面蒸发、潜水蒸发、陆面蒸发及植物蒸腾等）上升到大气中形成积云，然后以降水的形式降落到陆地表面形成径流。海洋本身的水循环主要是海水通过蒸发成水蒸气而上升，然后再以降水的方式降落到海洋中。

　　根据联合国 1978 年的统计资料，参与全球动态平衡的循环水量为 $5.77 \times 10^5 \, km^3$，仅占全球水储量的 0.049%。参与全球水循环的水量中，地球海洋部分的比例大于地球陆地部分，且海洋部分的蒸发量大于降雨量，见表 6-3。

表 6-3　全球水循环状况

分　区	面积/×10⁴km²	水量/km³		
		降　水	径　流	蒸　发
世界海洋	36100	458000	47000	505000
世界陆地	14900	119000	47000	72000
全球	51000	577000		577000

　　2. 水循环周期

　　参与循环的水，无论从地球表面到大气、从海洋到陆地或从陆地到海洋，都在经常不断地更替和净化自身。地球上各类水体由于其储存条件的差异，更替周期具有很大的差别，表

6-4 列出各种不同水体的更替周期。在各种水体中，以大气水、河川水和土壤水最为活跃。

表 6-4　各种水体的更替周期

水 体 种 类	更替周期/a	水 体 种 类	更替周期/a
永冻带底水	10000	沼泽	5
极地冰川和雪盖	9700	土壤水	1
海洋	2500	河川水	16
高山冰川	1600	大气水	8
深层地下水	1400	生物水	几小时
湖泊	17		

　　据计算，大气中总含水量约 $1.29 \times 10^4 \, km^3$，而全球年降水总量约 $5.77 \times 10^5 \, km^3$，大气中的水汽平均每年转化成降水 44 次（57.7/1.29），即大气中的水汽平均每 8 天多循环更新一次（365/44）。全球河流总储水量约 $2.12 \times 10^3 \, km^3$，而河流年径流量为 $4.7 \times 10^4 \, km^3$，全球的河水每年转化为径流 22 次（47/2.12），即河水平均每 16 天多更新一次（365/22）。冰川、深层地下水和海洋水的更替周期很长，一般都在千年以上。

　　水是一种全球性的不断更新的资源，具有可再生的特点。但在一定的空间和时间范围内，水资源又是有限的。如果人类取用水量超过更新的数量，就要造成水资源的枯竭。例如：深层地下水的更新恢复期可长达 1400 年以上，也就是说，一经动用或污染，即难以恢复。因此在开发利用水资源过程中，应该充分考虑不同水体的更替周期与活跃程度，合理开发，以防止由于更替周期长或补给不及时，造成水资源的枯竭。

　　3. 人类社会的水循环

　　人类和万物处于水循环（主要是陆地水循环）的环境中，人类活动直接影响着水的循环过程。人类社会的水循环是指人类在经济社会活动中不断地取水、用水和排水而产生的人为水循环过程。严格地讲，它是依附于自然水循环的一个组成部分，或者是一个环节分支（如同降水、蒸发、下渗等环节），而不是一个独立的水循环过程。

　　随着人类活动加强，如水利工程的兴建和城市化的发展，很大程度上改变了天然水文循环中降水、蒸发、入渗、产流、汇流等过程。人类活动已严重影响（或干扰）到自然界的水循环，许多流域在天然降水并未减少的情况下出现了河道断流、湖泊干涸、地下水枯竭等问题。这些问题说明由于人类生产与生活活动的作用与影响在不同程度地发生"人为水循环"，自然界的水循环在叠加人为循环后，从"天人合一"和"人与自然协调发展"的角度考虑，应将水循环研究纳入到"自然-人为"这个更为完整的水循环体系中（见图 6-2）。

　　显然，在研究与阐述自然界水文循环方面，在系统自然水循环外，关注人为水循环对自然径流的干扰与改造作用，对于实现水文的良性循环是至关重要的。

　　三、水资源的特点

　　水资源是在水循环背景上，随时空变化的动态自然资源。它不停地运动着，积极参与自然环境中一系列物理的、化学的和生物的作用过程，在改造自然的同时，不断地改造自身的物理、化学与生物学特性。由此表现出水作为地球上重要自然资源所独有的性质特征。

　　1. 水资源的循环性与可恢复性

　　地球上存在着复杂的、大体以年为周期的水循环，当年水资源的耗用或流逝，可以用来年的大气降水来补给，形成了资源消耗和补给间的循环性，使得水资源不同于其他固体资源，而具有可恢复性，是一种再生性自然资源。水循环系统是一个庞大的天然水资源系统，处在不断地开采、补给和消耗、恢复的循环之中，可以不断地供给人类利用和满足生态平衡

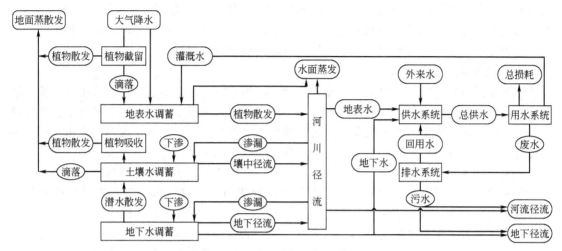

图 6-2 自然-人为复合水文循环概念简图

的需要。

2. 水资源的有限性

全球淡水资源的储量是十分有限的，仅占全球总水量的 2.5%，并且大部分储存在极地冰帽和冰川中，真正能够被人类直接利用的淡水资源仅占全球总水量的 0.8%。从水量动态平衡的观点来看，某一期间的水消耗量接近于该期间的水补给量，否则将会破坏水平衡，造成一系列不良的环境问题。水资源的超量开发消耗，或动用区域地表、地下水的静态储量，必然造成超量部分难于恢复，甚至不可恢复，从而破坏自然生态环境的平衡。就多年均衡意义讲，水资源的平均年耗用量不得超过区域的多年平均资源量。有限的大气降水补给，限定了区域水资源量的有限性。随着人们生活水平的不断提高及国民经济的迅速发展，水资源供需矛盾日趋尖锐。实践证明：水资源绝不是"取之不尽，用之不竭"的。

3. 水资源时空变化的不均匀性

在同一地区中，水资源的年内变化也很不均匀，一般夏多冬少，汛期水量集中，不便利用，枯季水量锐减，又满足不了需水习性。水资源的补给来源为大气降水，多年平均年降水量的地带性变化，基本上限定了水资源量在地区分布上的不均匀性。我国水资源在区域上分布总体上表现为东南多，西北少；沿海多，内陆少；山区多，平原少。

水资源时空变化的不均匀性，使得各地区在水资源开发利用条件上存在巨大的差别。水资源利用要采取各种工程的和非工程的措施，或跨地区调水，或调节水量的时程分配，或抬高天然水位，或制订调度方案等，以满足人类生活、生产的需求。

4. 水资源开发利用的两面性

水资源具有与其他固体资源不同的一面：水资源具有既可造福于人类又可危害人类生存的双重性。水资源质、量适宜，且时空分布均匀，将为区域经济发展、自然环境的良性循环和人类社会进步做出巨大贡献。水资源开发利用不当，又可制约国民经济发展，破坏人类的生存环境。如水利工程设计不当、管理不善，可造成垮坝事故，引起土壤次生盐碱化。水资源随时间变化而不均匀，汛期水量过度集中造成洪涝灾害，枯期水量枯竭造成旱灾，因此，水资源的开发利用不光在于增加供水量，满足需水要求，还有治理洪涝、旱灾、渍害的问题，即兴水利和除水害。

适量开采地下水，可为国民经济各部门和居民生活提供水源，满足生产、生活的需求。

无节制、不合理地抽取地下水，往往引起水位持续下降、水质恶化、水量减少、地面沉降，不仅影响生产发展，而且严重威胁人类生存。正是由于水资源的双重性质，在水资源的开发利用过程中尤其强调合理利用、有序开发，以达到兴利除害的目的。

5. 水资源的多功能性及不可替代性

水资源不仅广泛应用于农业、工业和生活，还用于发电、水运、水产、旅游与环境改造等。水的广泛用途决定了水资源开发利用的多功能特点，按照水资源的功能可将水资源分别称为：灌溉资源、水能（力）资源、水运资源、水产养殖资源、旅游资源等，作出专项的水资源评价，表现在水资源利用上，就是一水多用和综合利用。

水资源在人类的生活与生产中又具有不可替代性，这是由水的物质特性所决定的。水的汽化热和热容量是所有物质中最高的；水的热传导能力在所有液体（除水银外）中是最高的；水的表面张力在所有液体中是最大的；水在4℃时密度最大；水的汽化膨胀系数大；水具有不可压缩性；水是最好的溶剂；水本身是植物光合作用的基本材料；水有特强渗透性；如在生物需要的一些方面，水资源的作用是其他物质或资源无法代替的。人类及一切生物所需的养分，全靠水溶解运输，即水是生物体生理代谢中必不可少的物质。总之，水是国民经济各部门中用途广泛而又不可替代的一类重要资源。

第二节　我国水资源利用现状及 21 世纪面临的主要问题

一、我国水资源开发利用现状

20 世纪 80 年代初，我国供水设施的实际供水量为 $4.437 \times 10^{11} \, \mathrm{m}^3$，约占全国平均水资源总量的 16%。其中，引用河川径流量 $3.818 \times 10^{11} \, \mathrm{m}^3$，占总供水量的 86%，开采地下水 $6.19 \times 10^{10} \, \mathrm{m}^3$，占总供水量的 14%。据水利部 1997 年对全国用水情况的调查，全国总用水量 $5.566 \times 10^{11} \, \mathrm{m}^3$，其中农业用水 $3.92 \times 10^{11} \, \mathrm{m}^3$，占总用水量的 70.4%；工业用水 $1.121 \times 10^{11} \, \mathrm{m}^3$，占总用水量的 20.2%；生活用水 $5.25 \times 10^{10} \, \mathrm{m}^3$，占总用水量的 9.4%。

中国水资源总量为 $2.81 \times 10^{12} \, \mathrm{m}^3$，居世界第 6 位；用水总量高居世界第 2 位。但由于人口众多，人均水资源占有量为 $2200 \mathrm{m}^3$，大大低于世界平均水平，为世界人均占有量的 1/4。与世界上先进国家相比，我国工业和城市生活用水所占的比例较低，农业用水占的比例过大。随着工业化、城市化的发展及用水结构的调整，工业和城市生活用水所占的比例将会进一步提高。

1. 农业用水

农业是我国用水大户，占总用水的比重较高。农业用水主要包括农田、林业、牧业的灌溉用水及水产养殖业、农村工副业和人畜生活等用水。农田灌溉用水是农业的主要用水和耗水对象，农用灌溉用水占农业总用水的比例始终保持在 90% 以上的水平。

在农业用水中，地下水的开发利用占据十分重要的地位。在北方农业用水中，地下水用水量占农业总水量的 24.2%，北方个别省市远高于这一比例。其中北京市农业总用水量中地下水占 85.5%，河北省为 66.6%，山西和山东分别为 49.3% 和 40.9%。

由于农业节水技术与节水措施的推广应用、节水水平的提高，农业用水占总用水的比重其趋势上是在不断降低的过程中，从 1949 年的 97.1%，1980 年的 80.7%，逐步降低到 1997 年的 70% 左右。尽管总用水量有所增加，而农业用水量近 20 年来基本稳定在 $400 \times 10^{11} \, \mathrm{m}^3$ 左右。

2. 工业和生活用水

近 20 年来，我国工业和生活用水量明显提高，所占总用水量的比例也有大幅度的增加。统计结果表明，工业和生活用水量由 1980 年占全国总用水量的 12％上升至 1997 年的 29％。与发达国家相比，占总用水量的比例仍然偏低。加拿大、英国、法国的工业用水均占总用水比例的 50％以上，分别是 81.5％、76％和 57.2％。我国人均生活日用水量仅为 0.114m³，城镇居民生活日用水量略有增加。城市规模的差异，以及城市化水平的不同，区域水资源条件的差别，造成城市居民人均日用水量的差距相当大。

地下水在我国城镇生活用水中占据重要的不可替代的地位。地下水用量占城镇生活总用水量的 59％，其中地下水所占比例在 70％以上的有山西省、宁夏回族自治区、山东省、河北省、青海省、北京市，所占比例在 50％～70％的有陕西省、河南省、内蒙古自治区。其余省、直辖市和自治区的比例一般在 20％～50％。

二、21 世纪我国水资源面临的主要问题

1. 水资源供需矛盾仍将加剧

随着人口增加、经济发展，工农业生产与城市生活对水资源的需求逐年增加，预计到 2030 年我国人均水资源量将从现在的 2200m³ 左右降至 1800m³ 以下，供需矛盾日趋尖锐。农业是我国的第一用水大户，随着我国人口的增长，粮食需求的压力对农业灌溉提出了更高的要求。但我国农业干旱情况仍然非常严重，我国农业缺水量一直认为是 $300 \times 10^8 m^3$，将近 10 多年来农业节水和各种因素对缺水程度的影响加以考虑，我国农业实际缺水量也在 $215 \times 10^8 m^3$ 左右，缺水程度为 5.6％。全国城市日缺水量达 $1600 \times 10^4 m^3$。666 座城市中，缺水城市就达 333 座，严重缺水的城市主要集中在北方，有 108 座，其中包括北京、天津、上海等。高峰季节仅能满足需水量的 65％～70％，因缺水，工业经济年损失估计高达 2300 多亿元。据预测，到 21 世纪 30 年代在需水量实现零增长之前，全国需水总量将可能达到 $7 \times 10^{11} m^3$，比目前需水量要增加 $2 \times 10^{11} m^3$ 左右，平均每年需增加可供水量近 $1 \times 10^{10} m^3$，这需要投入庞大的资金，要解决一系列复杂的社会环境问题。

2. 水资源的过度开发，严重破坏了生态环境

有些地区对当地水资源数量、地区分布和特性的掌握不客观，对水资源的承载能力研究也不够，造成水资源的开发利用不合理，局部地区超过水资源的最大允许开发限度，甚至侵占生态环境用水，继而环境与生态恶化愈发严重。

黄河拥有水资源总量 $7.28 \times 10^{10} m^3$，自 20 世纪 70 年代初开始出现断流，在 1972～1996 年间，黄河共有 19 年发生断流，累计断流次数达 57 次，共 686d。据有关部门不完全统计，这 25 年间因断流和供水不足造成的工农业直接损失达 268 亿元。黄河断流造成河口地区黄河三角洲生态环境恶化；黄河三角洲是《中国生态多样性保护行动计划》中确定的具有国际意义的湿地、水域生态系统和海洋海岸系统的重要保护区。黄河断流历时加长及其水沙来量减少，不仅影响该区域的农业发展，加大海潮侵袭和盐碱化，使三角洲的草甸植被向盐生植被退化，对草地生态极为不利，并有可能引起近海水域生物资源的衰减及种群结构的变化。过量、近乎掠夺性的开发形成断流而造成生态环境的恶化，在西北内陆河流域日趋严重。其主要原因是河流出水少，导致山前平原地下水位呈区域性下降，溢出带泉水流量衰减。下游因地表水量少，只得抽取地下咸水灌溉，导致土地盐碱化；而超采地下水，水位下降过大，使得大面积植被死亡或衰退。

3. 水资源利用效率较低，地区发展不平衡，缺水与浪费并存

我国的节水防污型社会建设还处在试点阶段，社会节水体系尚未形成。全国农业灌溉水利用系数平均约为 0.45，而发达国家为 0.7～0.8；农业灌溉仍习惯于大水漫灌，浪费严重。

新的节水灌溉技术推广进度缓慢，如能积极采取有效节水措施，可望节约用水量近100km^3，潜力巨大。工业用水的重复利用率为30%～40%，而发达国家为75%～85%。城市生活用水也存在许多浪费现象，尤其是公共用水部分，如宾馆、学校和商业部门等。

4. 地下水过量开采，环境地质问题突出

因地下水开采过于集中，在城市地区引起地下水位持续下降、地面沉降，在滨海地区引起海水入侵等环境地质问题。

（1）区域地下水位持续下降，降落漏斗面积不断扩大　这一现象在华北平原较普遍，深层水水位以3～5m/a的速率下降，天津、沧州、衡水、德州一带下降漏斗已连成一片，面积达3.18×10^{4}km^2。苏锡常地区区域降落漏斗面积已达3000km^2，漏斗中心水位埋深60～70m。

（2）泉水流量衰减或断流　在北方，由于在岩溶泉域内不合理开采地下水，造成一些名泉水流量减少或断流，给城市建设和旅游景观带来不利影响。

（3）地面沉降　超量集中开采深层地下水造成水位大幅度下降后，多孔介质释水土层压密，导致了地面沉降，如北方的天津、北京、太原、沧州、邯郸、保定、衡水、德州、许昌等城市，南方的上海、常州、苏州、无锡、宁波、嘉兴、阜阳、南昌、湛江等20多个城市。地面沉降造成城市雨后地面积水、建筑物破坏等严重危害。

（4）由于超量开采地下水，造成水位大幅下降，地面失衡，在覆盖型岩溶水源地和矿区产生地面塌陷　据统计，河北、山东、辽宁、安徽、浙江、湖南、福建、云南、贵州等省20多个城市和地区在不同程度上发生地面塌陷，人民生命财产和生产生活遭到极大破坏和损失。

（5）海水入侵　沿海城市和地区在滨海含水层中超量开采地下水，造成海水入侵含水层、地下水水质恶化及矿化度和氯离子浓度增加，如辽宁省大连市、锦西市，河北省秦皇岛市，山东省莱州湾、青岛市、烟台市，福建省厦门市等地。海水入侵破坏了地下淡水资源，加剧了沿海地区水资源紧张的局面。

5. 防洪减灾综合体系尚不完善

我国是多暴雨洪水国家，历史上洪水灾害严重。全国有近1/3的耕地、1/2的人口和70%的国民经济产值集中在江河的中下游地区，面临着较大洪水的威胁。由于受经济制约，我国江河防洪体系标准偏低，不能抗御较大洪水；特别是中小河流、中小水库的洪水威胁严重，近年来每年发生在中小河流的洪涝灾害损失占到整个洪涝灾害损失的60%～80%；河道设障侵占、湖泊围垦等普遍存在，致使行洪蓄洪能力降低；工程老化失修，设计效益不能充分发挥。

6. 农田水利薄弱

人口增加、耕地锐减、旱涝频繁已成为我国农业发展的三大制约因素。农村水利基础设施薄弱，制约着农业综合生产能力的提高。水利是农业的命脉，21世纪必须加强农业水利设施的保护、改造和投放，立国之本的农业才能充分发挥其在国民经济建设中的应有作用。

7. 水资源污染加重，水环境日益恶化

人口剧增、盲目发展经济和处理措施不力，致使流域内土质、植被、地质成分及其化学性质发生变化，引起生态环境失调，加之废弃物质任意排放，水体水质严重恶化。据统计，2007年，全国废水排放总量为556.8×10^{8}t，其中工业废水排放达标率为91.7%，城市生活污水处理率为49.1%。未经处理的废水直接排入江河或渗入地下，使流经城市的河流两岸受到污染，72%的纳污河流各项污染物平均值不同程度超标。黄河、海河、淮河、辽河和松花江的水质 70％以上为 Ⅳ、Ⅴ 类水或为人体不宜直接接触用水和农业用水。

近年来，随着乡镇企业的急速发展以及农业施用化肥的大量增加，除城市附近的点源污染外，农业区面源污染日趋严重。据不完全统计，我国有机氯农药 $8.623 \times 10^8 kg$，有机磷农药 $2.426 \times 10^8 kg$，平均使用 $10.8 kg/hm^2$。灌水与降水等淋溶作用造成地下水大面积被农药与化肥污染。另外，我国有污水灌溉农田近 $1.33 \times 10^6 hm^2$，其中以城市为中心形成的污灌区就有 30 多个，在农作物生长季节的污灌量相当于全国污水排放总量的 20％。这在缓和水资源紧张、扩大农业肥源和净化城市污水方面起了积极作用。但农灌污水大部分未经处理，约有 70％～80％ 的污水不符合农灌水质要求，而且多系生活污水和工业废水的混合水，其成分复杂，含有大量有毒有害的有机物和重金属。每年由于污水灌溉渗漏的大量污水，直接造成污染地下水，使污灌区 75％ 左右的地下水遭受污染。

此外，乡镇企业生活污水和工业废水的大量排放，构成了我国水体的另一个重要污染源。大多乡镇企业生产工业比较落后，规模小，发展快，数量多，分散且排污量大，资源浪费严重，污水处理设施很不完善，造成局部水域严重污染。

据对全国七大江河和内陆河的 110 个重点河段的水质监测结果的统计表明，符合《地面水环境质量标准》Ⅰ、Ⅱ 类的河段仅占 32％，Ⅲ 类水质的河段占 29％，属于 Ⅳ、Ⅴ 类的占 39％。全国有 1.7 亿人饮用受到污染的水。全国约 90％ 的城市水环境恶化。地表水源污染严重，地下水水质状况很不乐观，97.5％ 城市地下水受到不同程度的污染，近 90％ 的城市的饮用水源的水质不符合国家饮用水标准。

8. 水资源开发利用缺乏统筹规划和有效管理

各类水资源互补和调配利用研究较差，流域间水资源丰歉调配技术在我国还处在初级阶段。目前，对地下水与地表水、上游与下游、城市工业用水与农业灌溉用水、城市和工业规划布局及水资源条件等尚缺乏合理综合规划。地下水开发利用的监督管理工作薄弱，地下水和地质环境监测系统不健全。

水资源统一管理相对落后，以 1988 年《水法》的颁布为标志，初步建立了我国的水管理体系；但配套法规和监督、协调机制尚未完全建立，有法不依、执法不严、各自为政的现象依然存在，影响了水资源的合理利用。

另外，我国在污染的治理，微咸水和海水的利用、淡化方面，与先进的国家差距也较大。

上述分析表明，目前制约我国水资源开发利用的关键问题是水资源短缺、供需矛盾突出、水污染严重。其主要原因是管理不善，造成水质恶化速度加快。统计表明，近 60％～70％ 的水资源短缺与水污染有关。"水质型"缺水问题严重困扰着水资源的充分有效利用。因此，水资源利用与保护的关键在于水资源数量与质量的正确评价，供需平衡的合理分析，水资源开发利用工程的合理布局，节水技术与措施的有效实施，实现防止、控制和治理水污染，缓解水资源短缺的压力，实现水资源的有效保护、持续利用和良性循环。

第三节 雨水与污水资源化

由于水资源的变化而对生态、环境产生正或负的效应，同时生态环境的变化又会引起水资源量和质的改变。因此，水资源与生态、环境是处于同一系统中既相互依存又相互制约的关系。合理科学地将雨水、污水资源化，可有效改变水资源短缺的现状，同时减少环境污染，改善生态环境，一举两得。

一、雨水资源化

雨水是自然界水循环中的重要环节，雨水资源是一种最直接、最经济、最根本的水资源，它可使水资源在开采和利用后得到补给，同时对调节、补充地区水资源和生态环境起着十分重要的作用。在解决城市水资源危机的诸多措施中，充分利用雨水资源，实施雨水资源化是一条既经济快捷又广泛有效的途径。雨水资源化不仅可以解决城市水资源危机，而且还会带来诸如涵养地下水、缓解和恢复地面沉降、调节气候、净化空气、强化城市绿化、改善城市环境、改变城市排水系统、防治雨洪灾害等一系列生态环境效应。

（一）我国雨水资源现状

我国的雨水资源丰富，年降水量可达 $61900 \times 10^8 \, m^3$，但分布不均匀。例如，在我国的内蒙古西部、宁夏、甘肃、青海和新疆的大部分地区，年降水量不足 200mm。宁夏属于严重缺水的地区，在该地区的水资源分布情况是：地表水年平均资源量为 $8.5 \times 10^8 \, m^3$；地下水年平均资源量为 $16.2 \times 10^8 \, m^3$；年平均降雨总量 $157 \times 10^8 \, m^3$；重复计算量 $14.8 \times 10^8 \, m^3$；年平均水资源总量 $9.9 \times 10^8 \, m^3$。可见该地区的主要水资源是雨水，而且当地人们已经自发地进行雨水的收集，并用作生活饮用水。

雨水属轻污染水，有机污染物含量低，溶解氧接近饱和，钙质含量低，总硬度小，易于处理，处理后可用作饮用水、生活杂用水、工业用水等，比回用生活污水更便宜，且工艺流程简单，水质更可靠，细菌和病毒的污染率低，经处理或净化的雨水其公众可接受性强，能有效缓解水资源的短缺，是重要的开源措施，可在很大程度上缓解我国水资源短缺的现状。

我国地下水开采导致地下水水位下降，如能将雨水收集处理后回注地下，不但对暴雨洪水的水量起到调蓄作用，削减洪涝灾害，同时还能补充地下水。雨水的利用将缓解水资源的匮乏、短缺，促进当地经济的可持续发展。

但是近年来，随着城区不透水面积的不断增加，城市街道、住宅和大型建筑使城市的非渗透水面积最高达 90%，以及缺少健全的暴雨洪水的汇集和调蓄设施，雨水资源非但未被充分利用，反而增加了雨水的流失量，减小了地下水的补给量，大量初期暴雨径流对地表水体也构成了严重污染。据国外有关资料报道，在一些污水点源得到二级处理的城市水体中 BOD_5 负荷有 40%～80% 来自于降雨产生的径流，造成了城市洪涝灾害和旱季时的严重缺水。因此，建立和健全完善的雨水资源收集、储存、处理和利用的适用技术、行业标准和管理条例是解决我国城市水资源短缺的有效措施之一，将雨水这种宝贵资源作为一种优质的水源进行开发并有效、合理地利用势在必行。

（二）雨水资源化方式

雨水是再生速度最快的水资源，全球的平均降水周期仅 10 天左右，而深层地下水的再生周期则长达千年甚至上万年。雨水作为最重要的水资源往往被人们忽视，这是因为巨大的河川径流和富集地下水的含水层吸引了人们的注意力。而实际上河川径流与储存于地下的蓄水量都是由雨水转化而来的，雨多水丰，雨少水枯。

由于水资源紧缺，使得地下水超采。雨水回灌补给地下水是可行的，并且地下水超采腾空的巨大空间，是理想的雨水地下储存空间。在城区利用屋顶、草坪收集雨水，通过草地入渗和渗进引渗回补，既可减轻城市防洪负担，又增加了对地下水的补给。

我国许多学者在雨水汇流潜力测算，雨水资源化的必要性、可能性及可持续性，雨水资源化的有利条件和利用途径以及城市雨水回灌等方面进行了理论研究。下面就城市雨水资源化方式进行分析。

城市下垫面有着独特的地形、地貌及产汇流条件和水文效应，下垫面组成状况直接或间接地影响着地表径流量、陆地蒸发量、降水入渗量等水平衡要素。依照城市下垫面性质的不同，其雨水资源化方式也有所不同。

一是不透水类型的下垫面，是城市的主要组成部分，包括城市居民用房、办公用房、工矿企业用房、道路、硬化广场等。这类下垫面，一方面存在填洼、蒸发等降水损失，另一方面由于初期雨水中含有大量的污染物如COD、重金属、挥发酚等，有必要对初期雨水进行弃流处理。因此这类下垫面的雨水可利用量是在扣除降水损失和初期弃流后的净雨量。

二是园林绿地类型，这是有绿色植被覆盖的下垫面，雨水可以直接下渗。这类下垫面上的雨水资源可以直接利用，其可利用量是扣除植被截流，甚至径流后的降水量。

三是水体下垫面，它主要包括城市内的河流、湖泊等水域，这类下垫面上的降水可以完全直接转化为水资源。

在每次降水过程中，上述3种下垫面之间有时可能出现雨水资源交换现象。例如园林绿地出现径流时，雨水资源可能流向不透水的路面或者流向水体。居民、厂矿等建筑物上的雨水资源也可能流进河流或者园林绿地。但是这些雨水资源的交换只是城市内部雨水资源的异地利用，雨水资源可利用总量并没有因此减少。

（三）城市雨水资源化的模式及雨水资源化的生态作用

为达到城市雨水生态化利用，除应对城市发展格局、功能分区，土地开发强度及社会经济发展规模作出适当调整并加强绿化系统建设外，还应选择合理的雨水控制与利用的模式，包含减源、截留、缓排。这三种雨水资源化模式可为城市生态建设中控制和利用雨水提供借鉴。

1. 减源

减源指减少进入输送通道及城市水体的雨水量，主要有三种方法：一是利用天然或人工构筑的汇流面，如屋顶、人行道及其他硬化地面等收集雨水，并建设配套的储水系统将收集的雨水储存起来。这种方法投资较少且集流效率高，储存的雨水可用于城市消防、环境美化、卫生清洁，或洗车、冲厕等生活杂用水。二是合理规定城市的建筑密度，降低地面硬化率，加强绿地系统建设，如公共绿地及城市森林的建设，或在绿色植被与土壤之间增设储水层、透水层等。三是在城市建设中广泛使用透水铺面，如在人行道上铺设透水方砖、草皮砖，步行道以下设置回填沙石、砾料的渗沟，以及建设屋顶花园等，或借鉴美国、日本、德国等国的经验，采用透水性沥青路面、混凝土透水路面。方法二、三均有助于促进雨水的下渗，从而减少进入传输沟渠、管网及水体的雨水量。

2. 截留

目的在于尽可能截留雨水，主要途径是建设透水传输系统。技术上，可将雨水输送暗渠或管道改为具有渗透能力的明沟，或建设渗透池、渗透孔、渗透槽、渗透管等输送雨水，减小雨水径流的流量、流速，以使其尽可能多地向地下渗透，减少输送到城市水体中的径流量，拖延径流峰值形成时间，减轻洪水对城市的威胁，并有助于涵养水源，复活泉水，补充河川基流，改善城市生态环境。

3. 缓排

缓排就是在雨水最终进入城市河道与湖泊等水体前，用过滤带、滞留池、截留塘、人工湖或人工湿地系统等将来自透水输送系统的雨水储存起来。对于一些汇入城市湖泊的雨水，超出储存系统设计容量标准的，可使用前置库技术，使雨水短期驻留，经自然净化处理后再排放。缓排可减轻城市非点源污染，并营造水体景观与生物栖息地。储存的雨水也可再用于社会生活、生产与城市建设。

城市雨水生态化利用实质上即雨水资源化，主要包括家庭饮用、集流补灌、消防及城市绿化和地下水补给四个方面。针对当前城市生态环境退化的现状，着重强调城市雨水利用过程中对涉水城市生态环境问题的缓解及消除作用。一般而言，雨水生态化利用至少应包含以下几方面：①作为城市绿化、净化及回补地下水、河湖渗漏蒸发损失等的生态环境用水；②有利于减轻城市地表径流的非点源污染；③具有保持水土及涵养水源作用；④为城市生活及生产用水提供必要的、费用低廉的补充水源；⑤减少城市洪水发生概率，规避可能的风险；⑥有利于加强对生物多样性的保护及促进水体景观娱乐等生态功能的发挥。

（四）雨水利用的经济和生态意义

雨水是一种最根本、最直接与最经济的资源，对调节、补充城市水资源及改善城市自然生态系统具有重要的作用。收集到的雨水不仅可用于生活与工业生产，而且还可作为生态环境用水，用于城区绿化、灌溉、市政清洁及回补超采地下水等，发挥多种生态效益。雨水中污染物质相对较少，其利用工程建设较简单，费用也少。采取各种措施提高雨水的利用能力与效率，是传统水利不可缺少的补充与延伸，是解决水资源危机的重要途径。

倘若人们能直接对雨水进行利用，实现城市雨水资源化，不仅可以减轻城市水资源压力，同时也可调节城市小气候，减轻城市洪涝灾害威胁，降低城市自来水与污水处理费用，保护城市河湖水质与生物的多样性，获得社会、经济、生态等多方面的效益。

1. 城市雨水利用的经济意义

① 雨水是最经济的水资源，可免费使用。

② 雨水属轻污染水源，经简单处理可满足冲厕、洗衣物及其他生活杂用水标准，所以一些生活杂用水可用雨水取代。

③ 雨水的钙盐含量低，属软水，可作冷却水。在德国的部分地区，利用雨水可节约饮用水达50%，在公共场所用水和工业用水中节约更多。

④ 雨水渗透可节省封闭路面下的雨水管道投资。

⑤ 保护地下水水质和储备，简化饮用水净化工艺，投资省。

2. 城市雨水利用的生态意义

① 节水。

② 雨水蓄水池和分散的渗渠系统可削减雨季尖峰流量，降低城市防洪压力和雨水管网负荷。

③ 对于合流制下水道系统，减少雨季溢流水流量，减轻污水厂处理负荷，改善水体环境。

④ 增加水分蒸发，改善生态环境。

⑤ 地下水涵养。

⑥ 河川、湖泊水量维持。

⑦ 雨水渗透有利于自然界的水循环，补偿地下水，防止地面沉降。

与缺水地区农村雨水收集利用工程不同，城市雨水的利用不是狭义地利用雨水资源和节约用水，它还包括减缓城区暴雨水洪涝和地下水位的下降、控制雨水径流污染、改善城市生态环境等广泛的意义，因此雨水利用是一个综合的系统的工程，必须全面考虑，合理规划、布局。需要掌握当地水资源状况、可利用的雨水资源，如年降雨总量、降雨频率、强度和季节分配，以及城区不同地表覆盖的降水径流情况；城市规划和基础设施，尤其是给排水设施，如不透水面积、城区发展、排水体制、污水处理厂、目前节水技术设施等；地下水位和地质条件；雨水水质及处理要求；水利设施及防洪设施；雨水利用与现有水资源的合理调配等。

二、污水资源化

城市污水的再生回用是开源节流、减轻水体污染程度、改善生态环境、解决城市缺水问题的有效途径之一。随着淡水资源的日趋短缺和需用量的不断增长，许多缺水地区和城市已无新的水资源可开发利用。沿海城市采用海水淡化的方法，但基建费和运行费过于昂贵，难以推广应用，因此污水回收与再用，已成为重要的再生水资源之一。通过合理有效的污水回用技术将污水处理后回用于工业、城市杂用、河道景观和补充地表水等，既可以缓解对新鲜水源的需求，又可以减轻对环境的污染，具有极大的环境效益和社会效益。

1. 污水开发利用

污水开发利用是通过经济、技术和环境效益的科学论证，对城市污水进行不同级别的水质处理后，用于不同的需水对象，如工业、农业、城市建设施工及环境用水等。它是解决城市水资源紧缺的一项重要措施。

另外，我国许多城市的地表水与地下水受到不同程度的污染，危害着水生资源和人们的健康，因此污水的开发利用也是改善城市生态环境的客观需要。

目前，污水处理回用的范围较广，包括工业、城市生活、绿化等，详见表6-5。

表6-5　污水处理回用分类表

回　用　范　围	回　水　用　途
工业	冷却水、洗涤水、锅炉水等
城市生活	冲洗厕所、扫除、清洗汽车、自来水补充水源等
绿化	公园、运动场、校园和高尔夫球场、公墓和快速道绿化
农业灌溉	粮食作物、牧草、果树、喷灌、地面灌溉等
环境用水	浏览景观、城市河湖、绿化、冲洗路面
建筑	土壤压实、尘土控制、施工用水

2. 污水回用的水量潜力

城市污水水量稳定集中，不受季节和干旱的影响，经过处理后再生回用既能减少水环境污染，又可以缓解水资源紧缺矛盾。我国在污水资源化开发与利用方面，远不及一些发达国家及污水回用发展较早的发展中国家，但这种差距也留给我们更多的发展空间。使用$1m^3$回用水，就相当于少用$1m^3$自来水，又少排出近$1m^3$的污水，这样一来可以节约用水近一半左右。可以粗略估算一下，城市供水量的80%变为城市污水排入管网中，收集起来再生处理后70%可以安全回用，即城市供水量的一半以上，可以变成回用水返回到城市水质要求较低的用户上，替换出等量自来水，相应增加了城市一半供水量。可见对缺水城市来说，这种水源是一笔宝贵财富，有巨大的开发潜力。

我国城市污水年排放量已经达到$4.14×10^{10}m^3$，根据规划目标，2010年城市排水量将达到$6×10^{10}m^3$，全国设市城市的污水平均处理率不低于50%，重点城市污水回用处理率70%。这就给污水回用创造了基本条件。全国污水回用率如果平均达到20%（南水北调的要求，到2030年要达到30%），通过污水回用，可解决全国城市缺水量的一多半，回用规模及回用潜力之大，足可以缓解一大批缺水城市的供水紧张状况。污水回用具备其他节水措施达不到的规模效应，对缓解水资源危机将发挥重要作用。

3. 城市污水回用的生态意义

城市污水回用是改善城市生态环境的客观需要，通过改善需水本身及对水社会循环系统的局部强化，减少了人类社会活动对自然水循环的干扰程度，具有明显的改善水质、缓解环境污染、稳定水量的生态环境效应。

　　污水的处理回用，把污水资源化，使大量净化污水多次使用，减少了排入环境的污水量，大大减轻了水环境的污染负荷，改善了自然水环境。城市污水的回用，可以有效地解决污染源治理，提高环境质量，对保障人民健康有很重大的意义。同时，城市水环境的改善，可以吸引更多人的目光，从而更好地改善了投资环境，使旅游业、房地产业逐步升温，有利于提高经济效益。

本 章 小 结

　　水资源是世界上分布最广、数量最大、开发利用得最多的资源。它与人类生存和国民经济发展密切相关。本章通过水资源和水循环的介绍，使学生了解水资源的含义，懂得水资源既是人类生存和发展不可替代的自然资源，又是环境的基本要素。水循环是地球上最重要、最活跃的物质循环之一。在水文循环过程中，水的物理状态、水质、水量等都在不断地变化，水通过蒸发、水汽输送、降水和径流四个环节进行着交换。通过形态的变化，水在地球上起到输送热量和调节气候的作用，对于地球环境的形成、演化和人类生存都有着重大的作用和影响。水资源在水循环背景上，随时空变化，表现出独有的性质特征。

复习思考题

　　1. 简述水资源的概念和水循环过程。
　　2. 水资源的特点是什么？
　　3. 简述 21 世纪中国水资源面临的主要问题。
　　4. 简述城市雨水利用的经济意义和生态意义。

第七章　土　地　资　源

　　土地在人类社会生产中，既是重要的生产资源，也是劳动对象，同时也是人类赖以生存的活动领域和空间。人类社会发展离不开土地，没有土地就没有人类。土地养育了人类，人类改造了土地。随着整个人类社会的生产发展和人口的迅速增长，土地资源与人类社会的关系逐渐超出了单一的民族和国家的范畴，而跃居为整个人类生存与持续发展的环境空间的全球性大问题。无论是发达国家或是发展中国家均是如此，这是不以人们意志为转移的事物发展规律所决定的。

第一节　土地及其属性

一、土地的概念与功能

1. 土地的概念

　　目前对于土地的科学定义尚无统一的认识，不同学者从不同学科角度对土地有不同的表述。从农业生产的角度看，土地是一种最基本的不可缺少的生产资料，是生产基地、劳动场所和劳动对象，土地以自身理化性质参与农作物的自然再生产过程，生产人类所需要的动植物产品。从工程建设角度看，土地可理解为建筑工程的场所、承重受压的基础、坝堤等工程的材料或物料，工程技术人员认识和区别土地的主要依据是它的性质和组成，特别是它的力学性质和物理性质等。

　　早期的地学观点，将地球陆地部分由泥土和砂石堆成的固体场所称为土地；水面（包括海洋、江河、湖泊、池沼等）、地上空气层以及附属于地球表面的各种物质和能力，均不列入土地范畴之内。近代地学的发展进一步深化了对土地的认识。20 世纪 60 年代以来，多数地学研究者认为土地是一个自然综合体，如皮克曼（Brinkman）和奥尔森（Olson）于 1973 年将土地的概念表述为：土地是地球表面的某一区域，它的性质包括这一区域之上和其下组成生物圈的气候、土壤、地形、地质、水文、动植物的特性以及人类过去和当前活动的结果，它的性质对土地当前和未来的利用有着重要影响。从生态学观点看，土地是一个由气候、土壤、地貌、岩石、植被、水文以及人类活动种种结果组成的生态系统，与此同时，土地又是整个地球更大系统的自然环境要素，土地是能量流、物质流、信息流的输入与输出，及物质交换转移得以实现的基础。经济学家马歇尔（A. Marshall，1842～1924）认为，土地是指大自然为了帮助人类，在陆地、海上、空气、光和热各方面所赠与的物质和力量；经济学家伊利（R. T. Ely，1854～1943）认为，经济学上的土地是侧重于大自然所赋予的东西；马克思认为，经济学上的土地是未经人的协助而自然存在的一切劳动对象。肯特从法律概念上对土地的定义是："土地不仅是人工造成的，如房屋以及其他建筑物，它包括的范围向上或向下是无限度的，以致可以包括地上或地下的每样东西。"按照土地法学的研究对象和工作内容，土地是社会关系和经济关系的某种综合体。它包括土地占有、使用、收益、处分等经济关系，也包括一系列在土地调查、开发、利用、整治、保护、建设等活动中发生的各种社会关系。当土地体现某种经济关系时，土地是一种不动产，可作为长期信用的担保品或抵押品；谁占有土地，即谁具有对它的权利，就等于具有物质财富，所有者就可凭借其对土地的所有权获得收益。

1972 年联合国粮农组织（FAO）在荷兰的瓦格宁根召开了土地评价专家会议，在会议文件《土地与景观的概念及定义》中专门给土地下的定义是："土地包括地球特定地域表面及其以上和以下的大气、土壤及基础地质、水文和植物。它还包括这一地域范围内过去和现在的人类活动的种种结果，以及动物就它们对目前和未来人类利用土地所施加的重要影响。" 1976 年联合国粮农组织发表的《土地评价纲要》则进一步指出："土地是地表的一个区域，其特点包括该区域垂直向上和向下的生物圈的全部合理稳定的或可预测的周期性属性，包括大气、土壤和下伏地质、生物圈、植物界和动物界的属性，以及过去和现在的人类活动的结果；考虑这些属性和结果的原则是，它们对于人类对土地目前和未来利用施加重要影响。" 在对土地资源的研究中，一般意义上将土地资源认为是地球上的特定部分，即地球表面除海洋之外的陆地及其之上的河流湖泊等水面，是由空气、土壤、水文、地形地质、生物和人类活动的结果所产生的综合体，其性质随时间变化。

尽管人们目前对土地概念的表述不尽一致，但对土地含义的认识可以概括为以下几个方面。

（1）土地是综合体　土地在其长期形成、演变过程中，各种要素以不同方式，从不同的侧面，按不同程度，独立地或综合地影响着土地的综合特征。在土地这个综合体中，土地各组成要素都有其不可替代的作用，土地的性质和用途取决于全部组成要素的综合作用，而不从属于任何一个单独的要素。

（2）土地是自然和经济的产物　土地是自然的产物，但人类的经济活动可以改变土地组成要素（如土壤、植物、水文等）和性质，从而影响土地的功能和用途。因此说土地是自然经济综合体，它包括人类过去和现在的生产活动成果及其社会经济关系，这是土地不同于其他自然体的重要方面。

（3）土地是地球表面的陆地部分　地球表面分为海洋和陆地两大部分，二者有明显不同的自然地理特征。陆地是突出于海平面以上的部分，包括内陆水域、滩涂和岛屿。将土地限定在陆地范围，符合人们的一般认知和劳动习惯。

（4）土地是一个立体的三维空间实体　按这一剖面的密度差异和性质的不同，可分为三层，即以地球风化壳和地下水为主的地下层；以生物圈和地貌为主的地表层；以近地面气候为主的地上层。那些与土地特性无直接联系的地上层（如高空气候）和地下层（如深层岩石），并不包括在土地这一立体垂直剖面的范围内，只是土地这一综合体的环境条件。

（5）土地性质随时间不断变化　土地作为一个自然经济综合体，具有随时间推移而不断变化的动力学特征，某一时段的土地性质只是土地在随时间变化过程中的瞬间特定情况。

（6）土地不同于土壤　土壤，是指地球陆地表面具有肥力能够生长植物的疏松表层。它是在气候、母质、生物、地形和成土年龄等诸因子综合作用下形成的独立的历史自然体。土壤与土地的区分，可以从以下几个方面加以说明：

① 从相互关系上看，土壤仅仅是土地的一个组成要素，即土地包含土壤。

② 从本质特征上看，土壤的本质特征是其具有肥力，所谓土壤肥力是土壤为植物生长供应和协调营养条件及环境条件的能力；而土地的本质特征是生产力，它是在特定的管理制度下，对某种用途的生产能力。对于农业用地，肥力只是生产力的基础，而不是生产力的全部。对于城市用地，土地生产力主要取决于区位要素，而与土壤肥力几乎没有直接联系。

③ 从形态结构上看，土壤是处在地球风化壳的疏松表层，可以划分为 A、B、C 等发生

层次。而土地是由地上层的近地面气候、地表层的生物圈和土壤圈以及地下层的水圈和岩石圈组成的立体垂直剖面，土壤只是其地表层的一部分，二者在形态结构上相差甚远。

（7）土地与国土不是同一概念　所谓国土系归某一国家管辖的地球上的某一部分空间，即受一国主权管辖的地域空间，广义上的国土包括一个国家的陆地、河流、湖泊、内海、领海和它们的下层、上空，还包括大陆架等。由此可见，国土是比土地更为广泛的概念。

综上所述，可将土地简述为：土地是地球上的特定部分，即地球表面除海洋之外的陆地及其之上的河流湖泊等水面，是由气候、土壤、水文、地质、地形、生物及人类活动结果所组成的一个复杂的自然经济综合体，其性质随时间不断变化。

2. 土地的功能

概括起来讲，主要有如下四种：

一是它的承载性功能，亦即提供人类生活和生产建设地基、承载地表"万物"的能力。

二是它的养育性功能，亦即土地系统的物质和能量具有滋养生物、繁育生命的能力。

三是它的仓储功能，亦即土地系统不仅能繁育生命，是生物资源的基地，而且还储藏着人类所需求的建筑原材、各种矿产和动力资源物质等。

四是它的观赏性功能，亦即有些土地以其优美、秀丽、奇特、险峻的自然景观，而为人类文化生活中旅游观赏和休憩疗养等特殊利用提供了人工无法创造的物质条件。

二、土地分类与土地属性

（一）土地分类

由于土地用途不同，分类标准各异，土地的分类方法和分类结果多种多样。例如，按照地貌特征划分可以把土地划分为山地、高原、平原、盆地、丘陵等；按土地的土壤质地划分，可分为黏土地、沙土地、壤质土地等；按土地所有权划分，可分为私有、国有和集体所有的土地。不过最为常用的土地（土地资源）分类还是依照土地的经济用途进行的，所分土地类别如下。

（1）耕地　耕地是指用于种植粮食、蔬菜、经济作物等作物并被经常耕作的土地。耕地是农业的基础，根据 R. H. Whittake 的估算，世界耕地年初级生产量为 1.13×10^{20} J，占地球的年初级生产量的 5%。耕地一年内所生产的食物量只有 2.188×10^{19} J，占 19%，说明耕地生产利用的潜力是很大的。耕地根据耕作方式和种植作物的不同又可划分为旱田、水田、水浇地和菜地等多种类型。

（2）林地　指用于林业生产的生长乔木、灌木、竹类等各种树木的土地，按生产木材的用途不同，又可进一步划分为用材林地、经济林地、薪炭林地、防护林地等；此外，林地还包括林地采伐、火烧后的迹地以及苗圃等。

（3）草地　指常年生长草本植物、覆盖度在 15% 以上的土地，草地大都用作畜牧业生产，所以草地又有天然牧场、人工草场、改良天然草场之分。

（4）水域（水面）　通常指河流、湖泊、水库、池塘、苇地、沟渠、沿海滩涂的水面和冰川以及永久积雪覆盖的陆地部分。

（5）建设用地　是指通过工程建设营造建筑物所占用的土地，军事及其他设施所占土地的总称。

（6）工矿用地　指厂房、仓库、矿场、油田、盐场等用地。

（7）交通用地　指铁路、公路以及飞机场、港口、码头及其他附属设施用地。

（8）未利用土地　是指目前尚未利用的土地，包括荒地、盐碱地、沼泽地、风沙地（沙漠）、戈壁滩等，其中荒草地是最主要的耕地后备资源。

（二）土地的属性

土地是自然的产物，又经常受到人类活动的影响和作用，可称之为历史的自然经济综合体。土地的属性是在土地的开发、利用与改造过程中所体现出来的本质特征，这些本质特征也反映了人类对土地的利用。

1. 土地的资源属性

土地是一种综合的自然资源，与大气、水、生物、矿产等单项资源相比，土地对人类生存来说是最基本的，也是最广泛、最重要的。澳大利亚的克里斯钦等人把土地称作"真正的资源"。资源是土地的最主要性质和过程，即能用来满足人类自身需要和改善自身的环境条件。作为"真正资源"的土地具有下列基本特征。

（1）整体性 土地是由气候、土壤、水文、地质、地形、生物及人类活动的结果所组成的综合体，土地资源各组成要素相互依存，相互制约，构成完整的资源生态系统。人类不可能改变一种资源或资源生态系统中的某种成分而使周围的环境保持完全不变。同时，生态系统绝不是孤立的，一个系统的变化又不可避免地要涉及别的系统。

（2）生产性 土地具有一定的生产力，即可以生产出人类需要的动植物产品，这是土地的本质特征之一。土地生产力按其性质可分为自然生产力和劳动生产力。前者是自然形成的，不同性质的土地，亦即光、热、水、气、营养元素的含量及组合等不同的土地，适应于不同的植物和动物的生长繁殖；后者是施加人工影响而产生的，主要表现为对土地限制因素的克服、改造能力和土地利用的集约程度。

（3）面积的有限性 由于受地球表面陆地部分的空间限制，土地的面积是有限的，地球表面虽然局部地区因灾变过程可以出现极小量的陆地面积变化，但这种变化几乎是一个恒定的概念。人类只有一个地球，土地表面是有限的。目前世界人口正在急剧增加，各种土地利用对有限的土地面积竞争异常激烈，对土地资源产生极大压力。因而，人们一方面要珍惜和合理利用每一寸土地，另一方面要采取切实措施，有计划地控制人口增长，减小人口对土地的压力。

（4）位置的固定性和区域差异性 分布在地球各个不同位置的土地，占有特定的地理空间。这一特性主要表现在以下几个方面：

① 每一块土地的绝对位置（经纬度）的固定性，包括地面及其以上和以下的空间。

② 各块土地之间的相对位置（距离）的固定性。当然，交通条件可在一定程度上改变这种相对固定性，但交通条件形成后，土地又表现出新的相对固定性。

③ 每一块土地由所处的环境及其物质构成。一般来讲，在一定时空范围内其基本上也是固定的。例如处于不同水热条件下的农用土地，想完全改变其环境状况和物质组成，几乎是无法实现的。

各种土地形态的空间分布存在着明显的地域性。各种山地、丘陵、高原、平原，在我国乃至世界性的分布都是不均匀的，必须深刻认识土地的地域特征，以便能因地制宜地利用土地资源。

（5）时间变化性 土地不仅具有地域性的空间差异，而且具有随时间变化的特点。例如，土地随时间而产生的季节性变化，即动植物的生长、繁育和死亡；土壤的冻结与融化，河水的季节性泛滥等。这些都影响着土地的固有性质和生产特征。土地的时间变化又与空间位置紧密联系，因为处于不同空间位置的土地，它的能量与物质的变化状况是不同的。

（6）土地资源的再生性与非再生性 资源一般可分为再生性资源和非再生性资源。再生性资源主要是指生物及生物与非生物组成的生态系统，在正确管理和维护下可以不断更新和持续利用。非再生性资源如各种矿物和化石燃烧，它们随着人类的不断使用会逐渐耗竭。

土地是一个生态系统，土地资源具有可更新性。生长在土地上的生物，不断地生长和死亡，土壤中的养分和水分及其他化学物质，不断地被植物消耗和补充，这种周而复始的更替，在一定条件下是相对稳定的。土地对于污染物也有一定的净化能力。正是由于土地具有再生性，才使得人类不断繁衍。

但应当注意，土地的可再生性绝不意味着人类可以对土地进行掠夺性开发，人类一旦破坏了土地生态系统的平衡，就会出现水土流失、沼泽化、盐碱化、沙漠化等一系列的土地退化，使土地生产力下降，使用价值降低。这种退化达到一定程度，土地原有性质可能彻底破坏而不可逆转、恢复。尤其是在自然环境恶劣的地区，土地可塑性很小，生态系统表现出很大的脆弱性。

2. 土地的生态属性

在陆地生态系统中，土地是最根本、最重要的，是决定生态系统类型及其构成的主要因素，是能量输入和输出、物质交换转移得以实现的基础，又是地球生态系统的物质储存器、供应站和能量调解者。从生态学角度看，土地具有以下重要功能。

（1）支撑功能　对生物体来说，土地最显而易见的功能之一是支撑。植物固定在土地中才能保持直立；人类活动的场所都附着于土地，如果土地的支撑力不够，房屋可能倒塌，树木则经不起风吹雨打。

（2）养育功能　土地的本质属性是有生产能力，它可以生产出人类需要的动植物产品。

（3）净化功能　进入土地的污染物质在土体中可通过扩散、分解等作用逐步降低污染物浓度，胶体吸附等作用使污染物发生形态变化，变为难以被植物利用的形态存在于土地中，暂时退出生物小循环，脱离食物链；或通过生物和化学降解，使污染物变为毒性较小或无毒性，甚至有营养的物质；或通过土地掩埋来减少工业废渣、城市垃圾和污水对环境的污染。土地的净化功能是有限的，必须在其容忍的范围内进行。

3. 土地的工程属性

各项工程建设事业必须以土地为基础，土地的工程特性也是土地的重要性质，对工程建设的适宜性有极为深刻的影响。土地的工程特性主要由地基承载力、地下水、地形、水文等要素综合作用形成。

土地工程特性的优劣直接决定作为建筑地段的适宜性及限制性，同时也影响工程项目的投资费用。

4. 土地的资产属性

土地不仅有资源的属性，而且具有资产的属性，是一切财富的源泉。随着人类社会的发展，土地作为资产的特性表现得日益明显。土地资产具有以下特性。

（1）供给的稀缺性　所谓土地供给的稀缺性，主要是指在某一地区、某种用途的地产供不应求，形成了稀缺的经济资源，造成供求上不同程度的矛盾。其原因在于，位置较优或土质较好的土地，利用方便，效益较高，从而拉大需求量，而可供使用的这些土地的面积有限，因而表现出地产供给的稀缺性。另一方面，地产供应的稀缺性与土地总量有限密切相关，土地总量是恒定的，而需求量却随着人口和经济发展不断增加，加剧了地产供求矛盾，以致造成地产垄断。

（2）位置的固定性　地产具有位置的固定性，这就决定了地产是不动产，它不能随着土地产权的流动而改变其实体的空间位置。这也是与机器、设备等企业财产所不同的特征之一。

（3）个体的异质性 由于形成地产的区位、地理、土壤、地质等不同，从而体现为地产的质量差异、用途差异、经济价值差异。地球上的每一块地产之间，都存在着这种或那种的差异，使每块地产都具有独特性，也造成了其用途的多样性。

（4）使用的永久性和增值性 由于土地经营者对土地的投资、土地周围设施的改善、土地用途的改变和土地需求量的增加，土地不仅不会折旧，反而还可以反复使用和永续利用，并随着人类劳动的连续投入而不断发挥它的性能。甚至还可以随着社会经济的发展，实现其自然增值。当然，地产使用的永久性并不意味着不注意保护，如果违背自然经济规律，也可导致地产的使用价值贬低。

（5）土地价格和价值的二重性 土地具有使用价值和交换价值，可以进入商品流通。但与一般商品相比，它是一种特殊的商品，具有以下特殊性。一般商品是用来交换劳动产品的，而土地具有非劳动产品和劳动产品的二重性，从根本属性来看，是属于天然赐予的自然物而非人的劳动所能创造的，但土地大多凝结着大量的人类劳动，具有劳动产品的一面；一般产品的价格是价值的货币表现，而土地价格具有二重性，一方面是作为自然物的土地价格，另一方面是作为开发的土地价值的价格，这两部分的土地价格是融合在一起的，因而土地价格也与一般商品不同。

（6）流通的特殊性 土地资产的最重要内容不是它的实体，而是占用和利用它的权利或是产权关系，所以需要由国家制定一系列法律、法规来保障土地资产转移或交易的合法性，使土地资产的所有者或使用者的合法权益能得到国家法律的保护；另一个特殊性表现在所有权和使用权的分离，在实行土地资产国有、使用权可以转让的国家与地区，租赁是土地资产市场流通的主要形式，在那些土地资产可以自由买卖的国家与地区，很多土地资产也是采用租用的形式，从而导致所有权与使用权的分离。

5．土地的社会属性

社会生产离不开土地资源，人们对土地的开发利用和占用过程，一方面形成人与土地的关系；另一方面形成了人与人之间的关系。人类社会生产中，有土地的占用和利用，就有与社会生产方式相适应的土地制度存在。土地问题如果处理不好就会影响到社会的诸方面，历代农民起义的一个核心问题就是土地问题。另外，随着社会生产力的高速发展和科学技术的不断进步，土地的合理利用和科学管理，已逐步上升为近代研究土地问题的中心课题。土地对国民经济各部门的建设和发展，有着极其深远的影响。在土地利用过程中，一旦土地的质量提高或降低，不仅会影响当地人的生产和生活，也必然影响周围环境和临近人的利益，甚至对整个社会和国家利益产生影响。

第二节　土地资源与开发利用

一、土地资源

在了解土地资源的概念之前，有必要明确资源的概念。1979 年版《辞海》将资源定义为："资财的来源"。能带来资财的东西是针对人的生存与发展而言，是对人类生产和生活有用的材料，这些材料包括人为和天然的，前者包括一切社会、经济、技术因素以及信息等，后者则包括土地、水等自然物。因此，可将资源定义为在一定的技术经济条件下，能为人类生产和生活所用的一切资料。

根据上述资源概念，我们认为，所谓土地资源，就广义而言，应泛指一切对人类有用的土地。由于绝对无用的土地是没有的，所以从这个意义上讲，土地本身就是一种资源，称为土地资源，但一般人们所理解的土地资源是指"在一定条件和一定时间内能为人类所利用，能够创造财富和生产经济价值"的那部分土地，而人类难以利用的土地如冰原、冰川、冻土、戈壁、沙漠等一般不包括在土地资源这个内涵中。这种观点称为狭义的土地资源。

在看待土地资源的广义与狭义这一问题上，我们认为，应该树立正确的土地资源观：一切土地均能为人类所利用，没有无用的土地。因而所有的土地均可称为土地资源。这是因为：第一，无论什么类型的土地，或多或少、或迟或早都能变成对人类有用的东西，故轻易地把某一类型的土地不算作资源的想法是不对的。著名经济学家于光远先生指出，即便是"不毛之地、人迹不到之地，也有它不毛之地、人迹不到之处的用途"。比如，新疆的戈壁滩、非洲的撒哈拉大沙漠，有充足的光照和无限的空间，使之有可能成为利用太阳能发电的理想之地，同时也是理想的试验用地。第二，尽管在一定的认识水平和技术经济条件下，某些土地不能直接为人类所利用，但这并不等于说，无用的土地将永远无用。一些土地暂时处于无用状况的原因主要是：①人们对其性质、作用尚认识不足，不知道去利用它；②尽管人们对其用途颇有了解，但缺乏技术条件，故只能望宝兴叹；③开发利用资源尚需要一定的经济条件，若缺乏资金、劳力不足、交通堵塞，则难以将其真正利用起来。随着认识水平的提高，科学技术的进步，经济状况的改善，原来无用的土地就可能派上重要的用场，绝对地认为某种土地无用，可能导致土地资源利用上的错误。需要说明的是，在日常使用中土地与土地资源之间的界限并不明确，日常中两个概念经常泛用。

二、影响土地资源开发利用的主要自然因素

土地资源作为土地的一部分，是自然资源的一种，它是由空气、土壤、水文、地形地质、生物和人类活动的结果所产生的综合体，它与气候资源、水资源、生物资源等自然资源相互作用，共同构成自然资源的有机整体。因此，对土地资源的开发利用就必将受到一些自然因素的影响。

1. 气候要素

气候要素包括光照、降水、太阳辐射、气温以及风等。一个地区的气候条件，直接关系到人类对土地资源的开发，如一些气候要素影响到土地资源的生产力，这对人类的耕地土地资源的开发产生较大的影响，它决定了该区域土地的生产力状况；气候要素直接或间接影响土地资源的开发利用方式，如我国一些长日照干旱少雨的区域，人们即可以充分利用该区域的土地资源种植一些长日照耐干旱的作物，确保土地资源发挥它的最大效益。

2. 地学要素

地学要素主要包括地形、地貌和地质，地学要素为区域性因素，主要是使区域内的光、温、水、土四大要素在大的气候规律控制下进行重新的组合分配，从而产生不同的土地资源类型和土地利用方式。如气温随海拔升高而降低，降水量先随海拔升高而增多，达到一定高度后则随海拔升高而降低。地面坡度对土壤侵蚀、农田基本建设、交通运输、灌溉和机耕等都有影响，也影响了人们对土地资源的开发利用。不同的地貌类型如平原、山地、丘陵、高原和盆地也影响到人类土地的利用方式，形成了不同的土地类型。岩性与矿物组成会影响地下水资源的储存条件与水质，对土地类型演化都有一定的作用。

3. 水文及地球化学要素

地表水与地下水将影响到土地资源的开发与保护，如地表水资源的丰缺不仅与农业灌溉土壤肥力及旱涝灾害有直接关系，而且也会关系到水土流失；地下水的埋藏条件、含水层性质、供水、排水、水质等影响区域土地质量的相关因素都将影响到土地资源开发利用。

区域地球化学是研究由于地理或地质的原因，使某些地区的某些元素与一般说的地球化学统计量相比，在土体、风化壳、潜水，甚至深层地下水中的富集或欠缺，而影响该地区的生物以至人类的健康，影响土地资源的质量与开发的一门学科。在地球化学中对地理因素和地质因素对元素数量的影响研究较多。

4. 土壤要素

土壤具有明显的纬度地带性、经度地带性和垂直地带性的地带性特征。在不同区域的土壤类型，由于受地方性地形、地貌、母质、水文或人为活动因素的影响而呈一定的规律的分布，称为土壤地域分布规律。区域性的土壤分布模式反映了当地土地类型分布规律和土地利用特点，即所谓的土地类型结构和土地利用结构。

5. 生物要素

生物要素从不同方面影响土地资源的开发利用。如生物多样性的改变、植被覆盖的改变将直接或间接引起土地理化性质的改变，从而引起土地利用方式的改变。受自然地理因素的影响，形成了不同的森林植被土壤，如亚寒带针叶林-灰化土、温带落叶阔叶林-棕色森林土、亚热带常绿林-红壤和黄壤、热带季风林和热带雨林-砖红壤化红壤和砖红壤。植被类型发生改变，与此相应土壤类型也将发生相应的变化，土地的生产力及土地的部分功能都将发生改变。

第三节　我国土地资源的概况及其保护

一、我国土地资源的概况

我国东部和南部濒临黄海、渤海、东海和南海，西部与北部地处欧亚大陆腹地。自南向北依次分布着热带、亚热带、温带、暖温带和寒温带，降水量自东南向西北递减，依次分布着湿润、半湿润、半干旱和干旱气候带。地势西北高，东南低，山地丘陵面积大，约占国土面积的69%，地形、地貌多样，土地资源类型丰富。据1999年国土资源部、国家统计局和全国农业普查办公室公布的调查统计结果，我国现有耕地面积 $1.30 \times 10^8 hm^2$，林地 $2.28 \times 10^8 hm^2$，草地 $2.66 \times 10^8 hm^2$。耕地集中分布在东部的东北平原、华北平原、长江中下游平原及四川盆地和华南地区，而草地则多分布在西北部，林地集中分布于西南及东北地区。

二、我国土地资源的特点

1. 土地面积总量大，人均占有量少

我国土地面积为 $960 \times 10^4 km^2$，仅次于俄罗斯和加拿大，居世界的第三位。但我国人均土地资源面积只有 $0.78 hm^2$ 左右，仅相当世界平均值的1/3，加拿大的1/47，前苏联的1/9和美国的1/4；就土地资源类型而论，我国人均占有林地 $0.19 hm^2$，是世界平均值 $0.91 hm^2$ 的1/5。尤其严重的是我国人均占有耕地 $0.1 hm^2$ 左右，不及世界平均值的1/3，仅相当于澳大利亚的1/34，加拿大的1/20，美国的1/8，法国的1/3和印度的2/5；如果按世界人均占有耕地数量排序，我国位居60位以后。由此可见，以人均占有量而论，我国是世界上土地资源相对贫乏的国家。

2. 土地类型多样，山地多于平地

我国地域辽阔，多样的自然条件、复杂的地形地貌以及多种多样的土地利用方式，形成了极为复杂的土地类型。在全国各种土地类型中，山地多于平原；全国山地、高原、丘陵面积约为 $662.4 \times 10^4 km^2$，约占全国土地总面积的69%，其中山地约占全国土地总面积的33%；平原和盆地面积约为 $297.6 \times 10^4 km^2$，约占全国土地总面积的31%；若按海拔高度估算，海拔在500m以下的地区仅占国土总面积的30%左右，海拔在3000m以上的地区却占了 26%。很多山地由于海拔高、气温低、坡度大、土层薄和交通不便等原因，发展农林牧业困难，土地难以利用。另外，我国又是世界上沙漠面积比较大的国家之一，包括沙漠、戈壁以及多种风蚀地貌在内的沙漠面积约为 $128 \times 10^4 km^2$，占全国土地总面积的 13% 左右。

3. 地区间土地资源分布不均衡，东部多西部少

我国平原、丘陵主要分布于东部，山地、高原主要分布于西部。若从大兴安岭经太行山-巫山-湘桂西部山地划一条线，可把全国土地划为东西两部分，在这条线以东大部分地区是海拔不到 500m 的平原和丘陵，面积约占全国 1/3，但分布着 2/3 的耕地和 2/3 以上的农业人口；此线以西的大部分地区是海拔 1000m 以上的山地、高原和盆地，其面积约占全国的 2/3，是我国主要的牧区、林区或干旱半干旱农业区，耕地面积仅占全国耕地总面积的 1/3。

4. 难以利用的土地面积大，土地后备资源不足

全国难以利用的沙漠、戈壁、冰川及永久积雪、石山、裸地等的土地面积，约占全国土地面积的 1/3。我国有悠久的土地开发历史，绝大部分宜农土地早已开垦耕种，土地后备资源十分有限，质量较好的宜垦荒地资源为数就更少了。据初步统计，我国现有后备土地资源 $1.25 \times 10^8 hm^2$，其中宜垦土地约为 $0.33 \times 10^8 hm^2$；在宜垦土地中，质量较好、宜作农用的只有 $0.13 \times 10^8 hm^2$ 左右。

5. 农用土地资源比重小

按现在技术经济条件，可以被农林牧渔各业和城乡建设利用的土地资源仅 $627 \times 10^4 km^2$，占土地总面积的 65%。在可被农业利用的土地中，耕地和林地所占比重相对较小，其中耕地约 $1.35 \times 10^8 hm^2$，林地约 $1.6 \times 10^8 hm^2$，天然草地约 $2.8 \times 10^8 hm^2$，淡水水面约 $0.18 \times 10^8 hm^2$，建设用地约 $0.27 \times 10^8 hm^2$。

6. 水、土、光、热自然资源组合错位

我国水资源总量约为 $2.81 \times 10^{12} m^3$，居世界第 6 位。但是人均占有量只相当于世界平均水平的 1/4，列第 88 位。长江、珠江以及西南诸河流域的水量占全国总水量的 82.3%，而这些地区的耕地数量仅占全国耕地的 36.3%；黄河、淮河及其他北方河流的水量约占全国总水量的 17%，而耕地却占全国的 63.7%。从降水条件看，我国东南部受季风影响强烈，气候温暖湿润，年降水量在 400～2000mm，其中 80% 以上集中在作物生长季节，西北部为干旱半干旱内陆气候，年降水量在 400mm 以下，虽然有些地方能种植旱田作物，但是产量低而不稳，收成很难保证，而且容易引起风沙危害和土壤侵蚀。所以，这一地区大部分为牧业区。我国季节性和地区性缺水问题十分突出，水、土、光、热自然资源组合错位决定了我国必须珍惜土地资源、保护土地资源和合理利用土地资源。

三、我国土地资源开发利用的现状及主要问题

1. 土地利用类型众多，结构复杂但不尽合理

丰富多样的土地资源，经过数千年的开发利用，形成了现今众多的土地利用类型。如耕地、林地、草地等，不同的土地利用类型在土地总资源中所占的比重不同。目前我国土地利用结构中，耕地占 14%，林地占 24%，牧草地占 27%，水域占 4%，居民点及工矿用地占 2%，交通用地占 1%，未利用土地占 27%。随着人口增长和经济发展，土地利用结构也需要根据国民经济各部门的需要，进行不断调整，以实现土地资源的合理分配和实现土地利用效率的最大化。

2. 土地资源开发强度大，耕地资源比重小，人均耕地面积少

目前我国可利用土地资源面积占土地总面积的 81.3%，已利用土地占可利用土地资源

的 84.5%。2000 年，我国耕地面积 $1.28 \times 10^8 hm^2$，人均耕地面积 $0.1 hm^2$，不足世界人均耕地的 1/3。更为严峻的是，人口每年以 10‰的速度增长，耕地则以 2.0‰左右的速度减少。人地矛盾严重，土地资源处于严重超负荷利用状态。

3. 土地资源利用不充分，生产力和利用率均较低

从耕地利用状况看，中低产田占了 2/3；林地利用率也低，全国现有林地面积只占宜林地面积的 62%，单位面积蓄积量和生长量只及世界平均水平的 75%；利用牧草地中，优质草地仅占 27%，单位面积畜产品量只及美国的 1/3。

4. 局部地区土地退化和损毁严重

联合国粮农组织将土地退化分为侵蚀、盐碱、有机废料、传染性生物、工业无机废料、农药、放射性、重金属、肥料与洗涤剂等引起的土地退化等十类。当前我国土地资源存在的主要问题有以下四方面。

（1）水土流失　水土流失也叫土壤侵蚀，是地表物质在地质外营力的作用下分离、破坏和迁移。我国是世界上水土流失比较严重的国家之一。从多年统计资料看，我国水土流失面积呈逐年增加趋势，1950 年我国水土流失面积约 $150 \times 10^4 km^2$，目前已增加到 $356.92 \times 10^4 km^2$，约占全国土地面积的 1/5；黄河、海河、淮河、长江流域水土流失面积分别占其流域面积的 70%、47%、33%和 20%左右。我国每年因水土流失侵蚀掉的土壤总量达 5×10^{12} kg 以上，大约占全世界土壤流失量的 1/5。

水土流失造成的后果十分严重。我国每年土壤养分流失的数量大约相当于同期化肥的生产量，养分流失导致土壤肥力下降。而且，农田被切割得支离破碎，或被淤积掩埋，使农田招致致命的破坏。水土流失还造成河道淤塞，道路和水利设施等建筑物被毁，引发多种生态环境灾害，给国民经济和人民的生命财产带来严重威胁。

（2）土地资源沙化　我国沙化土地面积约为 $33.4 \times 10^4 km^2$，占全国土地面积的 3.5%。另外，还有具有沙漠化潜在危险的土地 $160.7 \times 10^4 km^2$。我国土地沙漠化的形成除自然因素外，人为造成的草原植被破坏是土地沙漠化的直接原因。因此，沙漠化以农牧交错带最为严重。地处我国西北内陆的新疆沙漠化面积最大，约占其总土地面积的 1/4，而内蒙古自治区、甘肃省部分地区沙漠化面积增加迅速，目前整个西北地区沙漠化面积以约每年 $10 \times 10^4 hm^2$ 的速度扩展着，其扩展方向是自西北向东南蔓延。

（3）土地资源次生盐碱化　已有的统计资料表明，我国盐渍化（碱化）耕地面积总的变化趋势是逐年增加。造成土地次生盐渍（碱）化耕地面积增加的原因主要有以下几个方面：一是北方干旱半干旱地区的灌溉农田面积扩大，这一地区用于灌溉的水量有限，但蒸发量大，盐分向上移动大于向下淋洗的数量；二是灌溉不合理，过量灌溉不仅浪费了宝贵的水资源，也引起地下水位上升，地下水借助毛细管作用能够上升至地表，水分被蒸发掉后盐分留在了土壤中，导致表层土壤盐分积聚；三是近十多年来水利设施，特别是农田水利工程设施老化，排灌不畅，地下水位难以得到及时有效的控制；四是农田耕作、土壤培肥不合理，土壤物理化学性质劣化，肥力下降导致土壤盐碱危害加重。

（4）土地资源贫瘠化　耕地土壤贫瘠化是指耕地在利用过程中，投入到耕地中的养分物质数量不足以弥补同期由于作物收获、水土流失等原因造成的从耕地中移走的养分物质数量，从而导致土壤肥力和土地生产力下降的现象。

自然土壤开垦为耕地种植农作物后，由于水热条件的改变，土壤有机质含量下降现象较普遍。土壤有机质作为土壤肥力的基础物质，在协调水、肥、气、热各个土壤肥力因子之间关系方面起着十分重要的作用，它的含量高低在一定程度上代表着土壤肥力的高低，决定着

土地的生产力水平。另外，土壤中的氮、磷等植物营养元素也随着土壤有机质而变化。而且长期以来，施入农田的肥料品种单一，表现出氮肥多、磷肥少、钾肥不足，导致土壤中某些营养元素，如钾等的耗竭。此外，由土壤侵蚀引起肥沃的表土流失，也是导致土壤肥力水平下降的另外一个重要原因。

（5）土壤污染　土壤污染不仅对农作物及农田生态环境造成危害，污染物通过食物链最终进入人体，还会危害人体健康。到目前为让还没有关于已经遭受污染耕地面积的准确统计数字。

造成农田土壤污染的原因主要有：工业和乡镇企业排放的各类废弃物、农用化学物质的过量使用以及畜禽粪便和生活垃圾的不适当堆放等。近年来，每年排放的污水约有20%被用于农田灌溉。污水灌溉缓解了农业用水不足，有时还可为作物提供养分物质。但同时也将大量的污染物质带入农田，这些污染物质除对农作物造成急性危害外，其中的重金属等一旦进入土壤就很难被移走，由此可能造成长期性环境污染。

5. 土地资源管理滞后

由于长期以来对土地缺乏宏观调控和计划管理，造成非农建设过多，使耕地急剧减少。农村滥批宅基地，村庄规模不断向外扩展，而在不少地方村子的中央却出现了相当数量的空闲宅基地，形成"空心村"现象。

四、我国土地资源的保护措施

为合理开发利用土地资源，需要土地管理部门与土地管理者采取以下保护措施。

1. 坚决贯彻基本国策，提高土地的产出和使用效益

1998年8月29日，九届全国人大常委会第4次会议通过了新修订的《土地管理法》，规定："十分珍惜和合理利用每寸土地，切实保护耕地是我国的基本国策"，首次以立法形式确认了土地基本国策的法律地位。保护土地资源就要坚持贯彻这一国策，增加土地资源的投入，大力开发尚未利用的土地，严格控制非农业建设用地，进一步完善土地管理制度。

2. 编制和执行土地利用规划及有关的专项规划

土地规划是对一定区域未来土地利用的超前性的计划和安排，是依据社会经济发展和土地的自然历史特征在时空上进行土地资源分配和合理组织土地利用的综合技术经济措施。通过制订土地利用规划可保证土地资源科学合理的利用和优化配置，保证因地制宜地高效利用土地资源，实现土地资源利用的可持续性。

3. 深化土地使用制度改革，坚持有偿使用原则

在社会主义市场经济环境下，适应土地经济机制，明确界定入市土地的界限，建立地价管理制度，创造公平竞争的市场机制和环境，除个别用地（党政机关用地、事业用地等）外，其他土地都实行有偿出让的方式进行土地利用管理。

4. 建立健全土地资源管理法律保障机制

首先，我国的国有土地产权制度仍存在土地所有权主体法律界定过于笼统、模糊不清等缺陷。致使行使土地管理职能的主体权责混乱，难以发挥其对土地充分、有效的监督、管理、保护职能。其次，我国现行《土地管理法》忽视市场对土地资源配置的基础作用，修改现行《土地管理法》应增加有关土地资产管理的内容，如土地收购储备，国有土地使用权招标、拍卖、挂牌出让等法律条款。只有这样，国土资源部门才能将主要精力投入宏观管理、依法行政和有效监管上来，实现对土地资源的高效管理。

本 章 小 结

　　土地是生产资源，也是劳动对象，同时也是人类赖以生存的活动领域和空间。土地养育了人类，人类改造了土地。土地是自然的产物，具有自己独特的性质。认识土地的属性，对于土地资源的开发、利用、改造与保护有一定的积极意义。由于人类对土地资源利用不当和某些不利的自然因素的影响而使土地发生退化；由于人口的不断增加，形成对土地资源的巨大压力。因此，土地保护与监测就成为土地资源工作的一项重大而长期的基本任务。本章介绍了土地和土地资源的概念和区别，土地的属性，我国土地资源的概况、特点，我国土地资源开发利用的现状及问题，最后提出保护我国土地资源应采取的措施。通过本章的学习，重点掌握土地资源的概念及属性，树立珍惜土地资源、科学合理地利用和保护土地资源的意识。

复习思考题

1. 名词解释
  土地　土地资源　土地沙化　土地利用规划　土地类型
2. 土地的资源属性有哪些？
3. 土地的资产属性有哪些？
4. 土地资源具有哪些功能？
5. 简述土地资源退化的主要类型和成因。
6. 简述我国土地资源开发利用的现状及问题。
7. 保护土地资源的对策和措施有哪些？

第八章 生物资源

生物资源是自然资源的有机组成部分，是有着悠久开发历史的一类资源。它是人类生活和生产的物质基础。随着人们科学技术水平的提高，生物资源的价值已远远超出了其直接利用的价值。生物资源有着不同于其他自然资源的特点，只有遵循生物资源开发利用的规律，才能保证生物资源的数量和质量的提高，也才能够满足人类不断增长的对生物资源需求。

第一节 生物资源的概念与特性

一、生物资源的概念

生物资源是自然资源的有机组成部分，是指生物圈中对人类具有一定经济价值的动物、植物、微生物有机体以及由它们所组成的生物群落。生物资源包括基因、物种以及生态系统三个层次，对人类具有一定现实和潜在的价值，它们是地球上生物多样性的物质体现。自然界中存在的生物种类繁多，形态各异，结构千差万别，分布极其广泛，对环境的适应能力强，如平原、丘陵、高山、高原、草原、荒漠、淡水、海洋等都有生物的分布，即使是两极－40℃以下的严寒，还是山间70～80℃的温泉中，都有生物的踪迹。它们在人类的生活中占有非常重要的地位，人类生存的一切需要如农、食、住、行、卫生保健等都离不开生物资源。此外，还能提供工业原料以及维持自然生态系统稳定。

由于人类的活动，致使自然界生物栖息地的破坏、环境污染、气候变化，以及人类过度猎捕，致使一些生物物种灭绝或濒临灭绝。自1600年以来，已有2.1%的哺乳动物，1.3%的鸟类灭绝。据联合国环境规划署报告，目前世界上每分钟有1种植物灭绝，每天有1种动物灭绝，远远高于自然界的本底灭绝速率，而且灭绝的速率越来越快。因此，必须摆正保护和利用的关系，加强生物物种的保护，特别是受威胁物种的保护，在维持一定的种群数量的基础上，合理开发利用，才能为人类创造巨大的经济效益，实现可持续发展。

二、生物资源的特性

生物资源是具有生命的有机体，是生物长期进化的产物，它们具有共同的特性。

1. 生物资源的系统性

任何生物物种在自然界中都不是单独存在的，而是形成一种系统关系，即个体离不开种群，种群离不开群落，群落离不开生态系统，生物资源具有结构上的等级性。

在自然界中，各种事物之间存在着相互联系、相互制约、相互依存的关系。自然界由各种各样的生态系统组成，每一个生态系统又包括各个组成部分，各组分之间又有着错综复杂的关系，改变其中的某一个成分，必将会对系统内的其他组分产生影响，以致影响系统性。例如，森林的砍伐、植被的破坏会造成水土流失，使土壤肥力下降，而土壤肥力下降反过来又会进一步导致植被的衰退和群落逆向演替，使其他生物群落也发生变化，从而影响整个生态系统。

由于生物资源具有系统性，因此，我们在利用生物资源时，必须坚持从整体出发，坚持全局的观点，进行综合评价、综合治理及综合利用。要根据其在生态系统食物链（网）中所处的营养级制定不同的利用对策。在生态系统食物链（网）中所处的营养级愈低，其生产能力愈强，可利用量愈高，并要维持食物链（网）结构的多样性及合理的结构，以保持动物资源赖以生存的生态系统的稳定性。

2. 生物资源的可更新性和可再生性

生物资源与非生物资源最主要的区别在于生物资源可以不断地更新，即通过繁殖而使其数量和质量得到一定程度的恢复，对动植物资源来说，它还可以通过从未开发区或开发轻度区向开发区或开发重度区的迁移来恢复其资源数量和质量，供人类重复开发利用。因此，生物资源属于可更新和可再生性资源。例如草原可以年复一年地被用来放牧割草；森林在合理砍伐下，可为人类提供木材和林副产品；动物资源、渔业资源可不断地为人类提供肉、毛皮、蛋、医药、粪便等。

生物资源的蕴藏量是一个变数，即生物资源的可更新性有一定的条件和限度。在正确管理下，生物资源可以不断地增长，人类可以持续利用；如果管理不当，破坏生物资源生长发育的基础，或者利用强度超过了其可更新能力，生物资源的数量就会愈来愈少，质量愈来愈差，继续下去，必将导致生物资源的退化、解体，以至灭绝。因此，我们利用生物资源的强度不能超过资源的更新能力。

3. 生物资源的地域性

生物和非生物不同，它们不能离开特定的生态环境综合体而生存，生物与其生态环境具有辩证统一的关系。一定的生态环境综合体又是在特定的空间范围内形成和发展起来的。由于地球表面所处的纬度和海陆位置的差异，致使地球形成了各种各样的环境条件，如森林、灌丛、草原、荒漠、湿地等；使生物资源在区域分布上形成了明显的地域性，其表现在：不同的地区具有不同的生物资源，如哺乳动物中的单孔类仅分布于大洋洲，亚洲象、长臂猿生活在热带森林中等；植物的分布地域性更加明显，可可、油棕仅在湿热带地区生长，雪莲、贝母、黄连、箭竹等只适合生长在高海拔地区等。

生物资源的区域性不仅与区域的生态环境条件的差异有关，生物的特性也决定了生物分布的区域性。有些物种广泛分布于全球大陆，称为广布种，更多的物种分布仅仅局限于某一特定的地区，称为特有种。同一种生物资源分布在不同的地区，其资源数量和质量是有差异的。如松鼠作为一种毛皮动物资源，其针毛的长度和个体资源在华北地区、小兴安岭、大兴安岭等区域存在较大的变异。

资源的地域差异可视为资源的宏观空间差异。掌握资源的地域性，是人类开发利用生物资源的重要依据，既可以因地制宜利用生物资源，又可以人为地创造资源的最佳存在条件，培育资源，提高品质，增加数量。

4. 生物资源的周期性

生物资源的周期性是生命现象特有的时间上的层次序列。所谓周期是指事物有规律的重复变化，而且这种变化或多或少是由生态系统中生物活动周期性的循环变化而决定的。生物资源的周期性表现在生物资源的数量周期性和质量周期性两个方面。绝大多数生物资源的活动数量都有明显的周期性，随时间的变化，有明显的节律可循，可分为日周期、季节周期、年周期。有些生物在生长过程中出现日周期，如绿色植物的物质积累与消耗的日交替现象；有些生物表现为季节周期，如毛竹的生长就具有季节变动，其生活周期为春生笋、夏长鞭、秋孕笋、冬休眠，鸟类资源最多的季节是秋季；有些生物的数量表现为年周期，如美洲兔和加拿大猞猁，平均 9.6 年出现一定数量的高峰年，在高峰之后，迅速下降至原来的水平，且加拿大猞猁的数量高峰一般是在美洲兔数量高峰的第二年出现。显然，动物的这种年周期波动是与其被食者种群的波动相联系在一起的。生物资源质量也存在着周期性，典型的例子是每年茶树新生长出来的叶加工成茶叶，其氨基酸等含量远高于其他季节生长的茶叶。在动物中，毛皮动物的毛皮质地也呈现出明显的周期性，如河狸毛皮的质地最佳时间是在每年的12月至次年的1月间。

生物资源的周期性现象提示我们对生物资源的合理开发利用必须遵循适时收获、捕捞、狩猎和放牧，即要按照生物的生长发育规律，适时地收获，以便"不灭其生"；适量地收获，以便"不绝其长"。

5. 生物资源的有限性

由前所述，生物资源虽属于可更新资源，但其更新的能力有一定限度，并不能无限制地增长下去，这就是生物资源的有限性。如果人类开发利用生物资源超过了其所能负荷的极限，可能会导致整个资源因消耗过度而枯竭，破坏自然界的生态平衡。随着人口的增加，人类生活水平的提高，对生物资源的利用将逐渐加剧，加之其他诸多方面的因素，适合生物资源栖息的环境愈来愈小，使得一些生物资源濒临灭绝。

认识了生物资源的有限性，要求人类必须遵循客观规律。在开发利用生物资源时，按照生物资源的特性，既要珍惜有限的生物资源，使其能够得到充分利用，创造出最大的经济效益，又要认识生物资源耗竭的条件，掌握其负荷极限，正确处理好人类与生物资源之间的"予取关系"，使生物资源能够持续地为人类造福。

6. 生物资源的增殖性

生物资源的增殖性是指生物资源在一定条件下其利用价值不断提高的一种资源属性。人类对生物资源利用的历史证明，对生物资源进行有效的投入是实现生物资源增殖的关键条件。如家禽、家畜和栽培植物，它们的资源价值均不同程度地比野生祖先物种要高，这是因为人类在驯养、培育家养动物及栽培植物的过程中，投入了一定的能量（人力、物力、财力等）。一个优良的新品种，一旦培育成功和推广，每年能创造出巨大的经济效益。

第二节　生物资源的分类

生物资源的分类有很多形式。从自然属性看，生物资源可分为植物资源、动物资源和微生物资源；从社会经济属性看，生物资源可分为野生生物资源和驯化与栽培生物资源两大类；根据生物群落的外貌特征，又可分为森林生物资源、草场生物资源、农田生物资源、湿地生物资源和海洋生物资源等。下面我们对根据其自然属性进行划分的生物资源类别进行阐述。

一、植物资源

植物资源是生物资源的一个重要组成部分，由于植物资源本身的特性，不同的学者对植物资源的理解有所不同。我们根据国内一些著名学者对植物资源的定义，将这些概念划分为狭义和广义概念两种。

狭义的植物资源的定义：我国著名植物学家吴征镒院士将植物资源定义为一切有用植物的总和，统称为植物资源。

广义的植物资源的定义：中国植物资源是指中国土地上的一切植物总和。某一地区的植物资源是指某一地区的一切植物总和。

对植物资源进行分类是开发利用和保护的基础。根据植物资源的用途，通常将植物资源分为食用植物资源、药用植物资源、工业用植物资源、防护和改造环境用植物资源和种质资源。

1. 食用植物资源

食用植物资源包括直接和间接食用的植物。间接食用植物指饲料、饵料和蜜源植物。最重要的食用植物有八类，即淀粉植物、含糖及甜味剂植物、蛋白质植物、油脂植物、维生素植物、食用色素植物、饲料植物、蜜源植物。

淀粉是植物体内贮藏的碳水化合物。各种植物含淀粉部位均不同，主要分布在果实、种子及块根、鳞茎或根部。据初步调查研究，我国约有 145 种淀粉植物，利用较广的淀粉植物有蕨、蒙古栎、芡、菱、百合等。

人体过多地摄入食糖有害健康，从植物中寻找非糖低热量甜味质在当前已受到了重视。目前已发现含这类甜味质的植物近 100 种，现被利用的有甜叶菊苷、甘草苷等。从这些植物体内提取的甜味质甜度比蔗糖高 150~300 倍。此外，其他甜味植物还有水槟榔、拐枣、山葡萄、掌叶悬钩子等。

蛋白质植物主要包括小球藻、叶蛋白、食用菌类、派克豆、四棱豆等。

植物油用途广泛。桐酸或亚麻油酸含量高的植物干性油可用在油漆、涂料和模具制造中，壬酸、癸酸和月桂酸含量高的植物油可用于塑料工业中。植物油通过裂解可以合成不同的尼龙。近代医学研究发现，食用动物脂肪和饱和性植物油脂，容易引起血液中胆固醇的积聚。因此，从植物中寻找含有不饱和脂肪酸的新油源是值得关注的研究领域。

中国油脂植物能够食用的有百余种，代表有香榧、竹柏、榛子、山核桃、油茶、油渣果、文冠果等。

维生素植物以各种果树为主，如猕猴桃、余甘子、山楂、海棠及蔷薇属的许多种。各种鲜果一般每百克含维生素 200~800mg，但刺梨则可高达 2000mg。此类植物的重要代表还有中国沙棘、山葡萄、酸枣等。

姜黄、紫草、茜草等是重要的食用色素植物，所产色素被广泛用于生活、生产中。另外，叶绿素也是广泛存在于绿色野生植物中的一种食用色素。利用叶绿素制成的叶绿素铜钠可用于汽水、糖果、糕点、罐头等食品的着色。

饲料植物包括大部分禾草类、豆科植物的枝叶荚果、构树叶、高山栎等。

我国的蜜源植物根据数量多少、分布范围的大小及产蜜量多少，可分为主要蜜源植物和辅助蜜源植物。

2. 药用植物资源

药用植物包括中草药和植物性农药两类。药用植物自古以来在人类与疾病的斗争和保健方面发挥了很大作用。近 30 年来，从植物中得到了许多有效的药物。如治疗小儿麻痹症的特效药石蒜碱，用于制造可的松的薯芋皂甙元，用于治疗冠心病的萝芙木碱，抗白血病的有效药物三尖杉酯碱和高三尖杉酯碱，以及抗疟疾的青蒿素等。至今为止，植物萃取物在治疗肿瘤、艾滋病、心血管病与精神病方面，已取得了可喜的进展。另外，从植物中寻找和研制能高效杀虫、杀菌和低残毒农药的工作正在加紧进行之中。

植物性农药包括土农药植物和激素植物。土农药植物即指除虫菊、冲天子、鱼藤、百部、无叶假木贼等，共约五百种。从它们中提取的除虫菊素、植物碱、糖苷类等物质，有杀虫灭菌或除莠的功能。激素植物露水草（含蜕皮激素）、胜红蓟（含抗保幼激素）等，也可作农药用。

3. 工业用植物资源

工业用植物资源包括木材、纤维、鞣料、芳香油、胶脂、工业油脂及植物性染料等资源。

世界上众多的森林木材都是重要的工业用资源，如我国拥有森林树种有八千余种，仅乔木树种就有两千多种，而材质优良、树干高大通直、经济价值高、用途广的乔木树种约有千余种。针叶类的松、杉是北半球的主要树种，全球约有三十个属。这些种类繁多的树种都是建筑、桥梁、车船、家具和工艺雕刻上不可缺少的良材美木。

中国重要的纤维植物有 190 种。这些植物的茎、叶、根、皮或果实可用以纺织、造纸、编织等。竹类、芦苇、稻草、麦秆、玉蜀黍皮的纤维资源最丰富，用途也最广。目前，纤维植物不仅直接用来编织、纺织和造纸，还可生产多种有价值的化工原料，如通过水解制取果糖酸、乙酰丙酸等。纤维素中的醋酸酯被用于生产人造纤维、人造羊毛、赛璐珞、电影胶片、塑料工业生产聚氯乙烯树脂的增塑剂以及合成植物生长调节剂或落叶剂。

鞣质又称植物单宁，是一种多元酚的衍生物。鞣料植物含有丰富的单宁。在我国，已发现单宁含量高、质量较好的鞣料植物达三百余种，利用价值大、分布广、蕴藏量高的约有四十多种，主要有化香树、麻栎、盐肤木等。单宁不仅可以烤胶、鞣草、制药，还是优良的去水垢物质，已成为硬水软化处理的重要材料。近年来，单宁还在石油钻探、矿物冶炼、皮革制造、陶瓷制造以及化工和建筑行业中加以应用。

香料、香精除在食品、日用品和化妆品生产中有广泛利用外，还在杀菌、驱虫和香化净化环境、清洁剂的生产等方面广为应用。现又证明，芳香植物有些芳香成分在治疗冠心病和肿瘤上也有一定的疗效。利用某些芳香植物体中大量存在的萜烯化合物，能生产出有价值的材料，如用松节烯生产鸢尾酮，利用柠檬醛生产紫罗兰酮和维生素 A 等。我国的种子植物中约有六十余个科含有芳香植物。主要的芳香植物有珠兰、白兰花、玫瑰、腊梅、茉莉、春兰、山苍子、树兰、百里香等。

富含橡胶、硬胶、树脂、水溶性聚糖胶等的植物属胶脂植物。其种类较多，如松科的很多种，豆科的槐、瓜儿豆、金合欢等，杜仲、多种卫矛、夹竹桃科的鹿角藤、花皮胶、杜仲藤及菊科的橡胶草、银叶菊等。能产橡胶的植物种类甚多，主要隶属于大戟科、桑科、夹竹桃科、杜仲科、菊科、卫矛科。植物胶在造纸、浆纱、印染、制药中有广泛利用。有些植物胶和果胶在食品加工业中，用于制造果酱、果冻、果汁、冰淇淋等，有些还在石油开采、选矿与浆状炸药制造中有应用。

在我国含油量达 20％以上的约三百种木本油料植物中，工业用油树种占 50％以上。油桐、漆树、乌桕、风吹楠属植物等都是常见的工业用油树种。从它们中提取的桐油、生漆是中国传统的出口商品。此外，续随子、马利筋等以及新近引种成功的西蒙德木也属此类植物。

工业用染料植物包括桑色素、苏木精、红木靛叶、姜黄等。

4. 防护和改造环境用植物资源

此类植物共分五类。一为防风固沙植物，如木麻黄、大米草、多种桉树、银合欢、毛麻楝、杨树、梭梭、柽柳、沙拐枣等。二为保持水土、改造荒山荒地植物，如银合欢、金合欢、雨树、洋槐、锦鸡儿、胡枝子、榛葛藤及多种木本油料植物。三为固氮增肥、改良土壤植物，如桤木、碱蓬（钾肥植物）、紫苏（增加土壤有机质）、紫云英、红萍等。四为监测抗污染植物，如碱蓬（可监测环境中汞的含量）、凤眼兰（能快速富集水中的镉类金属，清除酚类）、大多数绿色植物（净化环境）和许多水藻（净化水域）。五为绿化美化、保护环境植物，包括各类草皮、行道树、观赏花卉、盆景等。中国到处都有各色观赏植物，如菊、牡丹、山茶花、报春花、龙胆、百合花、龙柏、水杉、珙桐及棕榈等。

5. 种质资源

种质指遗传物质相对一致的同种生物的个体群，种质资源又称遗传资源，指一类生物或一个地区所拥有的种质的统称，包括野生的、人工培育的和人工创造的。农作物中古老的地方品种、新培育的推广品种、野生的重要育种材料以及野生近缘植物，都属于种质资源的范围，如野生大豆、野生水稻、野生苹果等都是种质资源；而人工长期培育形成的品种，如小麦、水稻、大豆的不同品种，林业中杨树的品种，水果中的苹果、葡萄品种，也都属于种质资源。

二、动物资源

动物资源是目前社会经济技术条件下人类可以利用与可能利用的动物，包括陆地、湖泊、海洋中的一般动物和一些珍稀濒危动物。通常包括驯养动物资源（如牛、马、羊、猪、驴、骡、骆驼、家禽、兔、珍贵毛皮兽等）、水生动物资源（如鱼类资源、海兽与鲸等）及野生动物资源（如野生兽类和鸟类等）。它与人类的经济生活关系密切，不仅可提供肉、乳、皮毛和畜力，而且是发展食品、轻纺、医药等工业的重要原料。野生动物资源在维持生物圈的生态平衡中起重要作用。

1. 驯养动物资源

驯养动物资源是人类在长期的社会生产活动中根据需要对自然界的动物长期循环，通过饲喂、圈养、笼养、栏养等方式，消除动物的野性，并改变其原有的某些生活习惯，使之能为人类提供驾驭、役使、观赏或其他服务，能更多地为人类提供肉、蛋、奶、毛、皮等产品的一系列动物物种。其可以分为家畜和家禽两大类。

2. 水生动物资源

水生动物资源是天然水域中具有开发利用价值的经济动植物及其生长所必需的自然环境条件。主要的水生生物资源有鱼类、甲壳动物、软体动物类、海兽类和藻类等。

3. 野生动物资源

野生动物资源通常指在自然环境中不需要人类饲喂，能自由活动的陆生脊椎动物的总称，包括鸟类、兽类、爬行类和两栖类。野生动物资源作为一种可再生的自然资源，应科学合理地加以利用，对濒危动物，必须加以保护。

三、微生物资源

微生物是一大群小生物的总称，因形体小而得名。广义的微生物是指除高等动植物以外的所有生物，种类繁多，主要包括病毒、单细胞的古细菌和真细菌、真菌、放线菌、藻类、原生动物等。

微生物具有资源价值，主要体现在：①参与生态系统中的物质和能量循环过程，微生物在碳、氮、磷、硫等元素循环、能量流动过程、保护生态平衡方面起着其他生物所不能代替的作用；②是最丰富的遗传基因库，微生物数量巨大，种类众多，生理和生态类型多样，具有许多独特的代谢类型，而且易发生遗传变异，遗传资源极为丰富；③有实际或潜在的用途或价值，在农牧业、发酵、食品、石化、医药、冶金、环保、轻纺等行业，具有巨大的经济和社会效益，在生物工程的转基因方面，微生物具有特别重要的作用。

1. 食用菌

食用菌是可供人类食用的大型真菌，主要包括"蘑"、"菇"、"菌"、"耳"、"蕈"等。目前中国已报道的食用菌近 1000 种。天然食用菌在我国各地均有大量分布，绝大多数食用菌生长在林区，少量在草原。我国人工栽培的食用菌有近 70 种，20 多种食用菌已形成批量、商品生产。2007 年食用菌年产量达到 1.682×10^{10} kg，占世界总产量的 70% 以上，年总产值

796 亿元，食用菌已成为我国的第六大种植产业。

2．药用真菌

我国传统的药用植物中包括了许多药用真菌。我国传统药典已记载及试验有药效的真菌有 380 余种，计有 50 个科、137 个属。较重要的药用真菌有虫草、竹黄、茯苓、灵芝、云芝等，许多食用菌具有药用功能。

3．毒菌

我国毒菌分布广泛，约有 191 种，分属于 26 个科、58 个属。其中担子菌 180 种，子囊菌 11 种。对人体危害严重的 40 种，致死的近 30 种。毒菌的毒素在生物防治、药用等方面具有重要的利用价值。

4．菌根真菌

能够与植物根系形成共生体的真菌被称为菌根真菌，包括外生菌根真菌、内生菌根真菌、内外生菌根真菌等。我国已查明的外生菌根真菌有 362 种，记录的内生菌根真菌有 30 多个种。菌根真菌与植物根系共生形成的菌根能够促进根系对水分、养分等的吸收，并增加植物的抗逆性。

5．微生物生物活性物质

微生物生物活性物质是指具有抗菌活性、生物活性或生理活性的微生物产物，即包括抗生素和非抗生素生物活性物质。抗生素中有青霉素、链霉素、氯霉素等，目前抗生素已近万种之多。虽然新抗生素的报道层出不穷，但是非抗生素的生物活性物质数量增多已超过抗生素且研究领域正在不断拓宽。仅日本每年都研发出 60 种非抗生素生物活性物质，世界上已有 40 多种酶抑制剂成为临床药物。

世界上开发新生物活性物质的目标集中以下几个方面：①抗肿瘤物质；②抗耐药性金黄色葡萄球菌、大肠杆菌和结核杆菌物质；③抗铜绿假单胞菌和变形杆菌物质；④抗病毒物质；⑤抗心血管疾病物质。近年来，抗生素类活性物质不断出现，仅日本每年约研发 20 多种抗细菌抗生素、15 种抗真菌抗生素、20 多种抗肿瘤抗生素。

6．微生物酶

酶是活细胞产生的一种生物催化剂。用微生物来生产酶，其生产能力一般都远远超过动植物，品种更易多样化，产量和质量更容易提高，产酶过程更便于人工控制。目前，很大一部分酶产品来源于各种类群的微生物。

7．农用微生物制剂

农用微生物制剂是指一类含有活微生物的特定生物制品。这些微生物制品可以与饼类、糟类、秸秆和青饲料等分类混合，在一定条件下进行发酵、干燥后制成饲料。用于饲料生产的微生物主要有乳酸杆菌、粪链球菌、双歧杆菌、酵母菌、芽孢杆菌，以及能够分解纤维素和木质素的放线菌和真菌等。

8．湿法冶金用微生物

微生物湿法冶金是指利用氧化细菌对还原态硫和铁的氧化能力，通过对它们的氧化，将需要提炼的存在于硫化物矿石中的金属浸出的过程。此类微生物主要是氧化亚铁硫杆菌、氧化硫杆菌和硫化叶菌，生产上主要应用于铜、金、铀等金属的浸出。

9．环境净化和修复环境用微生物

微生物在被污染土壤和水体的生物净化方面起着其他生物所不能代替的作用，特别是水体中的氮、土壤和水体中的有机污染物以及砷、硒和汞等无机污染物。人们从数量惊人的微生物中，筛选到人们所需要的微生物菌株以及按照人们的意愿构建新的具有特殊本领的遗传工程微生物高效菌、超级菌，从而在治理环境污染的过程中，实现对污染物的减量化、无害化、资源化。

第三节 生物质能源

一、生物质与生物质分类

生物质作为一种能源，其概念中包含了可再生自然资源的新观点，而这个可再生的自然资源的能量是人类作为一个物种在地球上出现之后就一直使用着的资源——太阳能资源，该类资源的获取和固定又离不开另一类资源，即生物资源。生物质是能源领域常用的一个术语，是指由光合作用而产生的各种有机体，包括植物、动物和微生物。依据来源的不同，可以将适合于能源利用的生物质分为林业资源、农业资源、生活污水和工业有机废水、城市固体废物和畜禽粪便等五大类。

1. 林业资源

林业生物质资源是指森林生长和林业生产过程提供的生物质能源，包括薪炭林、在森林抚育和间伐作业中的零散木材、残留的树枝、树叶和木屑等；木材采运和加工过程中的枝丫、锯末、木屑、梢头、板皮和截头等；林业副产品的废弃物，如果壳和果核等。

2. 农业资源

农业资源是指农业作物（包括能源作物）；农业生产过程中的废弃物，如农作物收获时残留在农田内的农作物秸秆（玉米秸、高粱秸、麦秸、稻草、豆秸和棉秆等）；农业加工业的废弃物，如农业生产过程中剩余的稻壳等。能源植物泛指各种用以提供能源的植物，通常包括草本能源作物、油料作物、制取碳氢化合物植物和水生植物等几类。

3. 生活污水和工业有机废水

生活污水主要由城镇居民生活、商业和服务业的各种排水组成，如冷却水、洗浴排水、盥洗排水、洗衣排水、厨房排水、粪便污水等。工业有机废水主要是酒精、酿酒、制糖、食品、制药、造纸及屠宰等行业生产过程中排出的废水等，其中都富含有机物。

4. 城市固体废物

城市固体废物主要是由城镇居民生活垃圾，商业、服务业垃圾和少量建筑业垃圾等固体废物构成的。其组成成分比较复杂，受当地居民的平均生活水平、能源消费结构、城镇建设、自然条件、传统习惯以及季节变化等因素影响。

5. 畜禽粪便

畜禽粪便是畜禽排泄物的总称，它是其他形态生物质（主要是粮食、农作物秸秆和牧草等）的转化形式，包括畜禽排出的粪便、尿及其与垫草的混合物。

二、生物质能及其特点

生物质能是太阳能以化学能形式储存在生物中的一种能量形式，是一种以生物质为载体的能量，它直接或间接地来源于植物的光合作用。在各种可再生能源中，生物质能是独特的，它是储存的太阳能，也是唯一一种可再生的碳源。它可以转化为常规的固态、液态和气态燃料。生物质能具有如下特点。

1. 可再生性

生物质属可再生资源，生物质能由于通过植物的光合作用可以再生，与风能、太阳能等同属可再生能源，资源丰富，可保证能源的永续利用。

2. 低污染性

生物质的硫、氮含量低，燃烧过程中生成的 SO_x、NO_x 较少；生物质作为燃料时，由于它在生长时需要的二氧化碳相当于它排放的二氧化碳的量，因而对大气的二氧化碳净排放量近似于零，可有效地减轻温室效应。

3. 广泛分布性

生物质资源的特点决定了其具有广布性的特点，因此，缺乏煤炭的地域，可充分利用生物质能。

4. 生物质燃料总量十分丰富

生物质能是世界第四大能源，仅次于煤炭、石油和天然气。根据生物学家估算，地球陆地每年生产 $(1\sim1.25)\times10^{14}$ kg 生物质；海洋年生产 5×10^{13} kg 生物质。生物质能源的年生产量远远超过全世界总能源需求量，相当于目前世界总能耗的 10 倍。我国可开发为能源的生物质资源到 2010 年可达 3×10^{11} kg。随着农林业的发展，特别是薪炭林的推广，生物质资源还将越来越多。

三、生物质能的研究及应用

目前，生物质能技术的研究与开发已成为世界重大热门课题之一，受到世界各国政府与科学家的关注。许多国家都制订了相应的开发研究计划，如日本的阳光计划、印度的绿色能源工程、美国的能源农场和巴西的酒精能源计划等，其中生物质能源的开发利用占有相当的比重。目前，国外的生物质能技术和装置多已达到商业化应用程度，实现了规模化产业经营，以美国、瑞典和奥地利三国为例，生物质转化为高品位能源利用已具有相当可观的规模，分别占该国一次能源消耗量的 4%、16% 和 10%。在美国，生物质能发电的总装机容量已超过 10000MW，单机容量达 $10\sim25$MW；美国纽约的斯塔藤垃圾处理站投资 2000 万美元，采用湿法处理垃圾，回收沼气，用于发电，同时生产肥料。巴西是乙醇燃料开发应用最有特色的国家，实施了世界上规模最大的乙醇开发计划，目前乙醇燃料已占该国汽车燃料消费量的 50% 以上。美国开发出利用纤维素废料生产酒精的技术，建立了 1MW 的稻壳发电示范工程，年产酒精 2.5×10^6 kg。

生物质能一直是人类赖以生存的重要能源，它是仅次于煤炭、石油和天然气而居于世界能源消费总量第四位的能源，在整个能源系统中占有重要地位。有关专家估计，生物质能极有可能成为未来可持续能源系统的组成部分，到 21 世纪中叶，采用新技术生产的各种生物质替代燃料将占全球总能耗的 40% 以上。目前人类对生物质能的利用，包括直接用作燃料的有农作物的秸秆、薪柴等；间接作为燃料的有农林废弃物、动物粪便、垃圾及藻类等，它们通过微生物作用生成沼气，或采用热解法制造液体和气体燃料，也可制造生物炭。生物质能是世界上最为广泛的可再生能源。据估计，每年地球上仅通过光合作用生成的生物质总量就达 $(1.44\sim1.8)\times10^{14}$ kg（干重），其能量约相当于 20 世纪 90 年代初全世界总能耗的 $3\sim8$ 倍。但是其尚未被人们合理利用，多半直接当薪柴使用，效率低，影响生态环境。现代生物质能的利用是通过生物质的厌氧发酵制取甲烷，用热解法生成燃料气、生物油和生物炭，用生物质制造乙醇和甲醇燃料，以及利用生物工程技术培育能源植物，发展能源农场。

第四节　生物多样性与生物资源保护

一、生物多样性

1. 生物多样性的概念

生物多样性（biodiversity）是指一定时空范围内生物物种及其所携带的遗传信息和其与

环境形成的生态复合体的多样化及其各种生物学、生态学过程的多样化和复杂性。它是生命系统的基本特征之一。在理论上和实践上研究较多和较重要的主要有遗传多样性、物种多样性、生态系统多样性三个层次。也有学者分为四个层次，在生态系统层次之上又指出景观层次上的景观多样性。

（1）遗传多样性（genetic diversity）　是指所有生物个体中所包含的各种遗传物质和遗传信息，既包括了种内显著不同的种群的基因变异，也包括了同一种群内的基因差异。遗传多样性对任何物种维持和繁衍其生命、适应环境、抵抗不良环境与灾害都是十分必要的。

（2）物种多样性（species diversity）　是指多种多样的生物类群及种类，强调物种的变异性。物种多样性代表着物种演化的空间范围和对特定环境的生态适应性，是进化机制的最主要的产物，所以物种被认为是最适合研究生物多样性的生命层次，也是相对研究较多的层次。物种多样性是人们关于生物多样性的最直观和最基本的认识，常用物种丰富度指数来表示。所谓物种丰富度是指一定面积内物种的总数目。种的数目在高级分类阶元之间，如在科或纲之间，差别很大；在不同地理区域之间差别也较大。到目前为止，已被描述和命名的生物种有 140 万种左右，科学家们对地球上实际存在的生物有机体种的总数估计从 360 万到 1.1 亿种之间，但很多科学家认为 1200 万种左右可信度比较大。

（3）生态系统多样性（ecosystem diversity）　是指生物圈内栖息地、生物群落和生态学过程的多样性，以及生态系统内栖息地差异和生态学过程变化的多样性。在各地区不同物理背景中形成多样性的生境，分布着不同的生态系统；一个生态系统其群落由不同的种类组成，它们的结构关系（垂直结构和水平的空间结构，营养结构关系中的关系，如捕食者与被捕食者、草食动物与植物、寄生物与寄主等）多样，执行的功能不同，因而在生态过程中的作用也很不一致。

生态系统多样性既与生境的变化有关，也与物种本身的多样性和兴旺的程度密切相关。生境提供能量、营养成分、水分、氧和二氧化碳，使整个生态系统正常地执行能量转化和物质循环的复杂过程，从生产、消费到分解，保证物种的持续演变和发展。生物多样性和生态过程（能量转化、水分动态、氮素和营养元素循环、捕食、共生、物种形成等）构成了生物圈的基本成分，是人类赖以生存的物质基础。

2. 生物多样性的价值

生物多样性的价值首先在于它是可供人类利用的自然资源，即生物资源，包括植物、动物和微生物，再加上受生物影响的环境资源。生物资源不同于非生物资源，如果保护得法，合理利用，则是可再生的，因此，在可持续发展中具有重要的意义。

（1）生物多样性的直接经济价值　人类靠生物多样性满足人类生存的需要，没有生物，特别是植物，人类将无法生存。人类生活水平的提高也是建立在生物多样性基础之上的。

① 食用方面。人类已食用大约 5000 种植物，但只有 150 种进入市场，30 种成为人们广泛种植的粮食。其中，小麦、水稻和玉米约占一半。所有的作物都是首先从野生种开始，逐步驯化而成为广泛栽培的种，这里面遗传多样性和物种多样性起着重要的作用。像农作物一样，动物品种也是驯化后成为饲养动物，这些动物的品种也非常多，遗传多样性非常丰富，人类未来食物结构的改进，生活水平的提高，有赖于人们发现新的高质量的物种，同时还取决于它们的遗传多样性。

② 医药方面。世界上的许多药物都是从植物、动物或微生物中提取研究后，再加工生产的。许多动植物可以直接作药。热带地区物种多样性特别丰富，是医药的重要来源。人类从生物中已经提取加工出丰富的药物，并在许多疾病中加以使用，但至今仍有很多疾病难以

治愈，需要开发出更多的新的医药，生物多样性是其开发研究的基础。

③ 工业原料方面。生物多样性为我们提供了许多生产原料。无论在任何区域，工农业原料大多来自于本地的生物资源。从全球看，每年来自生态系统中的原料的贸易额非常巨大，仅木材每年交易达 770 亿美元。而原料的来源国多为发展中国家，发达国家往往将本国的原料、生物多样性进行保护，而出资购买发展中国家的原料和生物多样性资源。从中可以看出，保护一个国家的生物多样性是十分重要的。

(2) 生物多样性的间接价值　生物多样性的间接价值即生态价值和社会价值，生物多样性的间接价值主要体现在维持全球气体平衡、通过光合作用生产有机物质、涵养水源、维持水循环、调节气候、促进土壤发育、保持水土、美学与娱乐等。

(3) 生物多样性的潜在价值　由于人们认识上的局限，我们难以预测未来遇到的问题，需要什么或如何去满足这些需要，更无法确定哪些物种是有用的或有价值的。如 1979 年，在墨西哥一个山地上发现了一个玉米的新品种，但它不是一年生而是多年生。因此，研究人员预测，用它与现有的玉米品种杂交，可培育出多年生的高产玉米，预计每年可创 68 亿美元的价值。所以，生物多样性需要进一步的研究，未来产生的价值也是难以估量的。

二、生物多样性丧失与生物资源保护

1. 生物多样性状况

地球上的生物多样性是 30 亿年进化的结果，是人类宝贵的财富。然而，全球的生态系统正在发生退化和受到威胁，生物多样性面临严重的威胁。1600～1996 年，已有 2.1% 的哺乳动物、1.3% 的鸟类灭绝（见表 8-1）。据联合国环境规划署的报告，目前世界上每分钟有 1 种植物灭绝，每天有 1 种动物灭绝，远远高于自然界的本底灭绝速度，而且灭绝速度越来越快。据国际自然和自然资源保护同盟的统计，目前全球濒临灭绝危险的动物有 1000 多种，其中鱼类 193 种，两栖和爬行动物有 138 种，鸟类 400 多种，哺乳动物 305 种。我国是世界上生物多样性特别丰富的国家之一，有高等植物 3000 多种，占世界的 10%，有脊椎动物 6374 种，占世界的 14%，但生物多样性受到严重威胁，珍稀濒危植物种类达 1000 多种，433 种脊椎动物受到威胁，灭绝或可能灭绝 10 种。

表 8-1　公元 1600 年至 1996 年的生物灭绝记录（R. B. Primack，1996）

类　　群	灭绝记录[①]				大约的物种数	灭绝所占的比例/%
	大陆[②]	岛屿[②]	海　洋	总　计		
哺乳动物	30	51	4	85	4000	2.1
鸟类	21	92	0	113	9000	1.3
爬行类	1	20	0	21	6300	0.3
两栖类[③]	2	0	0	2	4200	0.05
鱼类[④]	22	1	0	23	19100	0.1
无脊椎动物[④]	49	48	1	98	1000000	0.01
显花植物[⑤]	245	139	0	384	250000	0.2

① 大量的额外物种甚至没有被科学家记录到就可能已经灭绝了。
② 大陆指那些面积达到 $100km^2$ 或更大的陆地，小于该面积的陆地被认为是岛屿。
③ 两栖类的种群数量在最近的 20 年已经令人震惊地减少，一些科学家相信许多两栖物种正处于灭绝的边缘。
④ 给出的数字仅仅代表了北美和夏威夷。
⑤ 显花植物的数字也包括物种灭绝的亚种和变种。

2. 生物资源保护的措施

既然生物多样性价值首先表现为它是可供人类利用的自然资源的一种，即生物资源，因

此，生物多样性的降低也就意味着生物资源的减少。保护生物多样性也就等同于保护生物资源。生物多样性保护（生物资源保护）的途径主要有以下几个方面。

（1）建立自然保护区 据世界自然保护联盟（IUCN）的定义，自然保护区指专门保护和维持生物多样性的一个陆地区域和/或一个海洋区域。但由于国情的不同，自然保护区划定的理由不一，因此，自然保护区的定义也存在着一些差异。在我国，通常指在一定的自然地理景观或典型的自然生态类型地区划出的一定范围，把相应受国家保护的自然资源，特别是珍贵稀有濒于灭绝的动植物资源，以及代表不同自然地带的自然环境和生态系统保护起来，这样划分出的地区范围就叫做自然保护区。根据自然保护区的主要保护对象，将自然保护区分为三个类别九个类型，即自然生态系统自然保护区、野生生物类保护区和自然遗迹类自然保护区三个类别。自然生态系统自然保护区又分为森林生态系统类型自然保护区、草原与草甸生态系统类型自然保护区、荒漠生态系统类型自然保护区、内陆湿地和水域生态系统类型自然保护区、海洋和海岸生态系统类型自然保护区；野生生物类自然保护区又分为野生植物类型自然保护区和野生动物类型自然保护区；自然遗迹类自然保护区又分为地质遗迹类型自然保护区和古生物遗迹类型自然保护区。

2000 年我国"全国野生动植物保护及自然保护区建设工程"开始，新建自然保护区 763 处，截至 2004 年年底，林业系统建设和管理的自然保护区达 1672 个，面积 $1.19 \times 10^8 \mathrm{hm}^2$，占国土面积的 12.36%，分别占全国自然保护区数量和面积的 76.3% 和 80.1%。初步形成了自然保护区网络，涵盖了 90.5% 的陆地生态系统类型、85% 的野生动植物种类和 65% 高等植物群类，以及 300 多种重点保护的野生动物和 130 多种重点保护的野生植物主要栖息地。目前，中国自然保护区面积占国土面积的比重已超过世界平均水平。我国第一家自然保护区学院也于 2004 年在北京林业大学成立，学院以国家林业局和教育部共建的"自然保护区研究中心"为基础组建，下设自然保护区、野生动物资源、植物资源、湿地、自然遗产、保护经济 6 个研究室，并拥有自然保护区学科博士学位授予点，开设自然保护区建设与管理、保护生物学等课程。这些研究机构的成立和研究工作的深入开展，对我国生物资源的保护起到了推进作用。

（2）加强脆弱生态系统和特殊生境的保护管理 中国的脆弱生态系统主要有沙漠、草原、湿地等，特殊生境包括珊瑚礁、河口、高原陆地和湖泊。其工作重点是保护沙漠植被、治理沙化土地，保障沙漠绿洲的可持续经营。根据草地的承载力，发展牧业生产。在农牧交错的生态脆弱带，禁止新的土地开垦，并在有条件的地方逐步做到退耕还牧。确立沼泽、滩涂等湿地的多功能目标，为其发挥特殊生态功能保留足够的面积。

（3）生态系统重建 对已被破坏或改作他用的生态系统采取重建的方针，确立具有良性循环的新的生态系统。根据"自然资源开发利用与保护增殖并重"、"谁开发谁保护、谁利用谁补偿、谁破坏谁恢复"的原则，中国农业部门已开展了建设生态农业示范县工程，林业部门已开展了建设"三北"防护林体系、长江中下游防护林体系、沿海防护林体系、平原农田防护林体系，以及太行山等山区的绿化工程。这些工程是生态系统重建的一部分。

本 章 小 结

生物资源是自然资源的有机组成部分，是指生物圈中对人类具有一定的经济价值的动物、植物、微生物有机体以及由它们所组成的生物群落。生物资源作为资源分为基因、物种和生态系统三个层次。与其他自然资源相比，生物资源具有系统性、可更新性、地域性、周期性、有限性和增殖性的特性。在不同的分类标准下，生物资源划分为不同的资源类型。按照自然属性划分为植物资源、动物资源和微生物资源。本章中重点介绍了植物资源、动物资源和微生物资源的概念、类型、作用和包含的内容。生物质能为能源资源的一种，但由于它主要是利用生物资源开发出的一类资源，也是生物资源的内涵的扩展，本章对其概念、特点等内容和当前的研究与利用进行了介绍，通过对该部分内容的学习，加深对生物资源的认识和理解。最后，本章介绍了与生物资源开发利用密切相关的生物多样性的知识，并指出了保护生物多样性与保护生物资源的一致性及其措施。

复习思考题

1. 生物资源的概念与特性是什么？
2. 按照不同的分类标准可将生物资源分为哪几类？
3. 植物资源根据用途分为了哪几种类型？
4. 什么是生物质？什么是生物质资源？
5. 生物质资源与生物资源的联系与区别？
6. 生物多样性的概念与含义？
7. 如何理解生物多样性保护也就等同于生物资源的保护？

第九章　气候资源

气候资源可以满足人类在物质财富生产过程中对原材料、能源等的需求，可以通过人们直接或间接的利用形成财富或使用价值，是一种宝贵的自然资源。随着人类对气候及其规律性的认识逐步深入，随着化石能源资源的不断减少和生态环境的日益恶化，人类对合理开发、利用气候资源的认识也在逐步提高。20世纪下半叶以来，由于人口的不断增长，不合理的人类活动增多，生物圈、大气圈、水圈、岩石圈、土壤圈间的良性循环被破坏，加剧了全球气候变化。这种变化已经并将继续对气候资源的分布产生影响。因此，合理开发利用和保护气候资源被提到了关系社会全面进步和国民经济可持续发展的高度。

第一节　气候资源概述

一、气候资源的概念

一个地区多年的大气状况，包括平均状态和极端状态，常被称之为气候，气候是地球上"生物有机体"（包括人类）赖以生存和发展的基本条件，又是人类从事生产、生活的重要环境因素。随着科学技术的发展，气候条件中的物质和能量被人们利用时就可成为一种资源。因此，气候资源是气候条件中为人们直接或间接利用，能够形成财富，具有使用价值的自然物质和能量，是自然资源的一部分，包括太阳辐射、热量、水分、空气、风能等。在各种自然资源中，气候资源最容易发生变化，且变化最为剧烈。有利的气候条件是自然生产力，是资源；不利的气候条件则破坏生产力，是灾害。利用恰当，气候资源取之不尽，但在时空分布上具有不均匀性和不可取代性。故对一地的气候资源要从实际出发，正确评价，才能得到合理的开发利用。气候资源作为可再生资源，是未来人们开发利用的丰富、理想的资源。

气候资源是一个新的科学概念，形成于20世纪70年代。《世界气象组织第二个长期计划草案（1988～1997）》第一句就提出："气候既是有益于人类的一项重要自然资源，又可能导致自然灾害。"战国末期的《吕氏春秋》中写道，"凡农之道，原（即候，指时令）之为宝"，将气候称为农业生产的资源。我国古代即已提出二十四节气与七十二候等，以便掌握农时，但只是在某些农作物与其他一些人类活动的直接需要上来理解气候资源，因而是十分原始的。

在现代社会和科学技术的高度发展的前提下，现在我们对气候资源的理解有了一个巨大的进步：

首先，在分布上，气候资源具有普遍存在性。只不过数量和结构在不同的地方存在着差异，正是由于这种差异，使得各地的气候资源千差万别，丰富多彩，从而满足了各种不同的需求。

其次，在构成上，气候资源是由光照、热量、湿度、降水、风等要素有机组成的。其资源的多少，不但取决于各要素值的大小及其相互配合情况，而且还取决于不同的服务对象。例如对农作物而言，温度在一定范围内是资源，过高可能成热害，过低可能成冷害或冻害。

再次，性质上，气候资源是一种可再生资源。不像铁矿、煤炭等矿产资源，开采一点就少一点。而气候资源归根到底来自太阳辐射，如果利用合理，保护得当，可以反复、永久地利用。但气候资源不能简单看成是永不枯竭的再生资源，在单位时间内，很多气候资源的数量仍然是固定和有限的，如我国北方的春旱，就是因为此时所能得到的雨水有限，不能满足人们需求的结果。因此，只有在单位时间内把气候资源看成是量入为出的一次性资源，才能统观全局，设法合理调度使用。

最后，使用上，"气候要素只有在一定范围内才具有资源价值"。例如降水在一定范围内是资源，过多可能成涝灾，过少可能成旱灾。同时，气候资源是一种变化的资源，而且这种变化比较复杂，难于准确预测。因此，气候资源的利用，必须因时制宜，如果错过时机，资源稍纵即逝。

二、气候资源的基本特征

气候资源不仅具有自然资源的一些共同特点，而且作为一个由许多要素所组成的复杂系统，还具有其自身的气候资源具有以下几个特征。

1. 不可或缺性和相互制约性

气候资源在生产和生活中是必需的，没有太阳辐射、有效热量和降水，植物将停止生长，自然界也将变得死寂。一般来说，降水量少的地区太阳辐射就强，在辐射强的季节里温度就较高。反之不同年际之间，降水量多的时期比降水量少的同期温度就要偏低。除此外，在气候资源系统内部，每一个子系统都有独特的功能，对于生物来说，它们都是不可代替的。

2. 自然性

气候资源是天然的，如一定区域的光照、温度和水分等因素，都无需加工，也不因生产而产生废弃物。

3. 时段有限性和无限循环性

气候资源系统中能源的输送受到太阳辐射的影响和制约，在一定时间内，一个地区得到的太阳辐射或热量总是有限的，这种有限性表现出气候资源在单位时间内对某些作物的生长的限制性。如我国东部季风区的温带地区，全年温度偏低，$0℃$以上的积温 $2100 \sim 3900℃$，大于 $10℃$ 的积温在 $1700 \sim 3500℃$ 之间，生长期较短，无霜期只有 $90 \sim 160d$，这不仅对热带和亚热带植物有明显的限制作用，而且气温低于 $0℃$ 时，温带作物的生长也受到限制。但是，第一年土地上消耗的热量，翌年又可无代价地重新得到。因此，气候资源是取之不尽、用之不竭的再生性资源，具有明显的无限循环性。

4. 区域差异性和相互依存性

不同的地理区域，由于地理纬度、海陆位置、地形起伏及下垫面性质的不同，就形成明显的光、热、水等气候资源的数量和组合上的区域差异性。例如，我国西北干旱地区太阳辐射能丰富，降水少，温度有效性高，而长江南岸雨量充足，太阳辐射能较低。

5. 多样性

自然地理以及大气状况、时空分布决定了气候资源的多样性。在一些地方气候水平和垂直差异就很大，如我国的贵州就有十里不同天之说。气候的多样性带来生物的多样性，成为发展特色农业、特色旅游的前提和基础，同时气候的多样性使得气候资源开发利用的潜在经济效益十分巨大，也使气候资源开发利用的难度增大。

6. 利弊相生性

气候资源不同于其他资源，它不仅具有巨大的潜在价值，同时也会由于开发利用不当而产生严重的灾害，因此对于气候资源既要趋利，也应避害。

三、气候资源研究的内容和主要任务

气候资源研究既要研究气候资源要素的数量、质量、发展变化、空间分布及综合开发利用，又涉及环境保护、资源管理、国土整治、能源开发、水利工程、生产布局、城镇规划乃至国民经济和社会政治的各个领域。气候资源研究的主要内容包括：气候资源的形成及物理基础；光能资源、热量资源、水资源、风能资源、空气资源等气候资源要素的分析评价与应用；气候资源的时空分布和变化；气候资源的综合开发与利用。

气候资源研究的主要任务，可大体归纳为如下几个方面：

摸清光、热、水、风、大气成分等气候资源要素的数量、质量及时空分布状况；研究气候资源各组成因子之间的关系，掌握它们相互之间组合的变化规律；揭示气候资源的特性，分别鉴定气候资源对农业及其他国民经济部门的影响和作用；研究气候资源的形成、演变及发展趋势；提出合理利用气候资源的途径和措施，以充分挖掘其潜力。

四、气候资源在国民经济中的作用和意义

气候资源对人类的经济活动影响甚大。21 世纪以来，随着科学技术的发展，国民经济活动对气候资源的依赖性更加明显。气候资源作为一种生产力，在国民经济和生产建设中的作用和意义主要表现在以下几方面。

1. 农业生产方面

气候资源与农业生产的关系最为密切，各种农作物的生长、发育都受气候资源的制约。虽然近几十年来农业技术长足进步，但农业生产在很大程度上仍以气候资源为条件。光照、气温、雨量、湿度、风力等气候资源是决定农业管理、农作物产量和质量的重要因素。这就要求人们根据区域气候资源的特点进行农业区划，合理地解决农业生产的布局问题，以充分发挥气候资源的优势，避免和克服不利气候条件，合理调整大农业结构建立各类农业生产基地。在当前气候变化背景下，还需根据气候状况，培育适于新的气候条件的高产优质品种，促进我国农业结构的调整，以达到充分利用气候资源的目的。

2. 工业方面

人类的工业生产也必须与当地的气候资源协调，如在降水较少、阳光充足的地区，如果安排用水量较大的企业就会出现供水不足，造成减产和停产，而如果充分利用当地的太阳能资源进行太阳能发电，则会发挥该区域的气候资源，促进工业和经济的发展。

3. 水利建设方面

堤坝、溢洪道、隧洞等水利工程的主要建筑物都要以气候资源为基础的。比如所建坝的结构、设计水库等都需要风载荷、蒸发等气候要素。

4. 交通业方面

降水量的多少、温度的高低、风量的大小、江河水量周期性的变化，直接影响到内河航运等方面的生产活动。海洋航运和港口建设与气候资源有着密切的联系。除此之外，气候资源对航空运输也有较大的影响，如飞机的起降，对气候条件的依赖性较强。

5. 城乡规划方面

城乡规划必须充分考虑利用气候资源优势，为人类生产、生活创造合适的环境。通常，在城市规划中要研究温度、辐射、降水、风和影响大气污染的因子。例如，将排放污染物的工厂放置在下风方向；热带、亚热带地区的室内为避免阳光直接照射，不但街道走向需沿着东南-西北向，而且还要有骑楼和凹廊等。在城市规划中，有的城市首先需要考虑防治污染，加强空气流通，有的城市首先考虑防御大风的袭击等。气候因子，在城乡规划中是必须要考虑的重要因子之一。

第二节 我国气候资源的类型

一、我国气候资源概况

由于我国海拔高度、坡向与地形复杂多样，造成我国的气候类型多样。而气候要素一般是用深度（降水）、强度（辐射）、速度（风）和温度表示的，因此气候资源值需要将气候要素适当加工后乘以面积而得到。可以对我国气候资源的总量作一个粗略的估计。

我国太阳辐射量最大的区域在西藏，达到每平方米 2330kW·h；最低值在四川盆地和贵州一带，每平方米只有 1050kW·h。如果按平均值每平方米 1500kW·h 计算，则每平方公里就有太阳辐射 1.5×10^9 kW·h，全国达 1.44×10^{16} kW·h，约相当于 20 世纪 70 年代末期世界年用能量的 2000 倍。

我国的热量也是很可观的。大于 10℃ 的积温在黑龙江北部仍能达到 2000℃ 左右，而在海南岛可达 9000℃。对农业生产说来，在最北地区也能种一季作物，而在华南则可全年种植。

降水是极为重要的气候资源，也是陆地一切水资源的来源。我国降水资源分布极不均匀，西北沙漠地区降水量不到 50mm；在东南多雨地区，最多超过 2000mm。由于我国山区与高原有丰富的降水资源，使得我国水能资源十分丰富。我国河流水能蕴藏量达 6.76×10^8 kW，可能开发量达 3.78×10^8 kW，均居世界首位。在南方山区降水资源丰富，有良好的发展山区经济的潜力。降水资源不足在我国北方已经成为限制经济发展的重要因子。

风能也是一种重要的气候能源。据估计，在近地层中全球可以提取的风能的极限值约为 1.3×10^{11} kW，约相当全球能量需求量的 $10\% \sim 20\%$。我国年风能资源总量 32.26×10^8 kW，10% 左右可供开发利用，风能资源最丰富区主要分布在两大风带：沿海风带，有效风能密度在 200W/m^2 以上，$4 \sim 20 \text{m/s}$ 有效风力出现百分率达 $80\% \sim 90\%$；北部风带，在新疆、甘肃到内蒙古一带，有效风能密度一般大于 200W/m^2，有效风力出现的百分率均在 70% 左右。

二、我国气候资源类型

1. 辐射资源

太阳的光辐射是极其重要的资源，它不仅给地球和人类带来光明，而且维持植物的生长和开花结果，供给人类和动物生命的碳水化合物。由于太阳向地球不断辐射热量，使地球能量得到不断补偿和供给，从而维持地球上的生命和运动。

太阳辐射来源于太阳，但地球上实际得到的太阳能量已因大气层的吸收和云层的反射、散射等作用而比大气层外的太阳能削减了约 45%，到达地面的辐射总量包括太阳直接辐射和天空散射辐射的总和，通常称为总辐射。我国年总辐射量的分布呈西多东少的态势。最大值在西藏，最小值位于川黔一带。我国南方气候较为湿润，各季太阳高度角和昼长的差异较小；北方气候较为干燥，冬夏太阳高度角和昼夜差异较大。因此，太阳总辐射的年变幅是从低纬度向高纬度增大的。即我国南部总辐射是年内分配比较均衡，而北部则集中于夏季，表明我国南方太阳能资源的利用季节较北方长。

我国太阳辐射资源比较丰富，而太阳辐射资源受气候、地理等环境条件的影响，因此其分布具有明显的地域性。根据过去测量太阳能年辐射总量的大小，我国可划分成四个太阳辐射资源带，即资源丰富带、资源较丰富带、资源一般带、资源贫乏带（见表 9-1）。

表 9-1　我国太阳辐射资源带划分

资源带号	名　称	指标/(kW·h/m²)	资源带号	名　称	指标/(kW·h/m²)
I	资源丰富带	≥1700	III	资源一般带	1200～1500
II	资源较丰富带	1500～1700	IV	资源贫乏带	<1200

日照，即太阳照射的时间，这一气候要素也能反映太阳能的收支情况。太阳可能照射的时间，取决于纬度的高低，并随季节的变化而有些不同。但一地日照的长短，不仅取决于地理纬度，而且在很大程度上决定于云量的多寡。全国年日照时数最少的区域是川黔渝地区，全年日照不超过 1500h，其中四川盆地西部、渝中南和黔北地区还不足 1200h；长江中下游以南大部和汉水流域地区年日照时数一般有 1500～2000h；黄淮西部、江淮大部、东北东部及云南大部、陕北南部、山西南部、海南大部、广东的东部沿海等地一般在 2000～2500h；东北大部、华北大部、西北大部及山东、西藏两省（自治区）大部年日照时数在 2500h 以上，其中内蒙古中西部、甘肃北部、新疆东部及西藏的部分地区在 3000h 以上。

2. 热量资源

热量资源是指某一地区在特定的气候条件下所能提供的热量。它是太阳辐射和地表、大气中各种物理过程的综合结果。热量状况的最直观描述就是温度。为了描述热量资源，一般采用积温，即在一定温度范围内日平均温度的累积值。

热量资源是人类生产、生活所必需的资源，是决定作物种类和熟制的最重要因素。我国季风气候显著，加之地形地势复杂，温度四季变化分明，年际变化大，时空分布较为复杂。华南大部年平均气温及云南元江河谷地区年平均气温一般在 20～22℃，其中海南大部和台湾南部达 23～25℃，是我国年平均气温最高的地区。由此往北年平均气温逐渐降低，福建北部、广西东北部、台湾中部、云南南部及江南南部为 18～20℃；江南中北部、四川盆地、云南中部一带为 16～18℃；江淮地区大部、汉水流域、华北平原大部和陕西中部、山西南部及云贵高原中部为 13～16℃；从山东半岛和河北平原北部往北，进入东北、内蒙古高原和黄土高原，因纬度高或地势上升，温度骤降，东北平原平均气温大部一般为 3～8℃，往北至小兴安岭北部和大兴安岭中北部已降至 0℃以下，其中大兴安岭北部最低达 -5℃左右。

西部的大部地区温度分布除受到纬度影响外，还受到地形、地势的明显影响。青藏高原的气温大致由东南向西北递减，藏东南地区年平均气温在 12～20℃之间，藏南谷地中部为 4～10℃，至藏北高原和阿里地区平均气温降至 -4℃以下。

塔里木盆地一带年平均气温为 10～12℃，准噶尔盆地约在 6～8℃之间，柴达木盆地 2～5℃之间，由此往盆地四周气温迅速降低，至天山中山一带和昆仑山、巴颜喀拉山、祁连山平均气温已降至 0℃以下。

我国冬季风力强盛，北方的强劲寒流由陆入海，全国绝大部分地区最冷月份都出现在 1 月份，反映出我国冬季大陆性季风气候的特征。夏半年，东南季风吹向大陆，气候炎热，水分充沛，最热月份绝大部分地区都出现在 7 月，仅西南的部分地区在西南季风影响的雨季之前的 5、6 月份为一年中最热月份。

最热月温度是影响积温有效性的因子之一。因为积温本身包括温度高低和持续时间两方面的因素。有些地方总积温较高，但最热月温度不够高，致使某些喜温作物的生长受到限制。例如，云南昆明四季如春，气候温和，≥10℃积温 4470.6℃，作物全年可以种植，属中亚热带气候。但是夏季最热月气温只有 19.8℃，日平均气温≥20℃的持续日数也不到 30d。而棉花生长要求最热月气温在 23～25℃以上，或月平均气温有连续两个月以上高于 20℃，否则不能现蕾、开花、结铃、吐絮。因此昆明不能保证棉花成熟。相反，新疆准噶尔盆地≥10℃积温在4000℃左右，最热月平均气温在25℃以上，因而成为我国纬度最北的棉区。由此可见最热月气温与作物生长的关系以及它作为衡量各地热量资源多少的指标的意义。

3. 降水资源

水分是工农业生产和人民生活必需的重要气候资源。一个地区的水资源包括大气降水、地表水、土壤水和地下水四部分。大气降水是陆地上水资源的根本来源。大气降水量的多少及时空分布，往往决定区域的干润程度，也影响到河流流量、湖泊和水库水量的多少，从而直接或间接影响到对工农业生产的洪水状况，制约区域的生产发展。

我国位于欧亚大陆东侧，东部和南部濒临太平洋，西南部离南海和孟加拉湾不远，受东南和西南季风的影响，形成东南多雨、西北偏旱的特点。年降水量从东、南两个方向向西北内陆减少，等雨量线大致呈东北-西南走向，400mm等雨量线大致沿大兴安岭经燕山、六盘山折向西南到西藏南部。此线以南、以东，受夏季湿润季风的影响，半湿润和湿润地区的光、热、水配合较好，是我国主要的农业区；在西面，除天山、祁连山等山地降水稍多外，其他地区都比较干旱，主要为牧业区。

广东北部和西部、海南中部、广西西南部、台湾中北部、福建西北部、浙江东部、云南南部、西藏东南部一些地区年雨量达2000mm以上；华南大部及川西盆地为1300～1700mm；长江中下游大部、云南高原大部及四川盆地大部为1000～1500mm；淮河和汉水流域及川西北、川西南、陇东、藏东南等地为800～1000mm；华北中南部、东北东部及山东半岛、陕西关中和陕北南部、陇南和陇东、川西等地为500～700mm（长白山地区为700～850mm）；东北平原大部及冀东北、晋西北、陕北、青东南、川西西部和藏东等地为400～580mm。此线以西除天山、祁连山有部分地区年降水量在400mm左右外，其他大多在200mm以下，其中塔里木、柴达木两盆地及内蒙古西部年降水量在50mm以下。

4. 风能资源

风是大气中热力与动力作用的产物，又输送着空气中的热量和水分及烟、尘等，由此形成不同的天气现象和气候特征。地面风不仅受气压场分布的支配，而且在很大程度上受地形与地势的影响，山隘和海峡能改变气流运行的方向并使风力加大；而丘陵、山地因摩擦加大使风速减小；山顶和高原地区风速加大。因此，风速和风向的时空分布较为复杂。我国是典型的季风气候，冬夏受着属性不同的气流的控制，产生明显的季节风，盛行风向交替变更。我国年平均风速的分布特点是北方风大，南方风小；沿海风大，内陆风小；平原风大，山地风小；高原风大，盆地风小。

北纬40°以北，从内蒙古西经阴山，直抵东北平原，年平均风速一般都在3m/s以上；阴山以北及东北平原中部的部分地区和辽宁沿海部分地区达4m/s以上，新疆著名的百里风区和阴山北部的局部地区超过5m/s，其中一些山隘、风口的风速在6m/s以上。而东北的长白山、大小兴安岭等地区却因地面粗糙起伏，使风速减小，年平均风速在2～3m/s或以下；准噶尔、塔里木盆地由于冷空气下沉堆积，下层空气较稳定，风速也很小，一般不足2m/s。

北纬40°以南，除沿海地区年平均风速一般在3m/s以上（台湾海峡可达7m/s，是全国年平均风速最大的地区）外，风速逐渐变小。华北平原、黄土高原、长江中下游等一般为2～3m/s；华南中部、西南丘陵在2m/s以下；鄂西南、黔北、桂西及四川盆地等的一些地区在1m/s以下，为全国年平均风速度最小的地区。

随着地势的增高，风速逐渐加大。青藏高原地势高亢开阔，山脉又多呈东西走向，在高空强劲西风动量下传的作用下，地面经常吹偏西大风，海拔 4～5km 的大部分测站风速为 3～4m/s。东部地区的孤峰山顶，平均风速也很大，如湖南衡山、山西五台山等平均风速都在 6m/s 以上，吉林天池在 10m/s 以上，是我国现有记录中风速最大的地区。

风力发电场的建设是使风能成为补足能源和发挥规模效益的主要方式。已在新疆、内蒙古、广东、福建、浙江、海南、辽宁等地区建设了 14 座风电场。安装并网风力机 260 台，总装机容量超过 5.7×10^4 kW，最大单机容量为 600kW。

风能发电存在的主要问题，一是目前我国还不具备大型风力发电机组关键部件制造技术和能力；二是在风电场的选择、风电场建设上还缺乏科学的手段和标准规范。

5. CO_2 资源

据统计，在 2003 年前全球每年二氧化碳排放量达 2.4×10^{13} kg，其中 9×10^{12} kg 成为污染环境的主要废气，危及人类生存环境。以二氧化碳为主的温室气体引发的厄尔尼诺、拉尼娜等全球气候异常，以及由此引发的世界粮食减产、沙漠化现象等，已引起世界的普遍关注。

我国也是二氧化碳气体排放较多的国家之一，同其他国家一样，在二氧化碳气体排放的治理和国民经济快速发展之间，一直存在难以两全的困惑。随着现代科技的进步，只要使用适当的技术，二氧化碳资源化已不再是梦。

二氧化碳早期主要用来合成尿素、碳酸氢铵等化学肥料，以及用来生产纯碱、小苏打等基础化工原料。现在，二氧化碳的应用比较广泛，主要用于化工、机械、食品、农业、医药、烟草等行业。气体二氧化碳主要用作尿素、碳酸氢铵、纯碱和无机盐工业的原料，也用于钢铸件淬火。液体二氧化碳主要用于金属焊接、冷却介质、制造干冰、生产饮料以及发酵工业、制糖工业和医疗卫生领域，还可用作大型铸钢防泡剂、植物生长促进剂、防氧化剂及灭火剂等。固体二氧化碳主要用于青霉素生产，鱼类、奶油、冰淇淋等食品储存及低温运输等。利用二氧化碳生产可降解塑料，是最近兴起的一种新的利用形式。其产业化前景越来越好。

第三节 我国气候资源的开发潜力与保护

一、我国气候资源的开发潜力

人类开发、利用气候资源包括两个方面，一是直接利用，即作为能源与物质的直接利用。例如利用太阳能和风能发电、供热及作为机械动力，利用空气制氧、制氮等；二是间接利用，利用绿色植物同化二氧化碳和水，固定太阳能，生产有机物质等。近些年来，在常规能源告急和全球生态环境恶化的双重压力下，开发气候资源作为未来一种替代能源已为世界各国所共识。

我国是一个气候资源大国，气候资源开发利用的前景十分广阔。粗略估计，太阳年辐射总量约每平方米 3.3×10^9～8.3×10^9 J，陆面年降水总量为 6.19×10^9 m³，年风能资源总量 32.26×10^8 kW（距地面 10m 处风速高于 5m/s 的风能），实际可开发量为 2.53×10^8 kW，近海风能储量则为陆地的 3 倍多。所有现实条件表明，我国开发利用气候资源的潜力很大，随着科学技术水平的提高，人们在尊重自然科学规律的前提下，有规划地进行气候资源的开发，将是我国较长发展阶段中的增加自然资源的有效途径。

近些年来，我国在开发、利用气候资源方面也作出了一定的努力，取得了相当明显的成效。尤其是在进行农业气候区划、人工制造局域地区气候条件、开发利用空中水资源方面，无论是科技水平和实际效益，都处在世界各国的前列。随着相关学科技术的进步，我国气候资源开发利用的潜力不断被挖掘，为我国的经济社会发展提供丰富的财富。

二、气候资源开发存在的问题

由于我国国民可持续发展观念相对滞后，特别是经济结构、产业结构、能源结构不尽合理，使气候资源的开发、利用受到了很大限制，存在很多问题，突出表现在以下几个方面。

第一，气候资源开发、利用水平与经济社会发展的需求不适应。我国气候区划的应用仅限于农业，在农业中又主要应用于粮食作物，对经济作物关照不够。空中水资源的开发仍然处于研究阶段，距真正业务化还有很大距离。我国太阳能和风能的储存量和丰富程度都居世界前列，初步探明的风能资源约是水能资源的2.5倍，单靠风力发电就能轻而易举地将现有的电力生产翻上一番，但是风力发电装机容量很低，仅占发电总装机容量的0.12%。从总量上看，目前我国风力发电量远远落后于丹麦、德国、美国等国家，甚至比印度还低。从比例上看，到2000年我国风力发电只占世界总量的1.9%，太阳能、风能已开发量在能源总量中的比例和可开发总量中的比例都明显偏低。

第二，气候资源开发、利用意识与经济社会可持续发展的要求不适应。我国在生产活动中缺乏主动利用气候资源的意识，在开发气候资源方面的投入仍处于较低水平。人们对于气候资源的保护还没有引起足够的重视。在现实生活中，下述现象大量存在：不合理地开垦土地以及滥伐森林，引起自然生态系统的破坏，改变了地表水、热平衡，造成旱、涝、寒、热灾害加剧，甚至产生沙漠化、沙尘暴、水土流失等严重后果；城市大中型工程建设项目盲目上马，改变了城市的光、热、水等气候资源的数量与分布，导致城市热岛效应和高大建筑物之间的狭管效应，造成局域地区气候的改变，污染物不易扩散，自净能力下降；无节制地使用化石能源，产生了大量的温室气体等。

三、气候资源的开发利用及保护措施

合理开发利用和保护气候资源，是我国可持续发展中的一个关键问题。解决气候资源开发利用方面存在的各种问题，是一项复杂的工程，需要运用社会、经济和技术等各种手段，制定系统的政策。

第一，把气候资源的开发、利用和保护纳入国民经济和社会发展规划。在制定经济社会发展政策和计划过程中，必须考虑气候及气候变化的影响。在实施三峡工程、南水北调工程、城镇化战略以及超大型城市发展等重大区域开发、城市规划、资源开发等建设项目时，必须进行气候影响评价以及气候资源可行性论证，把人类活动对气候资源的影响降到最低，使项目投入使用后对气候资源的利用达到最佳。

第二，大力发展能够充分利用气候资源的现代科技产业。要鼓励农业、能源、交通、建筑、医疗、旅游等各个行业充分利用气候资源。要充分利用气候资源的多样性，大力促进农业产品结构调整，发展特色农业，丰富作物品种，提高农业生产的效率和效益。我国每年粮食尚有缺口，如果能够更好地根据气候条件，扩大一年两熟、三熟种植面积，并综合利用光、热、水等，则缺口基本可以补齐。要促进能源结构调整，大力发展太阳能和风能等清洁能源，逐步减少化石能源在总能源结构中的比重。要以气候资源为基础，调整建筑业标准和规范，大力发展环保节能型住宅。要围绕华北水资源短缺等社会公众关心的重大问题，积极开发、利用空中水资源。

第三，以气候资源开发利用为先导，促进区域可持续发展。为推动气候资源的合理开发、利用和保护，应当加快建立气候资源监测评估系统，开展气候资源变化分析，特别有必要在若干主要农业气候区和生态环境建设区内建立气候资源开发、利用试验示范基地，进行

风能、太阳能等清洁能源开发利用的示范。应加强对我国西部地区经济和社会发展的气候资源承载力的分析，减少实施西部大开发战略过程中对气候、生态环境的负面影响，促进西部大开发战略的顺利实施。

第四，完善气候资源开发利用和保护法规体系。要完善气候资源标准体系；制定有关气候资源、气候影响评价、生态环境保护、气候监测等方面的法律、法规；实行重大气候资源事故责任追究制度；落实气候资源影响评价与工程项目设计、施工、投产同步的制度等，切实依法保护气候资源。

第五，政府调控与市场机制相结合，逐步加大对气候资源开发利用和保护的投入。在气候资源保护方面，政府要发挥主体作用，综合运用经济、行政和法律手段，制定和完善投融资、税收、进出口等有利于气候资源合理开发、利用和保护的优惠政策，吸引国内外资金投向气候资源开发、利用项目；扩大引进国外资金的力度和领域，国外长期优惠贷款要优先安排气候资源开发、利用和保护项目；积极稳妥地推进气候资源开发、利用与保护方面的税费改革，增强税收在开发、利用和保护气候资源方面的宏观调控功能；积极进行政策创新和制度创新，采用激励措施，实现气候资源保护的公益性与市场经济的竞争性的有机结合，法律法规的强制性与企业、公众的自愿性的有机结合，综合运用法规强制、行政管理、市场引导、公众自愿等手段，形成全社会自觉利用和保护气候资源的氛围。

第六，努力提高公众的气候资源意识。要利用一切有效的宣传手段倡导绿色文明，推行绿色消费，引导公众自觉参与气候资源的保护，建立有助于减少温室气体排放的生活方式和消费模式，减缓气候恶化的速度；建设生态省和生态示范区，引导区域经济社会与气候环境的全面和协调发展；引导工业企业和工业园区走循环经济之路，节能降耗减污，实现气候资源开发、利用和保护与经济发展的双赢。

本 章 小 结

气候资源是一种宝贵的自然资源，合理开发利用和保护气候资源有利于促进社会全面进步和国民经济的可持续发展。由于我国海拔高度、坡向与地形复杂多样，造成我国的气候类型多样，气候资源极其丰富，但在气候资源的利用方面却落后于发达国家和一些发展中国家。针对目前我国气候资源的开发利用存在的问题，提出我国气候资源开发利用及保护的措施：摸清光、热、水、风、大气成分等气候资源要素的数量、质量及时空分布状况；研究气候资源各组成因子之间的关系，掌握它们相互之间组合的变化规律；揭示气候资源的特性，分别鉴定气候资源对农业及其他国民经济部门的影响和作用；研究气候资源的形成、演变及发展趋势；提出合理利用气候资源的途径和措施，以充分挖掘其潜力。

复习思考题

1. 气候资源的构成要素有哪些？
2. 气候资源的概念与基本特征是什么？
3. 气候资源研究的主要任务是什么？
4. 简述气候资源在农业上的应用。
5. 简述我国气候资源开发存在的问题。
6. 气候资源的保护措施有哪些？

第三篇　资源开发利用与环境

环境是人类赖以生存、从事生产与生活的外界条件。人类生存的环境既包括自然环境也包括社会环境。环境为人类的生产和生存提供了广阔的空间，同时，人类也在不断改变着环境，人类与环境的相互作用多种多样，在不同的历史发展阶段表现出不同的强度，这种作用强度的变化一方面与人类科学技术水平发展有关，另一方面，也与经济发展过程中人类对资源与环境的需求量增加有关。人类活动与环境之间的作用是相互的，在人类活动所施加的外力在环境容量以内时，环境具有一定的自我恢复能力；当人类作用于环境的强度超出了环境承载力时，就会产生环境问题。当今世界，环境问题已成为制约人类生存和发展的重大问题，该篇所提到的环境问题的产生都是由于人类活动作用于人类环境而引起了环境质量的变化，从而影响人类的活动和健康的问题。

资源与环境密不可分，环境本身也是一种广泛意义上的资源，当今的多数环境问题，是由于人类对资源不合理地开发利用，如人类对水资源的不合理开发利用，导致了水污染，人类对土地资源不合理地开发利用，产生了土壤污染。同时，对自然资源开发利用所产生的环境问题之间又是错综复杂的，如水体污染有时又会造成土壤污染，从而破坏宝贵的土地资源。这就要求环境学研究要将资源与环境作为一个有机整体，不仅要开展环境质量及其保护和改善的研究，还应开展不同社会经济因素下，资源开发利用与环境问题间的相互影响和相互作用的规律及其机制，丰富环境学的研究内容，开拓环境学新的研究方向。使人类实现既能科学合理地开发资源，保护和改善环境，又能满足人类不断增加的对资源与环境的需求，从而实现资源与环境的可持续。

第十章　水　环　境

水既是人类开发利用的重要自然资源，又是所有生物体生存所必需的环境。人类的生存和发展离不开水资源，水资源的数量和质量直接或间接影响着生产力的发展和人类的生活水平的提高。同时，人类对水资源的开发利用也在不断改变着水环境。探讨水资源开发利用与水环境的关系，掌握水体的污染源、污染物及污染物的迁移转化，有效控制和治理水污染，对水资源的开发利用与保护都有重要的意义。

第一节　水环境与水体污染

一、水体与水环境

1. 水体

水体是指海洋、河流、湖泊、沼泽、水库、冰川、地下水等地表与地下储水体的总称。它是由水本身、水中的悬浮物、溶解物质、胶体物质、底质（泥）和水生生物等构成的完整的生态系统。

水体可分为海洋水体和陆地水体，陆地水体又可分为地表水体和地下水体。在本书中所研究的水体主要为陆地水体，而且是与人类生活密切相关的河流、湖泊、水库和地下水。在对环境污染的评价中，区别水和水体是十分有必要的，如对水中重金属污染物研究中，只根据水中重金属的含量，很难正确评价河流的污染程度，因为排入水体的重金属污染物大部分会变为悬浮物和转移至沉积物中。而且在受重金属污染的水体中，液相中的重金属含量很低，随排放状况与水力学条件发生较大的变化，但在沉积物中容易积累，并且有明显的含量分布规律。因此，沉积物能更好地反映水质的情况，常用来指示水环境重金属污染状况。由此我们可以看出，在确定污染发生的复杂过程时，应该对水体进行研究，而不是单单对水进行研究。

2. 水环境与水环境承载力

水作为一种资源既存在于环境之中，又组成了环境的一部分。水环境是指围绕人群空间及可直接或间接影响人类生活和发展的水体，包括维持其正常功能发挥的各种自然因素和有关的社会因素的总体。根据水体的分布，可分为大气水环境、地表水环境和地下水环境；根据化学成分和溶解于水中的盐类含量，水环境又分为咸水环境和淡水环境。在自然界中，不同的水环境，其组成成分有较大的差异，水环境与土壤环境、大气环境、生物环境等构成了一个有机的整体，共同为人类提供生产和生存的空间。

承载力概念最早源自生态学，其特定含义是指在一定环境条件下某种生物个体可存活的最大数量。一定的水环境都具备一定的环境承载能力，水环境承载能力是指水环境系统功能可持续正常发挥前提下接纳污染物的能力（即纳污能力）和承受对其基本要素改变的能力（缓冲弹性力）。水环境承载力包括纳污能力和缓冲弹性力两个方面，并且以水环境系统功能的可持续正常发挥为前提。水环境承载能力具有三方面的含义：一是在一定生活水平与生活质量限定下，水环境应具有的相应标准；二是和容纳污染物数量所相应的环境容量；三是在满足前两个条件下可支撑的经济发展规模与人口数量。只有合理的使用，水域才能保持良好的水质，污染控制才具有针对性和方向性。只有全面的污染控制，水域才能保证良好的水质，以及被人所利用。三方面互相制约，互相促进，共同对水资源和水环境产生作用。一般而言，水环境承载力具备如下的特点。

（1）水环境承载力是客观存在的　在某种状态下，无论是水生态系统的自我调节能力与弹性限度，还是水环境的容纳能力都是一定的。生态系统的承载力是固定的，是客观存在的。这是生态系统最重要的固有功能之一。这种固有功能为生态系统抵抗外力的干扰和向更高层次的发育奠定了基础。

（2）水环境承载力是可变的　自然界的生命系统及其生态平衡都只是相对稳定的。如果人类活动的强度超过了系统的自我调节能力，系统则变化到另一状态，建立新的平衡和新状态下的稳定性。反之，如果人类通过一些手段，也可使生态系统恢复或发展到更高一级的状态，此时系统的生态承载力便提高。因此，水环境承载力是可变的，人类应按照对自己有利的方式去积极提高系统的生态承载力。

（3）水环境承载力是体现在多个水平层次上的　客观存在的生态环境都是多层次的系统。各个层次也不是孤立存在的，而是相邻系统间的关系彼此关联。影响水环境承载力的主要因素包括环境标准、环境容量和人类生产活动方式，在采取某种方式来提高水环境承载力时，应把注意力放在较高层次水平上，抓住重要的影响因子。

二、水体污染与水质指标

（一）天然水的物质组成与水污染

由于天然水在自然循环过程中不断地与环境物质发生作用，因此自然界不存在化学概念上的纯水。天然水的化学组成是多种多样的，不同的水体在不同的环境条件下所形成的天然水化学成分和物质含量差别很大。研究表明，天然水是由溶解性物质和非溶解性物质所组成的化学成分极其复杂的溶液综合体。在这个综合体中，水中的物质可以是固态的和液态的，也可以是气态的，进入水中的物质可以是呈均匀状态，也可呈非均匀状态。俄国学者阿列金曾把天然水中的溶质成分概略性地分为 5 组：

① 溶解性气体。含量较多的有 O_2、CO_2 和 H_2S，含量较少的有 N_2、CH_4 和 He 等。

② 主要离子。Na^+、K^+、Ca^{2+}、Mg^{2+}、Cl^-、SO_4^{2-}、HCO_3^-、CO_3^{2-}，是天然水中含量最多的 8 种离子，其含量占天然水中离子总量的 $95\% \sim 99\%$。

③ 营养物质。氮和磷的化合物。

④ 微量元素。包括天然水中含量低于 0.01% 的阴离子（如 I^-、Br^-、F^-）、微量金属离子、放射性元素等。

⑤ 有机物质。腐殖质胶体等。

受到人类活动影响的水体，天然水中所含的物质种类、数量、结构均会与天然水质有所不同。水污染的存在，极大地改变了水体的化学性质及物理、生物特性，对地球生态产生了重大影响。以天然水中所含的物质作为背景值，可以判断人类活动对水体的影响程度，以便及时采取措施，提高水体水质，朝着有益于人类的方向发展，实现区域以及世界水资源的可持续利用。

按照《中华人民共和国水污染防治法》，水污染是指水体因某种物质的介入，含量超过了水体的自然净化能力，而导致其化学、物理、生物或者放射性等方面特性的改变，从而影响水的有效利用，危害人体健康或者破坏生态环境，造成水质恶化的现象。目前人们已经发现水中溶解有 90 多种元素成分，有些成分是人体必需的，有些成分对人体有害。对人体有害的元素进入水体就认为该水体受污染了，就是对人体无害的物质在水中的含量超过了某一标准值，也会造成水质恶化或水污染，造成水污染的物质称为污染物。

（二）水体自净作用与水环境容量

1. 水体自净作用

水体的自净作用，是指受污染的各种水体在物理、化学和生物等作用下水体中污染物浓度自然降低的过程。水体自净作用可以发生在水中，如污染物在水中的稀释、扩散和水中生物化学分解等；可以发生在水与大气界面，如酚的挥发；也可以发生在水与水底间的界面，如水中污染物的沉淀、底泥吸附和底质中污染物的分解等。水体的自净往往需要一定的时间、一定范围的水域以及适当的水文条件。另一方面还决定于污染物的性质、浓度以及排放方式等。

一般说来，水体自净过程包括稀释、混合、沉淀、挥发、中和、氧化还原、化合分解、吸附凝聚等物理、化学和生物化学过程，其中以物理和生物化学过程为主。因此，按照作用机理，水体自净过程可分为物理自净、化学自净和生物自净三个方面，统称为广义的自净作用。它们同时发生，相互影响，共同作用。狭义的水体自净是指水体中微生物氧化分解有机污染物而使水体净化的作用。

（1）物理自净　物理自净是指污染物质进入水体后，只改变其物理性状、空间位置，而不改变其化学性质，不参与生物作用的净化过程。通过稀释、扩散、混合和沉淀等过程而降低浓度，水体得到净化。物理自净能力的强弱取决于水体的物理条件如温度、流速、流量等，以及污染物自身的物理性质如密度、形态、粒度等。污水进入水体后，可沉性固体在水流较弱的地方逐渐沉入水底，形成污泥。悬浮体、胶体和溶解性污染物因混合、稀释，浓度逐渐降低。

（2）化学自净 化学净化是指污染物质在水体中以简单或复杂的离子或分子状态迁移，并发生了化学性质或形态、价态上的转化，水质发生了化学性质的变化，但未参与生物作用的过程。通过氧化还原、酸碱反应、分解-化合和吸附-凝聚等化学或物理化学作用而使污染物浓度降低，这些过程能改变污染物在水体中的迁移能力和毒性大小，也能改变水环境化学反应条件。影响化学自净的环境条件有酸碱度、氧化还原电势、温度、化学组分等。污染物自身的形态和化学性质对化学自净也有很大影响。

（3）生物自净 又称生物化学净化，是指水体中的污染物在生物吸收、降解作用下而发生消失或浓度降低的过程。生物通过对污染物的分解、生物转化和生物富集等作用使污染物质的浓度降低。在水体自净过程中，生物化学过程占主要地位。生物自净与生物的种类、环境的水热条件和供氧状况等因素有关。工业有机废水和生活污水排入水域后，即产生分解转化，并消耗水中溶解氧。水中一部分有机物消耗于腐生微生物的繁殖，转化为细菌机体；另一部分转化为无机物。如果有机物过多，氧气消耗量大于补充量，水中溶解氧不断减少，终于因缺氧，有机物由好氧分解转为厌氧分解，于是水体变黑发臭。

2. 水环境容量

一定区域的水环境有一个水环境背景值（水环境本底值），水环境背景值是指水环境要素在未受污染影响的情况下，其水环境要素的原始含量以及水环境质量分布的正常值。当污染物进入水体后，水体的水环境改变。水体所具有的自净能力就是水环境接纳一定量污染物的能力。水环境容量是指水体在一定环境功能条件下，水环境所能容纳污染物的最大允许负荷量。根据一个地区的水环境容量，可进行容量总量控制，即把允许排放的污染物总量控制在受纳水体给定功能所确定的水质标准范围内。它是把水污染控制管理目标与水质目标紧密联系在一起，用水环境容量计算方法直接推算出受纳水体的纳污总量，并将其分配到陆地上污染控制区及污染源。在社会经济发展过程中，水环境容量具有如下特点。

（1）自然属性 水环境容量是水体的自然属性在社会发展到一定程度的附属概念。水环境容量不能独立存在，而是依附于一定的水体和人类社会，水环境容量的存在性及其附属性即为自然属性的表征。自然属性是社会属性的基础，水环境容量的自然属性是使其与人类活动密切相关的基石。

（2）社会属性 水环境容量的社会属性是自然属性的社会化，其社会属性表现在社会经济的发展对水生态系统的影响强度和人类对水环境要求的目标，是水环境容量的主要影响因素。人类用水环境容量来预测在某种环境目标条件下人类社会发展对水生态系统造成的压力，从而约束人们破坏自然资源的行为，唤起环境保护的意识。可见，水环境容量是描述自然水体和人类需求之间关系的度量名词，没有人类社会，水环境容量就毫无意义。

（3）时空属性 计算水环境容量时首先要明确水域范围与研究时段，具有明显的时空内涵。空间内涵体现在不同区域社会经济发展水平、人口规模、生产技术条件及其水资源量、生态、环境等方面的差异，致使资源量相同、存在于不同区域的水体在相同时间段上的水环境容量是不同的。时间内涵表现在同一水体在不同历史阶段的水环境容量是变化的，社会经济发展水平、环境目标、科技水平、污水处理率等在不同历史发展阶段均有可能不同，从而不同程度地影响水生态系统，导致水环境容量不同。

（4）动态性 水环境容量的影响因素分为内部因素和外部因素。内部要素主要包括水文特征、水动力条件、物理特征、化学特征等，水生态系统是一个处于相对稳定的变化系统；外部因素涉及社会经济、环境目标、科学技术水平等诸多发展变化的量，社会经济的发展不可避免地带来污水排入河道，致使内部因素变化。可见，决定水环境容量的内部因素和外部因素都是随社会发展变化的，故水环境容量是一个动态概念，其动态性的本质即为人类活动的动态性。

（5）多变性　水环境是一个复杂多变的复合体，容量大小除受水生态系统和人类活动的影响外，还取决于社会发展需求的环境目标。水体变化受气候、土壤、生物和人类活动影响，是一个不确定的随机过程；人类活动产生的污染物进入水体后，其成分和数量是随时间和空间而变化的不确定函数；社会发展需求的环境目标是一个时空函数。生态系统的随机性和外界影响的不确定性决定了水环境容量的多变性，水环境容量是水生态系统自然规律参数和社会发展变化与环境质量需求参数的多变量函数。

（6）多层面性　客观存在的水环境容量是多个变量的复合函数，多个变量可以归结到经济、社会、环境、资源四个不同层面，各个层面彼此关联、相互影响。从宏观的角度可分为两个层面，即自然环境与人类社会，每个概念下包含更多的分支因素。水环境容量包括稀释容量、迁移容量、净化容量，单项容量里面都包含了无数的物理迁移、化学转化过程。

（三）水质评价的指标

水质指标涉及物理、化学、生物等各个领域。为了反映水体被污染的程度，通常用悬浮物（SS）、有机物（BOD、COD、TOC 等）、酸碱度（pH）、细菌和有害物质等指标来表示。

1. 悬浮物

是指悬浮在水中的细小固体或胶体物质，它是水体污染的基本指标之一。悬浮物降低水的透明度，降低生活和工业用水的质量，影响水生生物的生长。

2. 有机物

废水中有机物浓度也是一个重要的水质指标，但由于有机物的组成比较复杂，要分别测定各种有机物的含量十分困难，通常采用生物化学需氧量、化学需氧量和总有机碳这 3 个指标来表示有机物的浓度。

（1）生物化学需氧量（BOD）　指水中的有机污染物经微生物分解所需的氧气量，简称生化需氧量（mg/L），用 BOD 表示（biochemical oxygen demand），BOD 越高，表示水中需氧有机物质越多。

有机污染物的生物化学氧化作用分两个阶段进行：第一阶段，主要是有机物质转化 CO_2 和 NH_3 等无机物；第二阶段，主要是 NH_3 被转化为 HNO_2 和 HNO_3，生化反应如下：

$$RCH(NH_2)COOH + O_2 \longrightarrow RCOOH + CO_2 + NH_3$$
$$2NH_3 + O_2 \longrightarrow 2HNO_2 + 2H_2O$$
$$2HNO_2 + O_2 \longrightarrow 2HNO_3$$

废水的生化需氧量，通常指第一阶段有机物生化作用所需的氧量。因为微生物活动与温度密切相关，因此测定 BOD 时一般以 20℃作为标准温度。在此温度条件下，一般生活污水中的有机物，需要 20d 左右才能基本上完成第一阶段的氧化分解过程，这不利于实际测定工作。所以目前国内外都以 5d 作为测定 BOD 的标准时间，简称 5 日生化需氧量，用 BOD_5 表示。其理论根据是一般有机物的 5d 生化需氧量，约占第一阶段生化需氧量的 70%，基本反映了水中有机污染物的实际情况。

（2）化学耗氧量（COD）　又称化学需氧量（chemical oxygen demand），是在规定条件下，使水样中能被氧化的物质氧化所需用氧化剂的量，以每升水消耗氧的质量表示（mg/L）。其值可粗略表示水中有机物的含量，用于反映水体受有机物污染的程度。目前常用氧化剂为高锰酸钾和重铬酸钾，分别记为 COD_{Mn} 和 COD_{Cr}，ISO（国际标准化组织）规定，COD 指 COD_{Cr}，而称 COD_{Mn} 为高锰酸盐指数。化学需氧量不仅氧化了有机物质，还氧化了水中的还原性物质：H_2S、NH_4^+、Fe^{2+} 等。

BOD 在一般情况下能较确切地反映水污染情况，但它受到时间（时间长）和废水性质（毒性强）的限制；COD 的测定不受废水条件的限制，并能在 $2\sim3h$ 内完成，但它不能反映出微生物所能氧化的有机物量。因此，在研究有机物质污染时，可根据实际情况而确定采用 BOD 还是 COD。

（3）总有机碳量（TOC） 水中溶解性和悬浮性有机物中存在的全部碳量，是评价水体需氧有机物的一个综合指标，以有机物中的主要元素——碳的量来表示，称为总有机碳（total organic carbon）。TOC 的测定类似于 TOD 的测定。在 $950℃$ 的高温下，使水样中的有机物气化燃烧，生成 CO_2，通过红外线分析仪，测定其生成的 CO_2 量，即可知总有机碳量。

（4）总需氧量（TOD） 水中有机物除含有机碳外，尚含有氢、氮、硫等元素。当有机物全部被氧化时，碳被氧化为二氧化碳，而氢、氮、硫则被氧化为水、一氧化氮、二氧化硫等，此时氧化所需要的氧量称为总需氧量（total oxygen demand）。总需氧量是指水中能被氧化的物质，主要是有机物质在燃烧中变成稳定的氧化物时所需要的氧量，结果以所需 O_2 的 mg/L 表示。TOD 值能反映几乎全部有机物质经燃烧后变成 CO_2、H_2O、NO、SO_2 等所需要的氧量。它比 BOD、COD 和高锰酸盐指数更接近于理论需氧量值。

3. 溶解氧量（DO）

指水体中所含溶解氧的量（dissolved oxygen）。溶解氧是指溶解在水里氧的量，通常记作 DO，用每升水里氧气的质量表示（mg/L）。水中溶解氧的多少是衡量水体自净能力的一个指标。它跟空气里氧的分压、大气压、水温和水质有密切的关系。在 $20℃$、100kPa 下，纯水里大约溶解氧 9mg/L。有些有机化合物在好氧菌作用下发生生物降解，要消耗水里的溶解氧。天然水体中溶解氧浓度一般为 $5\sim10mg/L$。

水中的溶解氧消耗有三个方面，水体中的耗氧有机物在分解时要消耗掉一部分溶解氧；还原性无机物质氧化时消耗溶解氧；水体生物的呼吸过程要消耗掉溶解氧。当外界对氧气的补给量大于水体对氧气的消耗量时，水体中的溶解氧呈饱和状态；当外界对氧气的补给量与消耗的氧气相当时，水体中的溶解氧出于平衡状态；当外界对氧气的补给量小于水体消耗的氧气量时，水体就会缺氧，水质恶化。当水中的溶解氧值降到 5mg/L 时，一些鱼类的呼吸就发生困难。水体中的溶解氧是由空气里氧气的溶入及绿色水生植物的光合作用不断得到补充的。但当水体受到有机物污染，耗氧严重，溶解氧得不到及时补充时，水体中的厌氧菌就会很快繁殖，有机物因腐败而使水体变黑、发臭。

溶解氧值是研究水自净能力的一种依据。水里的溶解氧被消耗，要恢复到初始状态，所需时间短，说明该水体的自净能力强，或者说水体污染不严重。否则说明水体污染严重，自净能力弱，甚至失去自净能力。

4. pH 值

污水的 pH 值对污染物的迁移转化、污水处理厂的污水处理、水中生物的生长繁殖等均有很大的影响，因此成为重要的污水指标之一。

5. 细菌污染指标

常用细菌总数和大肠菌数两种指标表示水体被细菌污染的程度，1mL 污水中的细菌数要以千万计，其中大部分是寄生在已丧失生活机能的机体上，这些细菌是无害的；另一部分细菌，如霍乱菌、伤寒菌、痢疾菌等则寄生在有生活机能的活的有机体上，它们对人、畜是有害的。

6. 有毒有害物质

我国的地表水环境质量标准中列出的有毒有害物质共有49种（GHZB 1—1999），地下水质量标准中列出的有毒有害物质共有28种（GB/T 114848—93）。

除以上几种水体污染的衡量指标外，还有温度、颜色、放射性物质浓度等，也是反映水体污染的指标。

（四）水质的标准

水是地球上一切生物生存的物质基础，也是人类生产生活不可缺少的重要自然资源。人们根据水的用途制定了不同系列的标准，与人类健康、生产生活最密切的是由国家环保总局发布的《地面水环境质量标准》（GB 3838—2002）。此外，还有其他类型的不同标准。

根据《地面水环境质量标准》（GB 3838—2002），我国将地表水分为了五类，Ⅰ类水质主要适用于源头水和国家级自然保护区；Ⅱ类水质适用于集中式生活饮用水水源地以及保护区、珍贵鱼类保护区、鱼虾产卵场等；Ⅲ类水质适用于集中式生活饮用水源地二级保护区、一般鱼类保护区及游泳区；Ⅳ类水质适用于一般工业保护区及人体非直接接触的娱乐用水区；Ⅴ类水质适用于农业用水区及一般景观要求水域。超过Ⅴ类水质标准的水体基本上已无使用功能。通常以Ⅲ类水质标准评价地面水环境质量。

根据我国《地下水质量标准》（GB/T 14848—93），将地下水划分为五类。Ⅰ类水质主要反映地下水化学组分的天然低背景含量，适用于各种用途。Ⅱ类水质主要反映地下水化学组分的天然背景含量，适用于各种用途。Ⅲ类水质以人体健康基准值为依据，主要适用于集中式生活饮用水水源及工农业用水。Ⅳ类水质以农业和工业用水要求为依据，除适用于农业和部分工业用水外，适当处理后可作生活饮用水。Ⅴ类水质不宜饮用，其他用水可根据使用目的选用。

三、水体污染源及其分类

水污染源可分为自然污染源和人为污染源两大类。自然污染源是指自然界自发向环境排放有害物质、造成有害影响的场所；人为污染源则是指人类社会经济活动所形成的污染源。水污染最初主要是自然因素造成的，如地表水渗漏和地下水流动将地层中某些矿物质溶解，使水中盐分、微量元素或放射性物质浓度偏高，导致水质恶化，但自然污染源一般只发生在局部地区，其危害往往也具有地区性。随着人类活动范围和强度的加大，人类的生产生活活动逐步成为水污染的主要原因。按污染物进入水环境的空间分布方式，人为污染源又可分为点污染源和面污染源。

1. 点污染源

点污染源的排污形式为集中在一点或一个可当作一点的小范围，实际上多由管道收集后进行集中排放。最主要的点污染源有工业废水和生活污水，由于产生污染的过程不同，这些污废水的成分和性质也存在很大差异。

（1）工业废水　长期以来，工业废水是造成水体污染最重要的污染源。根据废水的发生来源，工业废水可分为工艺废水、设备冷却水、洗涤废水以及场地冲洗水等；根据废水中所含污染物的性质，工业废水可分为有机废水、无机废水、重金属废水、放射性废水、热污染废水、酸碱废水以及混合废水等；根据产生废水的行业性质，又可分为造纸废水、石化废水、农药废水、印染废水、制革废水、电镀废水等。一般来说，工业废水具有污染量大、成分复杂、感官不佳、水质水量多变的特点。

每个工业部门废水中都有其独特的组合污染物，表现出不同的水质特点（见表 10-1）。

表 10-1　工业废水的水质特点（左玉辉，2002）

工业部门	工业企业性质	废水特点
化工业	化肥、纤维、橡胶、染料、塑料、农药、油漆、洗涤剂、树脂	有机物含量高，pH 变化大，含盐量高，成分复杂，难生物降解，毒性强
石油化工业	炼油、蒸馏、裂解、催化、合成	有机物含量高，成分复杂，水量大，毒性较强
冶金业	选矿、采矿、烧结、炼焦、冶炼、电解、精炼、淬灭	有机物含量高，酸性强，水量大，有放射性，有毒性
纺织业	棉毛加工、漂洗、纺织印染	带色，pH 变化大，有毒性
制革业	洗皮、鞣革、人造革	有机物含量高，含盐量高，水量大，有恶臭
造纸业	制浆、造纸	碱性强，有机物含量高，水量大，有恶臭
食品业	屠宰、肉类加工、油品加工、乳制品加工、水果加工、蔬菜加工等	有机物含量高，致病菌多，水量大，有恶臭
动力业	火力发电、核电	高温，酸性，悬浮物多，水量大，有放射性

除此之外，工业废渣、废气等也是导致水体污染的重要的污染源之一。

（2）生活污染　生活污水是指由人类生活产生的污水。城市和人口密集的居住区是主要的生活污染源。人们生活中产生的污水，包括由厨房、浴房、厕所等场所排出的污水和污物。生活污水中悬浮固体的含量一般在 $200\sim400mg/L$ 之间，BOD_5 在 $100\sim700mg/L$ 之间。随着城市的发展和生活水平的提高，生活污水量及污染物总量都在不断增加，部分污染物指标（如 BOD_5）甚至超过工业废水成为水环境污染的主要来源。

通常来说，生活污水中的物质组成主要来自生活中的各种洗涤水，一般 99.0% 是水，团体物质不到 1%，多为无毒的无机盐类、需氧有机物类、病原微生物类及洗涤剂。因含氮、磷、硫高，在厌气细菌作用下易产生恶臭物质，如 H_2S、硫醇、粪臭素，而发出阴沟臭。生活污水的水质呈现较规律的变化，用水量则成较规律的季节变化。

2. 面污染源

面污染源又称非点污染源，污染物排放一般分散在一个较大的区域范围，通常表现为无组织性。面污染源主要指雨水的地表径流、含有农药化肥的农田排水、畜禽养殖废水以及水土流失等。农村中分散排放的生活污水及乡镇工业废水，由于其进入水体的方式往往是无组织的，通常也列入面污染源。

面源污染主要的表现形式为农村面源污染和城市径流面源污染。此外，大气中含有的污染物随降雨进入地表水体，也可以归入面污染源。例如，酸雨降低了水体中的 pH 值，影响幼鱼和其他水生动物种群的生存，并可使幸存的成年鱼类丧失生殖能力。

由于面污染源量大、面广、情况复杂，故其控制要比点污染源难得多。并且随着对点污染源的管制的加强，面污染源在水环境污染中所占的比重在不断增加。据调查，损害美国地表水的污染源中，面源所作的贡献已分别达到 65%（河流）和 75%（湖泊）。

第二节　水体污染物及其迁移转化

一、主要的水体污染物及其环境效应

1. 悬浮物

悬浮物是指悬浮在水中的细小固体或肢体物质，主要来自水力冲灰、矿石处理、建筑、冶金、化肥、化工、纸浆和造纸、食品加工等工业废水和生活污水。悬浮物除使水体浑浊，影响水生植物的光合作用外，其沉积还会窒息水底栖息生物，破坏鱼类产卵区，造成渠管和抽水设备的堵塞、淤积和磨损，更严重者还会淤塞河流或湖库。此外，悬浮物中的无机和胶体物较容易吸附营养物、有机毒物、重金属、农药等，形成危害更大的复合污染物。

2. 耗氧污染物

能通过生物化学作用消耗水中溶解氧的化学物质，统称为耗氧污染物，包括无机耗氧污染物（主要有 Fe^{2+}、NH_4^+、S^{2-}、CN^- 等还原性物质）和有机耗氧污染物。由于耗氧有机物在水体中分解消耗大量的氧气，对水体污染较严重。人们所说的耗氧污染物通常指耗氧有机物，又称需氧有机物、有机无毒物、可生物降解有机物。生活污水和食品、造纸、制革、印染、石化等工业废水中含有的糖类、蛋白质、油脂、氨基酸、脂肪酸、酯类等都属于有机污染物质。虽然耗氧有机污染物没有毒性，但其在水中含量过多时，会大量消耗水中的溶解氧，从而影响鱼类和其他水生生物的正常活动。耗氧有机物是造成水体污染的一类比较普遍的污染物之一。耗氧有机物一般分为 3 大类，即碳水化合物、蛋白质和脂肪，其他有机化合物多为它们的降解产物。在标准状况下，水中溶解氧约 9mg/L，当溶解氧降至 4mg/L 以下时，将严重影响鱼类和水生生物的生存；当溶解氧降低到 1mg/L 时，大部分鱼类会窒息死亡；当溶解氧降至零时，水中厌氧微生物占据优势，有机物将进行厌氧分解，产生甲烷、硫化氢、氨和硫醇等难闻、有毒气体，造成水体发黑发臭，影响城市供水及工农业用水、景观用水。常用水体有机物污染指标有 BOD、COD、TOC 和 TOD 等。

3. 植物营养物质

营养物质主要指含氮、磷的无机物或有机物，主要来自生活污水（如洗涤剂）、部分工业废水和农业面源。其中主要来源是农田径流中携带的磷肥、氮肥。施入农田的化肥只有一部分为农作物所吸收，其余绝大部分被农田排水和地表径流携带至地下水和河、湖中；其次，营养物来自于人、畜、禽的粪便及含磷洗涤剂。此外，食品厂、印染厂、化肥厂、洗毛厂、制革厂、炸药厂等排出的废水中均含有大量氮、磷等营养元素。

适量的氮、磷为植物生长所必需，但过多的氮、磷营养物排入水体，则有可能造成水中藻类及其他浮游生物大量繁殖，覆盖了大量水面，导致水中溶解氧下降，水质恶化，鱼类和其他水生生物大量死亡，出现水体的富营养化。所谓富营养化是由于氮、磷等植物营养物质含量过多而引起的水质污染现象，一般发生在池塘、湖泊、水库、河口、河湾和内海等水流缓慢、营养物容易聚积的封闭或半封闭水域，对流速较大的水体如河流一般影响不大。一般来说，水中氮和磷的浓度分别超过 0.2mg/L 和 0.02mg/L，会促使藻类等绿色植物大量繁殖，可能导致富营养化发生。

富营养化根据其造成富营养化原因分为天然富营养化和人为富营养化。湖泊演变的自然过程，湖泊形成的幼年时期，均处于贫营养状态，随着时间的推移和环境的变化，逐渐使湖水中营养物质的浓度增加，导致湖泊的富营养化，该种称为自然富营养化类型。其发生原因多为天然因素，如天然降水、地表土壤的侵蚀淋溶和浮游动植物生长、死亡、分解、营养物质的释放。人为富营养化是由于工农业生产的迅速发展，使营养物质大量进入湖泊水体，加速了湖泊演化的过程而导致的富营养化。植物营养物质多经城市生活和工业污水、农村施用的化肥、牲畜粪便等经面源污染而进入的。自然富营养化和人为富营养化的相同点都是由于水体中 N、P 富集，引起水体 DO 下降、恶化；不同点是天然富营养化是湖泊水体生长、发育、老化、消亡整个生命史中的必需过程，经历时间漫长，需以地质年代或世纪来描述；人为富营养化因人类排放含有 N、P 的工农业生活污水所致，演化速度极快，短时间内可使湖泊由贫变富。水体富营养化的共同特征是浮游生物大量繁殖，水中溶解氧含量降低；水体中藻类的种类减少，个体迅速增加；因占优势的浮游藻类颜色不同，水面往往呈现蓝、红、棕、乳白等颜色，海水中出现叫"赤潮"，淡水中称"水华"。水体富营养化是一类较重的水体污染之一，富营养化后，通常导致：①DO降低，使鱼类难以生存；②藻类种类减少，危及鱼类生存，因为有些藻类有胶质膜，有的甚至有毒，不能成为良好的饵料；③危害水源，富营养化水体中含有的硝酸盐、亚硝酸盐对人、畜都有害；④加快湖泊老化的进程。

4. 难降解有机物

难降解有机物是指那些难以被自然降解的有机物，它们大多为有机毒物，是人工合成有机物化学品，难以被生化降解，毒性很大。在环境污染中具有重要意义的有机毒物包括有机农药、多氯联苯、稠环芳香烃、芳香胺类、杂环化合物、酚类、腈类等。许多有机毒物因其"三致效应"（致畸、致突变、致癌）和蓄积作用而引起人们格外的关注。以有机氯农药为例，首先其具有很强的化学稳定性，在自然环境中的半衰期为十几年到几十年；其次它们都可通过食物链在人体内富集，危害人体健康。如DDT能蓄积于鱼脂中，浓度可比水体中高12500倍。例如有机氯化合物、有机芳香胺类化合物、有机重金属化合物以及多环有机物等，它们的特点是能在水中长期稳定地存留，并在食物链中进行生化积累，其中一部分化合物即使在十分低的含量下仍具有致癌、致畸、致突变作用，对人类的健康构成极大的威胁。目前，人类仅对不足2%的人工化学品进行了充分的检测和评估，对超过70%的化学品都缺乏健康影响信息的了解，而对这些化学品的累积或协同作用的研究则更加缺乏。

5. 油类物质

油类物质对水体的污染多由石油污染造成，在各种水体中海洋水体污染最严重。水体中石油类污染物质主要来源于船舶排水、工业废水、海上石油开采及大气石油烃沉降。水体中油污染的危害是多方面的：含有石油类污染物质的废水排入水体后形成油膜，阻止大气对水的复氧，并妨碍水生植物的光合作用；石油类经微生物降解需要消耗氧气，造成水体缺氧；石油类污染物质黏附在鱼鳃及藻类、浮游生物上，可致其死亡，如果人类食用受石油类污染物质污染的鱼类等水产品，会危及人体健康；石油类还可抑制水鸟产卵和孵化。此外，油膜覆盖海面阻碍海水的蒸发，影响大气和海洋的热交换，改变海面的反射率和减少进入海洋表层的日光辐射，对局部地区的水文气象条件将产生一定的影响；石油污染引起的火灾会危及船舶和桥梁；严重的石油污染还会破坏地下水资源，使地下水水质恶化。

6. 重金属

重金属在水体污染中属于无机毒物污染物质，是地球上最为普遍，具有潜在生态危害的一类污染物。作为水污染物的重金属，主要是指汞、镉、铅、铬以及类金属砷等生物毒性显著的元素，也包括具有一定毒性的一般重金属如锌、镍、钴、锡等。重金属主要来源于电镀工业、冶金工业、化学工业等排放的废水中。重金属对水体污染的环境效应主要由其污染特点决定的，第一，重金属的毒性通常由微量所致，一般重金属产生毒性的浓度范围在$1\sim 10mg/L$之间，毒性较强的金属汞、镉等产生毒性范围为$0.001\sim 0.01mg/L$；镉浓度在$0.2\sim 1.1mg/L$时可使鱼类死亡。第二，重金属及其化合物具有较强的生物毒性，其毒性几乎都通过与机体结合而发挥作用，影响水中生物，并可通过食物链危害人体健康；某些重金属可在生物体内转化为毒性更强的有机化合物，如著名的日本水俣病就是由汞的甲基化作用形成甲基汞，破坏人的神经系统所致。第三，重金属难以被生物降解，在生物体内蓄积，生物从环境中摄取的重金属可通过食物链发生生物放大、富集，在人体内不断积蓄造成慢性中毒，例如淡水浮游植物能富集汞1000倍，鱼能富集1000倍，而淡水无脊椎动物的富集作用可高达 10000 倍。日本的骨痛病就是吃了被含镉污水污染的稻米所致，镉进入人体后，主要储存在肝、肾组织中不易排除。第四，重金属的毒性与金属的形态有关，重金属大多属过渡性元素，一般有多种价态，在较大范围内发生电子得失的氧化还原反应，价态不同，其活性和毒性也不同，重金属在水环境中易形成难溶性的沉淀物，当酸碱条件、氧化还原条件发生变化时，易与其他配位体形成各种易溶性的配合物，使重金属的溶解度增大。例如六价铬的毒性是三价铬的 10 倍，具有强氧化性。

二、水体主要污染物的迁移转化

1. 有机污染物质在水体中的转化

有机物降解的过程实质上就是生物化学作用过程。即在微生物作用下，水中的有机物发生分解转化为无机物的过程叫生物化学作用。有机污染物在水中好氧微生物的作用下氧化分解，分解产物的作用：一是被合成为细胞材料；二是变成能量释放，供细菌生长繁殖。有机物的氧化分解要消耗一定数量的氧，但是与此同时，通过水面的复氧作用，水体从大气中得到氧的补充。如果排入水体的有机物在数量上没有超过水体的环境容量（即自净能力），水体中的溶解氧会始终保持在允许的范围内，有机物在水体内进行好氧分解。如果排入水体的有机物过多，大量地夺取了水中的溶解氧，从大气补充的氧也不能满足需要，说明排入的有机污染物在数量上已超过了水体的自净能力，水体将由于缺氧而产生变质。若完全缺氧，有机物在水体内即将转入厌氧分解。

在污染河流中耗氧作用和复氧作用影响着水中溶解氧的含量。耗氧作用指有机物分解和有机体呼吸时耗氧，使水中溶解氧降低；复氧作用（也称再曝气作用）指空气中的氧溶于水和水生植物的光合作用放出氧，使水中溶解氧增加。图 10-1 是大量生活污水流入河流后，水中 DO 和 BOD 的变化曲线。图中将河流水体的变化划分为了几个水质变化时期。

（1）清洁水时期　河流在污水注入前，有机物和无机营养物质都较少，藻类和细菌的数量不多，藻类和绿色植物的生长速度和微生物的生长速度接近。溶解氧基本上保持饱和状态，即图 10-1 中的 A 点。污水集中于 0 点排放，假定排放后立即与河水完全混合。在排放前，河水中的溶解氧接近饱和（8mg/L），BOD 值处于正常状态，即低于 4mg/L，水温为 25℃。

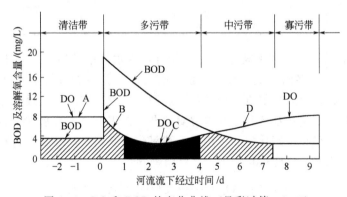

图 10-1　DO 和 BOD 的变化曲线（吴彩斌等，2005）

（2）多污时期　该阶段又可划分为分解时间段和腐化时间段，污水排放后，耗氧有机物分解，水体 BOD 值急剧上升，高达 20mg/L，污水中一些还原性无机物将立即耗氧，使水体溶解氧迅速下降，产生所谓直接缺氧，DO 下降，由于缺氧，细菌的大量生长繁殖，氧的消耗迅速增大，大气复氧不能及时补充，溶解氧含量随之下降，曲线开始下垂。这时，水中藻类的光合作用进行困难，所以其生长速度下降；同时，由于细菌的大量繁殖，生长速度随之上升，其比值也迅速下降。随着 DO 的下降在水体底层和中部逐渐转入厌氧分解状态，并逐渐向表层发展，整个水体水质恶化。水体中的 DO 值进一步陡垂，即位于曲线的 B 部分。有机污染物排入河流后，在被微生物氧化分解过程中，DO 与 BOD 有密切的关系，BOD 高的水域 DO 就低，BOD 低的水域 DO 就高。有机物分解过程消耗水中的氧，DO 曲线呈索状下垂，称为氧垂曲线。

如果排入河流的有机物数量较大，则 DO 完全消耗，水体进入完全厌氧分解阶段，这时几乎无水中藻类的生长，藻类的生长速度与细菌的生长速度比值几乎为零，氧垂曲线达到最低点，即图中 C 点，该点水体位于最大的缺氧状态，该阶段为腐化时间段。随着水体中有机污染物的分解，水体污染减轻，水体中藻类的光合作用增强，细菌生长速度减慢，再次出现二者比值接近于 1，即 C 点。

（3）中污时期 随着有机污染物减少，耗氧分解作用减弱，溶解氧量不断增加，水体厌氧分解状态又向需氧分解状态转化，水体中的细菌数量大减，而蓝藻、绿藻、硅藻等依次出现，原生动物、昆虫、鱼类、植物等也开始生长繁殖，光合作用加强，藻类的生长速度大于细菌的生长速度，其比值大于 1，由于光合作用和曝气作用，溶解氧逐增，即图中 D 点。

（4）寡污时期 随着有机污染物完全降解，溶解氧已恢复为污染前水平，藻类的种类和数量增加，出现大量的昆虫，细菌数目已极少，鱼类逐渐增多，并出现多种维管束植物，河流污染基本消失。

2. 植物营养物质在水体中的转化

氮和磷是造成水体富营养化的主要营养物质。当大量氮、磷植物营养物质排入水体后，促使某些生物（如藻类）急剧繁殖生长，生长周期变短，影响到其他生物体的正常生长。湖泊学研究认为富营养化是加速湖泊演化衰亡的主要标志。一般都用水中氮、磷浓度或负荷量来划分水体富营养化程度（见表 10-2）。

表 10-2 富营养化程度的划分（Thomas，1961） 单位：mg/m^3

富营养化程度	总磷	无机氮	富营养化程度	总磷	无机氮
极贫	<5	<200	中-富	30～100	500～1500
贫-中	5～10	200～400	富	>100	1500
中	10～30	300～650			

（1）含 N 化合物在水体中的转化 含 N 化合物在水体中的转化分两步进行，第一步是含 N 化合物如蛋白质、多肽、氨基酸和尿素等有机氮转化为无机氮中的氨氮；第二步则是氨氮的亚硝化和硝化，使无机氮进一步转化。这两步转化反应都是在微生物作用下进行的。

蛋白质的降解首先是在细菌分泌的水解酶的催化作用下，进行水解而形成氨，这个过程称之为氨化。氨进一步在亚硝化酶的作用下，被氧化为亚硝酸，继之亚硝酸在硝化菌的作用下，进一步氧化为硝酸。反应过程如下：

$$有机物 + O_2 \xrightarrow{微生物} CO_2 + H_2O + NH_3$$

$$NH_3 \longrightarrow NH_2OH \longrightarrow [HNO] \longrightarrow NO_2^- \longrightarrow NO_3^-$$

在缺氧的水体中，硝化反应不能进行，却可能在反硝化细菌的作用下，产生反硝化作用而形成 N_2，返回到大气中，这就是所谓的反硝化。反应过程如下：

$$NO_3^- \longrightarrow NO_2^- \longrightarrow [NO] \longrightarrow N_2O \longrightarrow N_2$$

从含 N 污染物在水体中的转化过程来看，有机氮 $\longrightarrow NH_3 \longrightarrow NO_2 \longrightarrow NO_3$ 可作为需

氧污染物的自净过程的判断标志，但从另一方面考虑，这一过程又是耗氧有机物向营养污染物的转化过程，在水中它们提供了藻类繁殖所需的 N 元素。

（2）含磷化合物在水体中的转化 磷在生态系统中只存在固相和液相循环，故称为是底质循环。湖泊底质和水体间不断进行物质交换，其中底质中磷的释放是湖泊中磷的主要来源。废水中的磷根据废水的类型而以不同的形式存在，最常见的有磷酸盐、聚磷酸盐和有机磷。生活污水中的磷 70% 是可溶性的。水体中的可溶性磷很容易与 Ca^{2+}、Fe^{3+}、Al^{3+} 等离子生成难溶性沉淀物而沉积于水体底泥中。沉积物中的磷，通过湍流扩散再度释放到上层水体中去。或者当沉积物中的可溶性磷大大超过水中磷的浓度时，则可能再次释放到水层中去。这些磷又会被各种水生生物加以利用。

由于磷在水体中的转化可以看作是一个动态的稳定体系，而磷又是水体藻类生长的最小控制因子，因此，控制水体富营养化，最重要的是控制磷污染物进入水体。国内外的大多数研究结果认为，在湖泊水体中磷的含量超出 0.05mg/L 时，就会出现藻类迅速增殖现象。若要防止湖泊水体发生富营养化，水中磷的含量应控制在 0.02mg/L 以下，无机氮含量应控制在 0.3mg/L 以下。

3. 石油在水体中的迁移转化

石油类物质进入水体后，可发生一系列复杂的迁移转化过程，主要包括扩展、挥发、溶解、乳化、光化学氧化、微生物降解、生物吸收和沉淀等（图 10-2）。

石油在海洋中的扩展形态由其排放途径所决定。有些是属于流动点源的连续扩展，如船舶流动中连续排放的废油就属于此类；有些是点源连续扩展，如搁浅、触礁的船只和陆地污染源；有些是点源瞬时扩展，如船舶或储油容器的损坏。扩展过程包括重力惯性扩展、重力黏滞扩展、表面张力扩展和停止扩展四个阶段。扩展过程一方面扩大了污染源，另一方面使更多的油通过下面的乳化、溶解、挥发等作用被降解。

石油挥发速度取决于石油中各种烃类的组分、起始浓度、面积大小和厚度以及气象状况，挥发作用是水体中油类污染物质自然消失的途径之一，它可去除海洋表面约 50% 的烃类。

溶解过程与挥发过程相似，溶解过程取决于烃类中碳的数目多少。石油在水中的溶解度的一般规律是：在蒸馏水中，烃类中每增加 2 个碳，溶解度下降 10 倍。

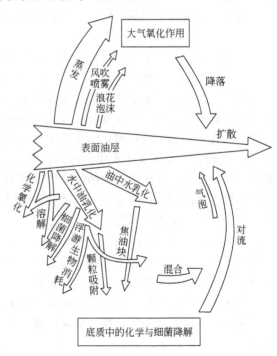

图 10-2 石油类物质在水体中迁移过程（陈静生等，1981）

在海水中也服从此规律，但其溶解度比在蒸馏水中低 12%～30%。溶解过程虽然可以减少水体表面的油膜，但加重了水体的污染。

乳化过程指油水通过机械振动（海流、潮汐、风浪等），形成微粒互相分散在对方介质中，共同组成一个相对稳定的分散体系。乳化过程可以进一步促进生物对油类的降解作用。

光化学氧化过程主要是指石油中的烃类在阳光（特别是紫外光）照射下，迅速发生光化学反应，先离解生成自由基，接着转变为过氧化物，然后再转变为醇等物质。该过程有利于消除油膜，减少海洋水面油污染。

微生物降解过程与需氧有机物相比，石油的生物降解较困难，但比化学氧化作用快 10 倍。石油物质的降解速度受油的种类、微生物群落、环境条件等的控制。

浮游生物和藻类可直接从海水中吸收溶解的石油烃类，而海洋动物则通过吞食、呼吸、饮水等途径将石油颗粒带入体内或被直接吸附于动物体表。生物吸收石油的数量与水中石油的浓度有关，而进入体内各组织的浓度还与脂肪含量密切相关。

沉积过程包括两个方面，一方面，石油中较重的组分被进一步氧化成致密颗粒而沉降到水底。另一方面，以分散状态存在于水体中的石油，也可能被无机悬浮物吸附而沉积。这种吸附作用与物质的粒径有关，同时也受盐度和温度的影响，即随盐度增加而增加，随温度升高而降低。沉积过程可以减轻水中的石油污染，沉入水底的油类物质，可能被进一步降解，但也可能在水流和波浪作用下重新悬浮于水而，造成二次污染。

4. 重金属在水体中的迁移转化

重金属在水体中不能被微生物降解，只能发生形态的相互转化以及分散和富集作用，这些过程统称为重金属迁移。重金属在水环境中的迁移，按照物质运动的形式，可分为机械迁移、物理化学迁移和生物迁移三种基本类型。

机械迁移是指重金属离子以溶解态或颗粒态的形式被水流机械搬运，迁移过程服从水力学特征。

物理化学迁移是指重金属以简单离子、配离子或可溶性分子的形式，在环境中通过一系列物理、化学作用（水解、氧化、还原、沉淀、溶解、吸附作用等）所实现的迁移与转化过程。这是重金属在水环境中最重要的迁移转化形式。这种迁移转化的结果决定了重金属在水环境中的存在形式、富集状况和潜在生态危害程度。

重金属在水环境中的物理化学迁移主要包括下述 3 种作用。

① 沉淀作用。重金属在水中可经过水解反应生成氢氧化物，也可以与相应的阴离子生成硫化物或碳酸盐。这些化合物的溶度积都很小，容易生成沉淀物。沉淀作用的结果，使重金属污染物在水体中的扩散速度和范围受到限制，从水质自净方面看这是有利的，但大量重金属沉积在排污口附近的底泥中。

② 吸附作用。重金属离子由于带正电，在水中易于被带负电的胶体颗粒所吸附。吸附重金属离子的胶体，可以随水流向下游迁移，但大多会很快地沉降下来。因此，这也使重金属容易富集在排水口下游一定范围内的底泥中。

沉淀作用和吸附作用都会造成大量重金属沉积于排污口附近的底泥中。沉积在底泥中的重金属是一个长期的次生污染源，很难治理，当环境条件发生变化时有可能重新释放出来，成为二次污染源。

③ 氧化还原作用。氧化还原作用在天然水体中有较重要的地位，由于氧化还原作用的结果，使得重金属在不同条件下的水体中以不同的价态存在，而价态不同其活性与毒性也不同，无机汞在水体底泥中或在鱼体中，在微生物的作用下，能够转化为毒性更大的有机汞（甲基汞）；Cr^{6+} 可以还原为 Cr^{3+}，Cr^{3+} 也可能转化为 Cr^{6+}，从毒性上看，Cr^{6+} 的毒性远大于 Cr^{3+}。

生物迁移是指重金属通过生物体的新陈代谢、生长、死亡等过程所进行的迁移。这种迁移过程比较复杂，它既是物理化学问题，也服从生物学规律。所有重金属都能通过生物体迁移，并由此使重金属在某些有机体中富集起来，经食物链的放大作用，构成对人体的危害。

第三节　我国水体污染的影响及治理控制技术

水资源的短缺和水污染的加剧正在威胁人类的健康和安全，水体受到污染后，会对人体的健康、工农业生产等产生不同程度的危害和不良影响，制约着社会经济的进一步发展，因此，水污染的治理和控制已经成为水资源管理中的一项重要的任务。

一、水体污染的影响

1. 水体污染加剧了水危机

中国是一个缺水的国家，人均占有水资源仅为 $2200m^3$，相当于世界人均拥有量的 1/4，已被联合国列为全世界人均水资源量为贫水的 13 个国家之一。其中北方有 9 个省、市、自治区低于 $500m^3$（国际公认一个地区人均占有水量的临界值为 $1000m^3$）。我国水资源的缺乏一种是由于人口众多、工农业用水量的增加导致的水源性缺水，另一种缺水类型为水环境日趋恶化导致的水质性缺水。水体污染是我国面临的最主要的水环境问题，2006 年《中国环境状况公报》公布全国水环境状况，其中淡水环境：2006 年，全国地表水总体水质属中度污染。在国家环境监测网（简称国控网）实际监测的 745 个地表水监测断面中（其中，河流断面 593 个，湖库点位 152 个），Ⅰ～Ⅲ类、Ⅳ类、Ⅴ类、劣Ⅴ类水质的断面比例分别为 40%、22%、10% 和 28%（见图 10-3）。七大

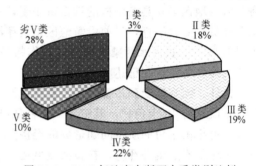

图 10-3　2006 年地表水断面水质类别比例

水系的 197 条河流 408 个监测断面中，Ⅰ～Ⅲ类，Ⅳ、Ⅴ类，劣Ⅴ类水质的断面比例分别为 46%、28% 和 26%。其中，珠江、长江水质良好，松花江、黄河、淮河为中度污染，辽河、海河为重度污染。具体七大水系状况如表 10-3 所示。

表 10-3　2006 年七大水系水质类别比例

七大水系	Ⅰ、Ⅱ类/%	Ⅲ类/%	Ⅳ类/%	Ⅴ类/%	劣Ⅴ类/%
长江	58	18	12	5	7
黄河	18	32	25	0	25
珠江	58	24	15	0	3
松花江	3	21	48	7	21
淮河	5	21	37	7	30
海河	14	8	11	10	57
辽河	27	8	17	5	43
总体	27	19	23	5	26

随着经济发展和人口的增加，对水的需求将更为迫切。水污染实际上减少了可用水资源量，使中国面临的缺水问题更为严峻。在城市地区，这一问题尤为突出，如北京人均水资源占有率仅有我国人均量的 1/6。目前，中国缺水城市有 300 多个。南方城市因水污染导致的缺水量占这些城市总缺水量的 60%～70%，北方和沿海城市缺水则更为严重。显然，如果对水污染趋势不加以控制，我国今后的缺水状况将更加严重。

2. 对工业生产的影响

水质受到污染会影响工业产品的产量和质量，造成严重的经济损失。此外，水质污染还

会使工业用水的处理费用增加，并可能对设备厂房、下水道等产生腐蚀，也影响到正常的工业生产。据了解，2003 年度全国万元工业增加值废水排放量是 $5.171\times10^4\,kg/$万元，最好水平是 $1.35\times10^4\,kg/$万元，但宁夏却高达 $1.0219\times10^5\,kg/$万元，甘肃也远高于全国平均水平。这种高消耗、低产出、薄收益、高污染的状况在黄河流域比比皆是，流域水环境与发展的矛盾十分尖锐。

3. 对农业、渔业生产的影响

未经处理的污水大量灌入农田，会直接危害粮食质量，污染农田和地下水，危害人们的饮水卫生和粮食安全。使用污染水来灌溉农田会破坏土壤，影响农作物的生长，造成减产，严重时则颗粒无收。1974 年，河北农民用蓟运河水浇小麦，由于河水中含过量的有害物质，致使近 $3300\,hm^2$ 小麦枯死。近些年来，由于水体污染使农民告状的案件有急剧增多的趋势，问题的严重性在于一旦土壤被污染后，就在相当长时间内难以恢复，造成土地资源的浪费。在黄河流域的一些地区农作物因污水灌溉导致减产甚至绝收的现象时有发生。2004 年，山西省介休市松安村用被污染了的汾河水浇地，致使 $13.3\,hm^2$ 玉米及杨树死亡。2002 年，青海省海东地区平安县东庄村的近百亩小麦，引溉了污染的湟水后被活活烧死。据水利部黄河水利委员会专家测算，目前沿黄地区引黄灌溉面积已发展到 $733\times10^4\,hm^2$，用水占黄河总用水量的 90%。黄河水污染不但造成农作物品质下降，还使一些农田水利设施报废，给农业造成的损失每年最高已达 33 亿元。

此外，当水体受到污染后，会直接危及水生生物的生长和繁殖，造成渔业减产。如黄河的兰州段原有 18 个鱼种，其中 8 个鱼种现已绝迹。由于水体污染也会使鱼的质量下降，据统计，每年由于鱼的质量问题造成的经济损失多达 300 亿元。黄河流域由于工业废水污染水体，破坏了农业生态环境，在黄河流域的一些地区农作物因污水灌溉而减产甚至绝收的事时有发生。此外，黄河沿岸，直接饮用黄河水的农民已成了各种"怪病"的"高危人群"。

4. 水污染破坏水生生态环境

水环境的恶化破坏了水体的水生生态环境，导致水生生物资源的减少或绝迹，据统计，全国鱼虾绝迹的河流约达 2400km。水污染使湖泊和水库的鱼类有异味，体内毒物严重超标，无法食用。水污染恶化了水域原有的清洁的自然生态环境，"太湖污染，已成为长三角之痛。"中科院南京地理与湖泊研究所的长期研究显示，太湖生态系统结构正在迅速恶化，2005 年以来，太湖夏季出现严重蓝藻水的面积大幅南扩和东扩，基本覆盖整个太湖，而且蓝藻暴发时间在不断提前。

水质恶化使许多江河湖泊水体浑浊，气味变臭，尤其是富营养化加速了湖泊衰亡。全国面积在 $11\,km^2$ 以上的湖泊数量，在 30 年间减少了 543 个。由于农业生产施用了过量的化肥、农药，使得大量的 N、P 营养元素进入水。引起了水体的富营养化，会导致水体内的浮游植物大量繁殖，一定程度上阻碍水生生物的呼吸和觅食，严重时导致水生生物的死亡，从而破坏了水生生态系统的平衡。

5. 对人体健康的危害

人类是地球生态系统中最高级的消费种群，环境污染对大气环境、水环境、土壤环境及生态环境的损伤和破坏最终都将以不同途径危及人类的生存环境和人体健康。水体污染对人体健康的影响表现在如下方面：第一，引起急性和慢性中毒，水体受化学有毒物质污染后，通过饮水或食物链便可能造成中毒，如甲基汞中毒、镉中毒、砷中毒、铬中毒等，这些急性和慢性中毒是水污染对人体健康危害的主要方面；第二，致癌作用，某些有致癌作用的化学物质，如砷、铬、镍、铍、苯胺、苯并 [a] 芘和其他的多环芳烃、卤代烃污染水体后，可以在悬浮物、底泥和水生生物体内蓄积，长期饮用含有这类物质的水，或食用体内蓄积有这类物质的生物就可能诱发癌症；第三，发生以水为媒介的传染病。人畜粪便等生物性污染物污染水体，可能引起细菌性肠道传染病如伤寒、副伤寒、痢疾、肠炎、霍乱、副霍乱等；肠道内常见病毒如脊髓灰质炎病毒、柯萨奇病毒、传染性肝炎病毒等，皆可通过水污染引起相应的传染病；某些寄生虫病，如血吸虫病以及由钩端螺旋体引起的钩端螺旋体病等也可通过水传播；第四，间接影响，水体污染后，常可引起水的感官性状恶化，如某些污染物在一般浓度下，对人的健康虽无直接危害，但可使水发生异臭、异味、异色、呈现泡沫和油膜等，妨碍水体的正常利用；水体污染也可通过农业、工业等的直接影响，间接影响人体健康。

二、水体污染的治理技术及防治对策

城市污水和工业废水是造成水体污染的主要原因，为了保证水体不被污染就必须在废水排入水体之前加以处理。清除各种污染物有多种方法，以下对其处理方法和工艺过程简单介绍。

（一）污水处理基本方法

1. 污水的物理处理法

废水的物理处理法是利用物理作用来进行废水处理的方法，主要用于分离去除废水中不溶性的悬浮污染物。在处理过程中废水的化学性质不发生改变。主要工艺有筛滤、重力分离、离心分离等，使用的处理设备和构筑物有格栅和筛网、沉砂池和沉淀池、气浮装置、离心机、旋流分离器等。

（1）格栅和筛网　格栅是由一组平行的金属栅条制成的具有一定间隔的框架。将其斜置在废水流经的渠道上，用于去除废水中粗大的悬浮物和漂浮物。筛网是由穿孔滤板或金属网构成的过滤设备，用于去除较细小的悬浮物。

（2）沉淀法　沉淀法的基本原理是利用重力作用使废水中重于水的固体物质下沉，从而达到与废水分离的目的。这种工艺处理效果好，并且简单易行。因此，在废水处理中广泛应用。

（3）气浮法　用于分离密度与水接近或比水小，靠自重难以沉淀的细微颗粒污染物。其基本原理是在废水中通入空气，产生大量的细小气泡，并使其附着于细微颗粒污染物上，形成密度小于水的浮体，上浮至水面，从而达到使细微颗粒与废水分离的目的。

（4）离心分离　使含有悬浮物的废水在设备中高速旋转，由于悬浮物和废水质量不同，所受的离心力不同，从而可使悬浮物和废水分离。根据离心力的产生方式，离心分离设备可分为旋流分离器和离心机两种类型。

2. 污水的化学处理法

化学处理法是利用化学反应来分离、回收废水中的污染物，或将其转化为无害物质，主要工艺有中和、混凝、化学沉淀、氧化还原、吸附、萃取等。

（1）中和法　中和法是利用化学方法使酸性废水或碱性废水中和达到中性的方法。在中和处理中，应尽量遵循"以废治废"的原则，优先考虑废酸或废碱的使用，或酸性废水与碱性废水直接中和的可能性。其次才考虑采用药剂（中和剂）进行中和处理。

（2）混凝法　混凝法是通过向废水中投入一定量的混凝剂，使废水中难以自然沉淀的胶体状污染物和一部分细小悬浮物形成具有一定大小的絮凝体，在后续沉淀池中沉淀分离，从而使胶体状污染物得以与废水分离的方法。通过混凝，能够降低废水的浊度、色度，去除高分子物质、呈悬浮状或胶体状的有机污染物和某些重金属物质。

（3）化学沉淀法　化学沉淀法是通过向废水中投入某种化学药剂，使之与废水中的某些溶解性污染物质发生反应，形成难溶盐沉淀下来，从而降低水中溶解性污染物浓度的方法。化学沉淀法一般用于含重金属工业废水的处理。根据使用沉淀剂的不同和生成难溶盐的种类，化学沉淀法可分为氢氧化物沉淀法、硫化物沉淀法和钡盐沉淀法。

（4）氧化还原法　氧化还原法是利用溶解在废水中的有毒有害物质，在氧化还原反应中能被氧化或还原的性质，把它们转变为无毒无害物质的方法。废水处理使用的氧化剂有臭氧、氯气、次氯酸钠等，还原剂有铁、锌、亚硫酸氢钠等。

（5）吸附法　吸附法是采用多孔性的固体吸附剂，利用固-液相界面上的物质传递，使废水中的污染物转移到固体吸附剂上，从而使之从废水中分离去除的方法。具有吸附能力的多孔固体物质称为吸附剂。根据吸附剂表面吸附力的不同，可分为物理吸附、化学吸附和离子交换性吸附。在废水处理中所发生的吸附过程往往是几种吸附作用的综合表现。废水中常用的吸附剂有活性炭、磺化煤、沸石等。

（6）离子交换法　离子交换是指在固体颗粒和液体的界面上发生的离子交换过程。离子交换水处理法即是利用离子交换剂对物质的选择性交换能力去除水和废水中的杂质和有害物质的方法。

（7）膜分离　可使溶液中一种或几种成分不能透过，而其他成分能透过的膜，称为半透膜。膜分离是利用特殊的半透膜的选择性透过作用，将废水中的颗粒、分子或离子与水分离的方法，包括电渗析、扩散渗析、微过滤、超过滤和反渗透。

3. 污水的生物处理法

在自然界中，栖息着巨量的微生物。这些微生物具有氧化分解有机物并将其转化成稳定无机物的能力。废水的生物处理法就是利用微生物的这一功能，并采用一定的人工措施，营造有利于微生物生长、繁殖的环境，使微生物大量繁殖，以提高微生物氧化、分解有机物的能力，从而使废水中的有机污染物得以净化的方法。根据采用微生物的呼吸特性，生物处理可分为好氧生物处理和厌氧生物处理两大类。根据微生物的生长状态，废水生物处理法又可分为悬浮生长型（如活性污泥法）和附着生长型（生物膜法）。

（1）好氧生物处理法　好氧生物处理是利用好氧微生物，在有氧环境下，将废水中的有机物分解成二氧化碳和水。好氧生物处理效率高，使用广泛，是废水生物处理中的主要方法。好氧生物处理的工艺很多，包括活性污泥法、生物滤池、生物转盘、生物接触氧化等工艺。

（2）厌氧生物处理法　厌氧生物处理是利用兼性厌氧菌和专性厌氧菌在无氧条件下降解有机污染物的处理技术，最终产物为甲烷、二氧化碳等。其多用于有机污泥、高浓度有机工业废水，如啤酒废水、屠宰厂废水等的处理，也可用于低浓度城市污水的处理。污泥厌氧处理构筑物多采用消化池，最近二十多年来，开发出了一系列新型高效的厌氧处理构筑物，如升流式厌氧污泥床、厌氧流化床、厌氧滤池等。

（3）自然生物处理法　自然生物处理法即利用在自然条件下生长、繁殖的微生物处理废水的技术。主要特征是工艺简单，建设与运行费用都较低，但净化功能易受到自然条件的制约。主要的处理技术有稳定塘和土地处理法。

（二）废水处理工艺流程

由于污水中污染物质的多样性，因此不可能用单一的处理方法去除其中的全部污染物，往往需要多种处理方法、多个处理单元有机组合，才能达到预期处理程度的要求，而处理程度又主要取决于原污水的性质、出水受纳水体的功能以及有无后续再处置工程等。

　　废水处理的工艺流程根据不同的处理程度可分为预处理、一级处理、二级处理和三级处理。

表 10-4　污水一级、二级和三级处理的净化效果比较　　　　　单位：％

污染物质	一级处理去除率	二级处理去除率	三级处理去除率
悬浮固体	60～70	80～95	90～95
有机物	20～40	70～90	＞95
总磷	10～30	20～40	85～97
总氮	10～20	20～40	20～40
大肠杆菌	60～90	90～99	＞99
病菌	30～70	90～99	＞99
镉和锌	5～20	20～40	40～60
铜、铅和铬	40～60	70～90	80～89

　　(1) 预处理　预处理的工艺主要包括格栅、沉砂池，用于去除污水中粗大的悬浮物、密度大的无机砂粒及其他较大的物质，以保护后续处理设施正常运行并减轻污染负荷。预处理中，污水通过算子筛，去掉树枝和碎布之类的残渣，并进入特别设计的通道，使其流速降低，砂砾等依靠重力沉淀下来。

　　(2) 一级处理　一级处理多采用物理处理方法，其任务是从污水中去除呈悬浮状态的固体污染物。经一级处理后，悬浮物去除率为 60％～70％，有机物去除率 20％～40％，废水的净化程度不高，一般达不到排放标准，因此一级处理多属二级处理的前处理。

　　(3) 二级处理　二级处理的主要任务是大幅度去除污水中呈胶体和溶解状态的有机污染物，生物处理法是最常用的二级处理方法。经二级处理后，有机物去除率可达 70％～90％，处理后出水 BOD_5 可降至 20～30mg/L，常规指标达到国家目前规定的污水排放标准。因此，通常要求城市污水处理厂达到污水的二级处理水平。

　　(4) 三级处理　三级处理是在二级处理之后，进一步去除残留在污水中的污染物质，其中包括微生物未能降解的有机物、氮、磷及其他有毒有害物质，以满足更严格的污水排放或回用要求。三级处理通常采用的工艺有生物除氮脱磷法，或混凝沉淀、过滤、吸附等一些物理化学方法。三级处理虽也可实现尾水的深度处理，但由于代价高昂，一般难以大规模推广。

　　城市污水一级、二级和三级处理污染物质的去除效率比较见表 10-4。由于工业废水的水质成分极其复杂，因此没有通用的集中处理工艺流程。应根据各类工业企业废水水质的具体情况，选取适宜的废水处理技术和工艺流程。对处理后达到城市污水截流管网接管标准的工业废水，可纳入城市污水处理厂进行统一处理。

　　(三) 水体污染的防治对策

　　要从根本上保护水环境，防治水体的污染还必须制定相应的防治水体污染的对策。首先，要人人建立生态观念，保护水环境。在大型水库建设中，要加强对水资源的规划，严禁水源污染；加大法律管理力度，控制地下水的开采，使小河流渠道化，充分利用和保护现有水资源；加大对小流域治理的力度，保护现有的河流和湖泊。其次，加强法律、标准的制定及功能区划分。认真学习贯彻并严格遵守《中华人民共和国水法》，进一步制定水质标准，对一些特殊的功能区要通过规划进行特殊保护。

<h1 style="text-align:center">本 章 小 结</h1>

　　本章主要阐述了水环境及水环境承载力的有关概念及联系，结合我国实际阐述了水环境

的主要污染源、主要污染物以及对环境的影响；结合不同区域不同功能水体的水环境容量不同，在水环境容量范围内水体有一定的自净能力，通过讲述污染物在水体中的迁移转化过程、水环境治理的主要措施及水污染防治控制技术，阐明了水资源开发利用对水环境带来的影响。

　　本章重点掌握水资源开发利用对环境的影响，水环境的主要污染源、污染物及其在水体中的迁移转化过程，掌握主要的水污染防治控制技术与方法。

复习思考题

　　1. 什么是水资源承载力和水环境承载力？二者有什么区别和联系？

　　2. 水资源开发利用对水环境产生什么样的影响？

　　3. 主要的水环境污染物有哪些？会产生什么样的环境效应？

　　4. 主要的水环境污染物在水体中的迁移转化规律是什么？

　　5. 解释有机污染物进入水体后的分解过程，并分析冬季和夏季时 DO 最低点出现的时间是提前还是推后？

　　6. 主要的污水处理方法有哪些？

第十一章 土壤环境

土壤是人类赖以生存的物质基础，是人类不可缺少、不可再生的自然资源。土壤环境是人类环境的重要组成部分，充分认识土壤环境，有利于对土壤资源的进一步利用和对土壤环境的合理调控。加强土壤肥力的培育，防治土壤污染，充分利用土壤的净化功能，实现污染土壤的清洁是全社会的共同责任。

第一节 土壤环境

一、土壤与土壤生态系统

1. 土壤的组成

土壤是指位于陆地表面，呈连续分布，具有肥力，能够生长植物的疏松表层。土壤是组成土地的基本要素，也是自然环境的重要组成要素，是由固体（无机体和有机体）、液体（土壤水分）和气体（土壤空气）组成的三相复合系统。每一组分都有其自身的理化性质，三者间处于相对稳定或变化状态。固相主要是矿物质、有机质，也包括一些活的微生物。按容积计，典型的土壤中矿物质约占38%，有机质约占12%。按重量计，矿物质可占固相部分的95%以上，有机质占5%左右。典型土壤液相、气相容积共占三相组成的50%。由于液相、气相经常处于彼此消长状态，即当液相占容积增大时，气相占容积就减少，气相占容积增大时，液相所占容积就减少，两者之间的消长幅度在15%～35%之间。

（1）土壤矿物质　土壤矿物质是土壤的主要组成物质，构成了土壤的"骨骼"。土壤矿物质主要来自成土母质，按其成因可分为原生矿物和次生矿物两大类。原生矿物指各种岩石受到不同程度的物理风化，而未经化学风化的碎屑物，其原来的化学组成和结晶构造均未改变。次生矿物是由原生矿物经风化后重新形成的新矿物，其化学组成和构造都经过改变，而不同于原来的原生矿物。它是土壤固体物质中最有影响的部分，影响着土壤许多重要的物理、化学性质。土壤矿物质的组成、结构和性质如何，对土壤功能的发挥所需的土壤的物理环境、化学环境和生物环境直接产生深刻的影响。

（2）土壤有机质　土壤有机质是指土壤中的各种含碳有机化合物，其中包括动植物残体、微生物体和这些生物残体的不同分解阶段的产物，以及由分解产物合成的腐殖质等。

土壤有机质是土壤中最重要的组成物质。它虽然含量很少，一般只占百分之几，最高不超过10%，但对土壤形成过程以及土壤的物理、化学、生物学等性质影响很大，在土壤肥力、环境保护、农业可持续发展等方面都有非常重要的意义；同时它又是植物和微生物生命活动所需的养分和能量的源泉。土壤有机质对土壤污染物的迁移转化和土壤碳库功能的发挥有重要的影响。

（3）土壤水分和空气　土壤水分是土壤的重要组成成分之一。它不仅是植被生活不可缺少的生存因子，而且它和可溶性盐构成土壤溶液，成为向植物供给养分的介质。土壤水分主要来自大气降水、灌溉水、地下水。此外，水汽的凝结也会增加土壤水分的含量，但这种水分含量很少，不占重要地位。大气降水是土壤水的最大来源，而且是一切土壤水的原始补给源，但大气降水在渗入土壤的过程中，会受到不同形式的消耗和损失，不可能全部进入土壤中。土壤水分的消耗主要有土壤蒸发、植物吸收和蒸腾、水分渗漏和径流损失等，其中地面蒸发和水分渗漏最为重要。

土壤空气主要来自大气，存在于未被水分占据的土壤孔隙中。土壤空气按其组成在质与量上均不同于大气中的空气。土壤空气的主要成分同大气一样，为 N_2、O_2、CO_2 及水汽等，由于土壤生物生命活动的影响，二氧化碳比大气中含量高，而氧含量比大气的低。大气中 CO_2 含量为 0.03%，而在土壤空气含 CO_2 为大气的十倍至数百倍。氧在大气中一般约占 20%，而在土壤空气中只有 $10\%\sim12\%$，在通气极端不良的条件下，可低至 10%。另外，土壤空气中的水汽含量远比大气为高，土壤空气湿度一般接近 100%。在土壤中由于有机质的分解，还可能产生甲烷、硫化氢、碳化氢、氢等二十多种气体。此外，土壤空气中还经常有少量的氨存在。

2. 土壤生态系统

土壤生态系统作为全球生态系统的子系统，它与其他自然生态系统的组成一样，主要分为：生命有机体部分，即植物和土壤微生物等；非生命无机环境部分，即太阳光、能，大气，母岩与母质，地表形态及土壤矿物质，水分和空气等。土壤生态系统的生物部分，根据在系统中物质与能量迁移转化中的作用，又可分为以下三个功能群。

(1) 生产者 主要指含有叶绿素能利用太阳辐射能和光能合成有机体的植物。它们构成了土壤生态系统的基石，同时也是农业生态系统的基础。没有生产者，任何生态系统都不会有物质流和能量流组成食物链。对于农业生态系统也就不可能有农、林、牧、副、渔的全面发展。

(2) 消费者 即以生物有机体为食的异养性生物，包括土壤动物在内的所有草食动物和肉食动物。据其在食物链中所处的位置，又可以分为：一级消费者（草食动物）、二级消费者（以草食动物为食的肉食动物）和三级消费者（以二级消费者为食的肉食动物）。

(3) 分解者 主要指土壤中数以亿万计的依靠分解有机质维持生命的土壤微生物群。有机体分解者使土壤生态系统以至全球表层环境系统中 C、H、O、N、P、S 以及 K、Na、Ca、Mg 和诸多微量元素得以周而复始地循环利用，因而在土壤生态系统和农业生态系统持续发展中起着不容忽视的重要作用。

二、土壤环境与功能

所谓土壤环境实际上指连续覆被于地球陆地地表的土壤圈层。土壤环境作为地球表层环境系统的子系统，它是地表环境系统中各种自然的、物理的、化学的以及生物过程、界面反应、物质与能量交换、迁移转化过程最为复杂、最为频繁的地带，也是环境变化信息较为敏感和丰富的环境子系统。正是由于土壤环境的这种特殊位置，促使它在地球表层环境系统中起着重要的调解和缓冲等作用。土壤这些作用的发挥又与土壤特有的物理、化学和生物环境密不可分。

(一) 土壤的物理环境与功能

土壤的物理环境由固体、液体和气体三相体系组成。土壤质地、土壤结构、孔隙度等物理性质影响着土壤的坚实度、塑性、通透性、排水能力、蓄水能力、根部穿透的难易、植物养分的保存力等，这些性质彼此间相互关联，共同影响着土壤环境的功能和性质。认识、利用和改变这些性质，对更好地利用和保护土壤环境有重要的作用。

土壤质地是决定土壤蓄水、保水、保肥、供肥、保温、导温、通气等特性的重要因素，因而对植物生长发育的影响较大。土壤孔性反映在土壤的孔隙度、大小孔隙的分配及其在各土层中的分布等。孔隙良好的土壤，能够同时满足植物对水分和空气的要求，有利于养分状况的调节和植物根系的伸展。土壤是极为复杂的多孔体，大的土壤孔隙可通气，小的可以蓄水，可满足作物对水分和空气的需要，有利于根系伸展。土壤质地影响进入土壤中环境污染物质的截留、迁移和转化。黏土富含黏粒，颗粒较小，比表面积大，故其在物理性上表现较强的吸附能力，可以将进入土壤中的污染物吸附到土粒的表面，使其不易迁移。砂土黏粒含量少，砂粒含量多，土壤的通气和透水性强，吸附能力较弱，进入其中的污染物易迁移。

（二）土壤的化学环境与功能

在土壤环境要素中，除土壤的物理性质决定其功能外，化学性质对其功能的发挥的影响，也是人们关注土壤环境的主要内容。土壤的化学性质中，对土壤化学环境产生较大影响的主要是土壤的胶体性质、酸碱度和氧化还原性质。

1. 土壤胶体性质

土壤胶体是土壤中高度分散的部分，指土壤中粒径小于 $2\mu m$ 或小于 $1\mu m$ 的颗粒，为土壤中颗粒最细小而最活跃的部分。其构造由微粒核和双电层两部分构成，这种构造使土壤胶体产生表面特性及电荷特性，表现为具有较大的表面积和表面能，并带有电荷，能吸持各种重金属等污染元素，有较大的缓冲能力，对土壤中元素的保持和忍受酸碱变化以及减轻某些毒性物质的危害有重要的作用。此外，受其结构的影响，土壤胶体还具有分散、絮凝、膨胀、收缩等特性，这些特性与土壤结构的形成及污染元素在土壤中的行为均有密切的关系。而它所带电荷的性质主要决定胶粒表面固定离子的性质，是土壤具有一系列物理、化学性质的根本原因。

（1）对重金属等污染元素生物毒性的影响　土壤胶体既能使一些元素迁移，又可使某些元素固定、沉淀。土壤交换吸附，可以把交换力强的元素保存起来，而把交换力弱的元素淋洗迁移。土壤和沉积物中的锰、铁、铝、硅等氧化物及其水合物，对多种微量重金属离子起富集作用，其中以氧化锰和氧化铁的作用更为明显。金属氧化物及其水合物对重金属离子的专性吸附，起着控制土壤溶液中金属离子浓度的重要作用，土壤溶液中 Zn、Cu、Co、Mo 等微量重金属离子的浓度主要受吸附-解吸作用所支配。金属离子被土壤吸附，是重金属离子从液相转入土壤固相的最主要途径之一。胶体的吸附，特别是有机胶体的吸附，在很大程度上决定着土壤重金属的分布和富集情况，重金属与土壤胶体间吸附能力大小，也会影响其危害程度。如土壤中铁、铝、锰氧化物对一些重金属污染离子具有专性吸附作用，是土壤自净能力的重要性质，在降低重金属污染的危害上有重要意义。

（2）对有机物污染物环境行为的影响　由于土壤胶体特性影响农药等有机污染物在土壤环境中的转化过程，从而导致污染物的环境滞留等问题。进入土壤的农药等有机污染物可被黏粒矿物吸附而失去其药性，而当条件改变时，又可释放出来。有些有机污染物可在黏粒表面发生催化降解而失去毒性。有机污染物与黏粒的复合，必然影响其生物毒性，影响程度取决于吸附力和解吸力。例如，蒙脱石吸附的百草枯很少呈现植物毒性，而吸附于高岭石和蛭石的百草枯仍具有植物毒性。不同交换性阳离子对蒙脱石所吸附农药的释放程度的影响也各不相同。

2. 土壤的酸碱度

土壤酸碱性与土壤的固相组成和吸收性能有着密切的关系，是土壤的一个重要化学性质，其对植物生长和土壤生产力以及土壤污染与净化都有较大的影响。

土壤酸碱性对土壤微生物的活性、矿物质和有机质分解起重要作用。它可通过对土壤中进行的各项化学反应的干预作用而影响组分和污染物的电荷特性，沉淀-溶解、吸附-解吸和配位-解离平衡等，从而改变污染物的毒性；同时，土壤酸碱性还通过土壤微生物的活性来改变污染物的毒性。

土壤溶液中的大多数金属元素（包括重金属）在酸性条件下以游离态或水化离子态存在，毒性较大，而在中、碱性条件下易生成难溶性氢氧化物沉淀，毒性大为降低。以污染元素 Cd 为例，在高 pH 和高 CO_2 条件下，Cd 形成较多的碳酸盐而使其有效度降低。但在酸性（pH 5.5）土壤中在同一总可溶性 Cd 的水平下，即使增加 CO_2 分压，溶液中 Cd^{2+} 仍可保持很高水平。土壤酸碱性的变化不但直接影响金属离子的毒性，而且也改变其吸附、沉淀、配位反应等特性，从而间接地改变其毒性。

土壤酸碱性也显著影响含氧酸根阴离子（如铬、砷）在土壤溶液中的形态，影响它们的吸附、沉淀等特性。在中性和碱性条件下，Cr^{3+} 可被沉淀为 $Cr(OH)_3$。在碱性条件下，由于 OH^- 的交换能力大，能使土壤中可溶性砷的百分率显著增加，从而增加了砷的生物毒性。

此外，有机污染物在土壤中的积累、转化、降解也受到土壤酸碱性的影响和制约。例如，有机氯农药在酸性条件下性质稳定，不易降解，只有在强碱性条件下才能加速代谢；持久性有机污染物五氯酚（PCP），在中性及碱性土壤环境中呈离子态，移动性大，易随水流失，而在酸性条件下呈分子态，易为土壤吸附而降解，半衰期增加。

3. 土壤的氧化还原性质

土壤氧化还原作用是很普遍的现象。氧化还原能力常用氧化还原电位（Eh）表示，Eh 值是由氧化剂和还原剂活度比所决定，Eh 值愈大，则表示氧化剂所占比例愈大，也就是氧化强度愈大。

从环境角度讲，土壤氧化性和还原性与有毒物质在土壤环境中的消长密切相关。在热带、亚热带地区间歇性阵雨和干湿交替对厌氧、好氧细菌的增殖均有利，比单纯的还原或氧化条件更有利于有机农药分子结构的降解。特别是有环状结构的农药，其环开裂反应需要氧的参与，如 DDT 的开环反应、地亚农的代谢产物嘧啶环的裂解等。有机氯农药大多在还原环境下才能加速代谢。

土壤中大多数重金属污染元素是亲硫元素，在农田厌氧还原条件下分解成难溶性硫化物，降低了毒性和危害。当土壤转为氧化状态如落干或干旱时，难溶硫化物逐渐转化为易溶硫酸盐，其生物毒性增加。如黏土中添加 Cd 和 Zn 等的情况下淹水 5～8 周后，可能存在 CdS。在同一土壤含 Cd 量相同的情况下，若水稻在全生育期淹水种植，即使土壤含 Cd 100mg/kg，糙米中 Cd 浓度大约为 1mg/kg（Cd 食品卫生标准为 0.2mg/kg）；但若在幼穗形成前后此水稻田落水搁田，则糙米含 Cd 量可高达 5mg/kg。这是因为土壤中 Cd 溶出量下降与 Eh 下降同时发生。这就说明，在土壤淹水条件下，Cd 的毒性降低是因为生成了硫化镉的缘故。

（三）土壤的生物环境与功能

土壤生物包括微生物、动物和植物根系，它们既是生态系统中的消费者也是分解者，在土壤有机质积累、粉碎、分解动植物残体等方面扮演着重要的角色，对土壤物质循环和肥力形成有着巨大的贡献。由土壤生物及其周围的非生命组分构成的土壤环境，对维持土壤生态系统的稳定发挥着重要的功能。

1. 土壤微生物的功能

土壤微生物是土壤肥力发展的主导因素。自养型微生物可以从阳光或通过氧化原生矿物等无机化合物中摄取能源，通过同化 CO_2 取得碳源构成机体，为土壤提供了有机质；异养型微生物通过对有机体的腐生、寄生、共生、吞食等方式获得食物和能源，是土壤有机质分解合成的主宰者。土壤微生物把不溶性盐类化为可溶性盐类；把有机质矿化为能被吸收利用的化合物；固氮菌能固定空气中的氮素，为土壤提供了氮；微生物分解、合成腐殖质，能改善土壤物理、化学性质。在好氧环境中，许多细菌、放线菌参与有机质的分解，对污水、污泥中的蛋白质含氯化合物的降解起重要作用。微生物还参与或间接影响土壤其他营养元素的转化。微生物对农药的降解可使土壤对农药进行彻底的净化。目前已发现能够分解石油产品的微生物约百余种，分离、培育出能高效分解石油的微生物，播施到被污染的土壤中，可以很快消除石油污染和危害。

2. 土壤中的动物及功能

土壤中的动物种类繁多，包括原生动物（鞭毛虫纲、肉足虫纲、纤毛虫亚门类）、蠕虫动物（线虫和环节动物）、节肢动物（蚁类、蜈蚣、螨类及昆虫幼虫）、腹足动物（蛞蝓、蜗牛等）及一些哺乳动物，可调节土壤的透气性及改良土壤的营养状况，对土壤物理和化学污染的净化有重要的影响。研究表明，土壤动物吞食污染有机物和无机物，并分解吸收，进入有机体或被排泄物吸附保存，改变污染物原有的性质，因而可消除或减少污染物的危害。

总结起来，土壤生物的功能主要有以下六个方面：①分解有机物质，直接参与碳、氮、硫和磷等元素的生物循环，使植物需要的营养元素从有机质中释放出来，重新供植物利用；②参与腐殖质的合成和分解作用；③改善土壤中营养状况，如某些微生物具有固定空气中氮、溶解土壤中难溶性磷和分解含钾矿物等能力，从而改善土壤中氮、磷、钾的营养状况；④土壤生物的生命活动产物（如生长刺激素等）能促进植物的生长；⑤参与土壤中的氧化还原过程等，维持土壤化学性质的稳定；⑥降解污染物，消除或减少污染物的危害。

第二节 土壤污染及危害

生态环境中，土壤是连接自然环境中无机界与有机界、生物界与非生物界的重要枢纽。在正常情况下，物质和能量在环境和土壤之间不断进行交换、转化、迁移和积累，处于一定的动态平衡状态中，不会发生土壤环境的污染。但是，如果人类的各种活动产生的污染物质，通过各种途径输入土壤，其数量和速度超过了土壤的自净能力，打破了土壤环境中的自然动态平衡，会导致土壤酸化、板结，土质变坏，土壤酶活性降低，阻碍或抑制土壤微生物和植物的生命活动，影响土壤生态系统物质和能量的转化。因污染物的迁移转化，还会引起作物减产，农产品质量降低，通过食物链进一步影响鱼类和野生动物、畜禽的发展和人体健康。

一、土壤污染及其特点

土壤污染是指人类活动产生的污染物进入土壤并积累到一定程度，超过土壤自净能力或者明显高于土壤环境基准或土壤环境标准，并对土壤、植物或环境造成危害或污染的现象。土壤环境的多介质、多界面、多组分以及非均一性和复杂多变的特点，决定了土壤环境污染具有区别于水环境污染和大气环境污染的特点。

1. 隐蔽性与滞后性

水体污染和大气污染比较直观，污染达到一定程度时通过人的感官就能发现，如通过气味、颜色、透明度等性质就容易辨识；比如大气中悬浮颗粒物较多使透明度降低，水体颜色变化，气味变化等；废弃物的污染就更加直观了。但是，土壤环境污染却往往要通过对土壤样品进行分析化验和对农作物，如粮食、蔬菜和水果等的残留物检测以及对人或动物的健康检查才能揭示出来，从遭受污染到产生"恶果"有一个逐步积累的过程，往往需要相当长的时间。也就是说，土壤从产生污染到其危害被发现通常会滞后较长的时间，具有隐蔽性和滞后性。如日本的镉中毒造成的"骨痛病"是一个典型的事例，该污染事件发生于 20 世纪 60 年代富山县神通川流域，直到 70 年代才被人们所认识，证实原因是当地居民长期食用被含镉废水污染了的土壤所产生的"镉米"所致。

2. 累积性

污染物在大气和水体中，一般是随着气流和水流进行长距离迁移；在土壤环境中并不像在大气和水体中那样容易扩散和稀释，因此容易在土壤中不断积累而达到很高的浓度，从而也使土壤环境污染具有很强的地域性特点。如沈阳张士灌区用污水灌溉 20 多年后，1974 年对污灌区土壤调查发现，污染耕地 2500 多公顷，造成了严重的镉污染，稻田含镉 $5\sim7mg/kg$；灌区糙米含镉达 $0.4\sim2.0mg/kg$，最高 $2.6mg/kg$。

3. 不可逆性和长期性

大气和水体如果受到污染，切断污染源之后通过稀释作用和自净化作用就有可能使污染不断减轻，但是难降解污染物积累在土壤环境中则很难靠稀释作用和自净化作用来消除。

重金属污染物对土壤环境的污染基本上是一个不可逆转的过程，主要表现为两个方面：一方面，进入土壤环境后，很难通过自然过程从土壤环境中稀释或消失；另一方面，对生物体的危害和对土壤生态系统结构与功能的影响不容易恢复。例如，被某些重金属污染的农田生态系统可能要 $100\sim200$ 年时间才能得以恢复。

同样，许多有机化合物对土壤环境的污染也需要较长的时间才能降解，尤其是那些持久性有机污染物，不仅在土壤环境中很难被降解，而且可能产生毒性较大的中间产物。例如，"六六六"与 DDT 在我国已禁用 20 多年，但至今仍然能从土壤环境中检出，就是由于其中的有机氯非常难于降解。

4. 治理难，后果严重

土壤环境一旦被污染，仅仅依靠切断污染源的方法往往很难自我修复，必须采用各种有效的治理技术才能消除现实污染。但是，从目前现有的治理方法来看，仍然存在治理成本较高和周期较长的矛盾。因此，需要有更大的投入，来探索、研究、发展更为先进、更为有效和更为经济的污染土壤治理和修复的各项技术与方法。

二、土壤污染源及污染物

大量的有毒有害物质通过大气沉降、废水和污水排放、工业固废和城市垃圾倾泻、化学农药施用进入土壤和水体，对环境和人体健康造成危害。

1. 土壤污染源

（1）工业污染源 主要是指工矿企业排放的废水、废气、废渣，含有多种污染物，而且浓度较高，是土壤环境中污染物最重要的来源之一。该类污染源对土壤环境系统带来的污染可以是直接的，也可以是间接的。工业"三废"在陆地环境中堆积以及不合理处置，将直接引起周边土壤中污染物的累积，进而引起动物、植物等生物体内污染物的累积。如废渣以肥料形式施入农田，长期污水灌溉等使污染物在土壤中积累而造成污染。

（2）农业污染源 农业污染源主要是指由于农业生产自身的需要而施入土壤的化肥、化学农药、除草剂，以及其他农用化学品如残留于土壤中的农用地膜等。相对于工业污染源，农业生产过程排放的污染物具有剂量低、面积大等特点，属于面源污染。现代农业越来越依赖化肥与农药的使用，农业化学化趋势越来越明显，农业生产排放的污染物种类和数量日益增多。农业非点源污染日益成为土壤污染的最为主要的来源。

（3）生活污染源 居民生活产生的污染物既包括醇、酸、糖、叶绿素以及脂肪等大量可降解的有机物，也包括木质素、塑料等难降解物质。随着城市化进程的加快，在城镇内部的狭小空间内无法在短时间内将人类生产的废弃物降解，废弃物总量超过自然生态系统所能够消化的容量，大量的生活污水通过城市排水系统进入土壤、河流等自然环境，大量的生活垃圾被运出城市，堆放在城市周围，导致城镇及其周边地区局部的土壤污染。

（4）生物污染源　生物污染源是指含有致病的各种病原微生物和寄生虫的生活污水、医院污水、垃圾，以及被病原菌污染的河水等，这是造成土壤环境生物污染的主要污染源。

（5）交通污染源　交通工具对土壤污染的贡献主要体现为汽车尾气中的各种有毒有害物质通过大气沉降造成对土壤的污染，以及事故排放所造成的污染。汽车作为重要的交通工具已成为现代人生产和生活中不可缺少的部分。随着经济的发展，汽车用量还将继续增加，由汽车尾气排放引起的土壤环境污染问题也愈显突出。

2. 土壤污染物

土壤污染物按照污染物性质，划分为如下类别。

（1）有机物及农药　通常造成土壤污染的有机物主要是酚、油类、多氯联苯、苯并芘等。农药主要是有机氯类（六六六、DDT、艾氏剂、狄氏剂等）；有机磷类（马拉硫磷、对硫磷、敌敌畏）；氨基甲酸酯类（杀虫剂、除草剂）；苯氧羧酸类（2,4-D、2,4,5-T 等除草剂）。

（2）重金属污染物　主要有汞、镉、铅、铬、铜、锌、镍、砷等。污染途径主要有污水灌溉、污泥肥料、废渣堆放、大气降尘等。重金属不能为土壤微生物所分解，但可被生物所富集，因此土壤一旦被重金属污染难以彻底消除，造成潜在威胁。

（3）放射性物质　核爆炸降落物、核电站废弃物，通过降雨淋滤进入土壤。

（4）化学肥料　大量使用含氮和含磷的化学肥料，改变了土壤的物理、化学性质。严重者影响作物生长，导致农业产品退化。

（5）致病的微生物　各种细菌、病毒，通过污灌、污泥、垃圾进入土壤。

（6）建筑废弃物和农业垃圾　石灰、水泥、涂料和油漆、塑料、砖、石料等，作为填土或堆放进入农田污染土壤。

三、土壤的自净作用与土壤环境容量

1. 土壤自净作用

土壤环境之所以对环境污染物具有一定的容纳能力，可容纳各种途径来源的污染物，具有一定的环境容量，主要是由土壤具有一定的自净能力和缓冲能力决定的。土壤的自净作用是土壤所具有的自身更新的能力，它是指土壤被污染后，由于土壤的物理、化学和生物化学等作用，在一定时间后各种有机物、病原微生物、寄生虫卵和有毒物质等逐渐分解、吸收、转化、积沉，最终达到无害化的能力。土壤的自净过程很复杂，主要是由以下的作用过程。

（1）物理作用　物理作用是指日光、土壤温度、风力等因素的作用。日光可使土壤表层温度升高，风力可以带走某些具有挥发性的污染物。例如，"六六六"在旱田施用后，主要靠挥发散失；氯本灵等除草剂在高温条件下易挥发失活。当污染物进入土壤时，比孔隙大的固体颗粒被阻留，土壤起到过滤和吸附作用。该作用多发生在土壤与表层环境系统之间。

（2）化学作用　化学作用是指土壤中某些金属离子，可与进入土壤中的污染物发生中和、氧化、还原、沉淀和水解等反应，从而改变污染物的化学性质，使毒性降低。例如酸、碱可发生中和反应；Cu 在碱化土壤中生成难溶的 $Cu(OH)_2$，降低了生物活性。土壤环境系统是一个由多层次、多相物质组成，并具有复杂性质的疏松多孔的环境结构体系。土壤环境中的化学作用主要发生在土壤环境系统中。

（3）生物化学作用　生物化学作用是指有机污染物在土壤微生物（如细菌、真菌、放线菌等）作用下，将复杂的有机物降解，逐步无机化或腐殖化而达到自净。有机物的无机化和腐殖化过程是病原微生物和蠕虫卵死亡的主要条件。日光照射、土壤温度改变、土壤微生物的拮抗作用和噬菌作用、一些植物根系分泌的植物杀菌素对某些真菌具有杀灭作用等，都影响病原微生物的生存。例如日光中的紫外线能杀死土壤中的蛔虫卵，土壤中的蚯蚓、昆虫也能吞食蛹和虫卵等。该作用发生在土壤-作物系统之间，通过土壤生物和土壤作物对污染物吸收、迁移与转化。

2. 土壤环境背景值与土壤环境容量

土壤环境背景值是指未受或少受人类活动（特别是人为污染）影响的土壤环境本身的化学元素组成及其含量。它是各成土因素综合作用下成土过程的产物，所以实质上是各自然成土因素（包括时间因素）的函数。由于成土环境条件仍在继续不断地发展和演变，特别是人类社会的不断发展，科学技术和生产水平不断提高，人类对自然环境的影响也随之不断地增强和扩展，目前已难于找到绝对不受人类活动影响的土壤。因此，现在所获得的土壤环境背景值也只能是尽可能不受或少受人类活动影响的数值。因而所谓土壤环境背景值只是代表土壤环境发展中一个历史阶段的、相对意义上的数值，并非确定不变的数值。

在对土壤环境研究中，土壤背景值的确定具有重要的意义。这是因为它可为土壤环境质量评价和土壤污染评价提供依据，还可为研究和确定土壤环境容量，制定土壤环境标准提供依据。此外，土壤背景值也是研究污染元素和化合物在土壤环境中的化学行为的依据。因此，土壤背景值不仅是土壤环境学，也是环境科学研究的基础内容之一。

容量一词最早来源于国际人口生态学界给世界人口容量所下的定义："世界对于人类的容量，是在不损害生物圈或不耗尽可合理利用的不可更新资源的条件下，世界资源在长期稳定状态的基础上供养人口数量的大小。"随着环境污染问题的日益扩展和日趋严重，为防止和控制环境污染问题，随即提出了环境容量的概念。环境容量是指在一定条件下环境对污染物的最大容纳量。环境学者对环境容量的定义有多种，有人将环境容量划分为两个组成部分——基本环境容量（或称作差值容量）和变动环境容量（或称同化容量）。前者可通过拟定的环境标准减去环境本底值求得，后者是该环境的自净能力。不管如何统计环境容量，其前提都是不致使人与生态环境受害。

四、土壤污染的影响和危害

土壤对污染物的净化能力是有限的。当外界污染物进入土壤的速率不超过土壤净化作用的速率时，尚不造成土壤污染；若污染物进入土壤中的速率超过了土壤净化作用的速率，就会使污染物在土壤中积累，造成土壤污染，导致土壤正常功能失调，土壤质量下降，影响植物的生长发育，并通过植物吸收、食物链使污染物发生迁移，最终影响人体健康。

1. 土壤污染对植物的影响

当土壤中的污染物含量超过植物的忍耐限度时，会引起植物的吸收和代谢失调；一些污染物在植物体内残留，会影响植物的生长发育，甚至会导致遗传变异。主要污染物产生的影响如下。

（1）无机污染物的影响　酸性或碱性化肥的长期施用会引起土壤 pH 值变化；Cu、Ni、Co、Mn、Zn、As 等能引起植物生长发育障碍；Cd、Hg、Pb 等能在植物可食部位蓄积。

（2）有机毒物的影响　油类、苯酚等有机污染物会使植物生长发育受到障碍，导致作物矮化、叶尖变红、不抽穗或不开花受粉等；三氯乙醛（植物生长紊乱剂）能破坏植物细胞原生质的极性结构和分化功能，使细胞分裂产生紊乱，形成病态组织，阻碍正常生长发育，甚至导致植物死亡。溶解度大的农药易被作物吸收，越难分解的农药在作物残留时间越长。如六六六易被作物吸收，残留时间长。不同的作物对同一种农药的吸收残留量不同。如有机氯农药中的艾氏剂、狄氏剂的吸收量为：洋葱＜莴苣＜黄瓜＜萝卜＜胡萝卜。

（3）土壤重金属污染的影响　农作物通过根部从被污染的土壤中吸收重金属，其残留量在作物体内的分布是不均匀的。如植物吸收的镉在体内各部位的相对残留量为：根＞茎＞叶＞荚＞籽粒。汞在谷粒的残留量为：谷壳＞糙米＞白米。

（4）土壤生物污染的影响　某些致病细菌能引起番茄、茄子、辣椒、马铃薯、烟草等百余种茄科植物的青枯病，能引起果树的细菌性溃疡和根癌病；某些致病真菌能引起大白菜、油菜、芥菜、萝卜、甘蓝、荠菜等百余种蔬菜的根肿病，引起茄子、棉花、黄瓜、西瓜等多种植物的枯萎病，以及小麦、大麦、燕麦高粱、玉米、谷子的黑穗病等。

2. 土壤污染对人体健康的影响和危害

（1）病原体对人体健康的影响　病原体能在土壤中生存较长时间，如痢疾杆菌能生存22～142d，结核杆菌能生存1年左右，蛔虫卵能生存315～420d，沙门氏菌能生存35～70d。土壤中的病原体可通过食物链进入人体，也可穿透皮肤侵入人体，如十二指肠钩虫、美洲钩虫和粪类圆线虫等虫卵在温暖潮湿的土壤中经过几天的孵育变成感染性幼虫，可穿过皮肤进入人体。病原体可导致人体肠道及消化道疾病、脊髓灰质炎、传染性肝炎病等。

（2）重金属对人体健康的影响　土壤重金属被植物吸收后，可通过食物链危害人体健康。例如，1955年发生在日本富山县的"镉米"事件，就是人们长期食用镉残留的稻米，使得镉在人体内蓄积，从而引起全身性神经痛、关节痛、骨折，以致死亡。

（3）放射性物质对人体健康的影响　放射性物质主要是通过食物链进入人体，其次是经呼吸道进入人体，可造成内照射损伤，使受害者头昏、疲乏无力、脱发、白细胞减少或增多、发生癌变等。

第三节　土壤污染的防治与修复技术

土壤是人类赖以生存的重要自然环境，它与人类健康和疾病有着极为密切的关系。因此，土壤污染的防护与治理是土壤和环境科学领域中的一个重要方向，污染土壤的修复越来越受到环境及农业领域的重视，特别是研制、开发土壤污染治理和修复技术。欧美发达国家纷纷制订了土壤治理与修复计划。荷兰在20世纪80年代开始注重此项工作，并已花费约15亿美元进行土壤修复；德国1995年投资约60亿美元用于净化土壤；90年代美国在土壤修复方面投资了数百亿到上千亿美元，制订了一系列土壤污染修复计划。1994年，由美国发起并成立了"全球土壤修复网络"，标志着污染土壤的修复已经成为世界普遍关注的领域之一。我国近年来污染土壤面积逐年扩大，由于导致土壤污染的因素繁多，因此污染土壤的修复已成为农业、环保等方面专家学者研究的一个重要内容。随着科学技术的发展和人们治理污染土壤的迫切需要，各种防治土壤污染和进行污染土壤的修复技术应运而生。

一、土壤污染的防治措施

首先，要控制和消除土壤的污染源。如上节所述土壤的污染源有多种类型，对土壤污染防治的首要工作就是要严格控制土壤污染源，即控制进入土壤中污染物的数量和速度的同时，利用土壤本身对污染物所具有的净化能力来达到消除污染物的目的。这是防止土壤污染的根本措施。

其次，要提高土壤的环境容量，增强土壤的净化能力。可以采取增施绿肥、厩肥、堆肥、腐殖酸类物质等有机肥，以增加土壤有机质含量，改良沙性土壤。沙掺黏，以改良土壤，在非石灰性土壤中增施碳酸钙等，可以提高土壤的缓冲性和自净能力，增加土壤对有毒物质的吸附能力和吸附量，从而减少污染物在土壤中的活性，提高土壤对污染物的容量。

二、土壤修复的概念及分类

在土壤环境容量范围内，土壤自身具有一定的自净能力。但是随着污染的加重，土壤自身的净化能力和速率通常满足不了污染给环境造成的压力，人们开始重视土壤污染治理和修复技术的研究。污染土壤修复的概念可一般地理解为通过技术手段促使受污染的土壤恢复其基本功能和重建生产力的过程。

污染土壤修复方法分类，从修复的原理大致可分为物理方法、化学方法以及生物方法三大类。物理修复是指以物理手段为主体的移除、覆盖、稀释、热挥发等污染治理技术。化学修复是指利用外来的或土壤自身物质之间的环境条件变化，引起化学反应来进行污染治理的技术。生物修复有广义和狭义两种类型。广义的生物修复是指一切以利用生物为主体的环境污染治理技术，它包括利用植物、动物和微生物吸收、降解、转化土壤中的污染物，使污染物的浓度降到可接受的水平或将有毒、有害污染物转化为无害的物质，可分为植物修复、动物修复和微生物修复三种类型。狭义的生物修复是特指通过微生物的作用消除土壤中的污染物或是使污染物无害化的过程。然而，在修复实践中，人们很难将物理、化学和生物修复截然分开，这是因为土壤中所发生的反应十分复杂，每一种反应基本上均包含了物理、化学和生物学过程，因而上述分类仅是一种相对的划分。

（一）物理修复

污染土壤的物理修复是指用物理的方法进行污染土壤的修复，主要有翻土、客土、热处理、淋洗、固化、填埋等。这些工程措施治理效果通常较为彻底、稳定，但其工程量较大，投资大，易引起土壤肥力减弱，因此目前它仅适用于小面积的污染区。

1. 翻土和客土

土壤污染通常集中在土壤表层，翻土就是深翻土壤，使聚积在表层的污染物分散到较深的层次，达到稀释的目的。该法适用于土层较深厚的土壤，且要配合增加施肥量，以弥补根层养分的减少。客土法就是在污染的土壤上加入大量的干净土壤，或与原有的土壤混匀，使污染物浓度降低到临界危害浓度以下；或覆盖在表层，减少污染物与植物根系的接触，从而达到减轻危害的目的。对于浅根植物（如水稻等）和移动性较差的污染采用覆盖法较好。客土应尽量选择比较黏重或有机质含量高的土壤，以增加土壤对污染物物的负载容量。日本富士县神通川流域镉污染土壤的改良是该方法的良好例证。该区由于长期食用含镉的稻米而引发"痛痛病"，后来挖去 15cm 表土，压实心土，并覆盖 20～30cm 客土，在适当的水肥管理条件下，可使稻米中镉的含量降低到符合卫生标准的要求。

翻土法和客土法治理轻污染土壤的效果显著，但需大量人力、物力，投资大，且土壤肥力和初级生产力会有所降低，应注意施肥。对换出的土壤应妥善处理，以防止二次污染。

2. 高温热解

高温热解法即热处理技术，是通过向土壤中通入热蒸汽或用射频加热等方法把已经污染的土壤加热，使污染物产生热分解或将挥发性污染物接触土壤收集起来进行处理的方法。该方法主要用于能够热分解的有机污染物，如石油污染等；也可用于挥发性的重金属，如汞污染土壤的修复，通过加热的方法能将汞从土壤中解吸出来，然后回收利用。

高温热解法的不足之处在于土壤有机质和结构水遭到破坏，驱赶土壤水分需要消耗大量能量。

3. 真空/蒸汽抽提

土壤蒸汽抽提技术的基本原理是通过降低土壤孔隙内的蒸汽压把土壤介质中的化学污染物转化为气态而加以去除。它可用于去除不饱和土壤中的挥发性或半挥发性有机污染物。该技术一方面需要把清洁空气连续通入土壤介质中；另一方面，土壤中的污染物则以气体形式随之被排出。

4. 固化/填埋

固化技术是将重金属污染的土壤按一定比例与固化剂混合，经熟化最终形成渗透性很低的固体混合物。固化剂种类繁多，主要有水泥、硅酸盐、高炉矿渣、石灰、窑灰、粉煤灰、沥青等。固化技术的处理效果与固化剂的成分、比例、土壤重金属的总浓度以及土壤中影响固化的干扰物质有关。固化技术不仅可以减轻土壤重金属污染，而且其产物还可用于建筑、铺路等。不足之处在于会破坏土壤，而且需要使用大量的固化剂，因此只适用于污染严重但面积较小的土壤修复。

填埋处理是将固化后的污染土壤，或将污染土壤挖掘出来填埋到进行过防渗处理的填埋场中，从而使污染土壤与未污染土壤分开，以减少或阻止污染物扩散到其他土壤中。该法适用于污染严重的局部性、事故性土壤。在众多的黏结剂中，水泥被认为是一种有效、易得和价廉的产品。采用水泥作黏结剂，固化后的土壤可用于建筑公路的路基材料。

（二）化学修复

化学修复主要是基于污染物土壤化学行为的改良措施，如添加改良剂、抑制剂等化学物质来降低土壤中污染物的水溶性、扩散性和生物有效性，从而使污染物得以降解或者转化为低毒性或移动性较低的化学形态，以减轻污染物对生态和环境的危害。化学修复的机制主要包括沉淀、吸附、氧化还原、催化氧化、质子传递、脱氯、聚合、水解和 pH 调节。其中，氧化-还原法能够修复包括有机污染物和重金属在内的多种污染物污染的土壤，它主要是通过氧化剂和还原剂的作用产生电子传递，从而降低土壤中存在的污染物的溶解度或毒性。

常用的化学修复剂如下。

1. 化学钝化剂及改良剂

该方法是通过施用化学钝化剂等来降低土壤污染物的水溶性、扩散性和生物有效性，从而降低它们进入植物体、微生物体和水体的能力，减轻对生态系统的危害。

（1）无机钝化剂　化学钝化剂主要用于修复被重金属污染的土壤，而且效果显著。对于受重金属污染的酸性土壤，施用石灰、高炉渣、矿渣、粉煤灰等碱性物质，或配施钙镁磷肥、硅肥等碱性肥料，能降低重金属的溶解度，从而可有效地减少重金属对土壤的不良影响，降低植物体的重金属浓度。研究表明，用膨润土、合成沸石等硅铝酸盐作添加剂，可以钝化土壤中镉等重金属，显著降低镉污染土壤中作物的镉浓度。土壤镉浓度为 49.55mg/kg 时，加入相当于土壤重量 1%～2%的合成沸石可使莴苣叶中的镉浓度降低 60%～88%。

（2）有机改良剂　使用改良剂，比如施用腐殖酸类肥料和其他有机肥料，可以增加土壤中腐殖质含量，用腐殖质的胶体性质，使土壤对重金属的吸附能力增加，从而减少植物的吸收。同时，腐殖酸是重金属的螯合剂，在一定条件下能与重金属结合，从而降低土壤中重金属元素的毒害。

（3）氧化剂/还原剂　向污染土壤中添加氧化剂或还原剂可以降低污染物毒性。氧化剂可以用于治理土壤中的有机污染物或无机污染物，当氧化剂不能完全降解污染物时，可以将污染物转化为易于生物降解的形态。

（4）催化/光降解　进入土壤表面的农药或除草剂，可在日光辐射下导致直接光化学降解，并可在催化剂作用下加速这一过程。在催化剂（如土壤中的 TiO_2、Fe_2O_3 等）、敏化剂（如土壤中的腐殖质）和氧化剂存在时，产生光催化、光敏化和光氧化现象，导致农药或除草剂进行间接光化学降解。许多有机化合物能够吸收可见光和紫外光，吸收光能后可以加速化合物的降解。

2. 淋洗/萃取

土壤淋洗是指用淋洗剂去除土壤污染物的过程。这一过程可能包括物理、化学或物理化学反应。例如将挖掘出的污染土壤用水淋洗、过筛、悬液分离、浮选、磁选等方法将土壤分成粗砾、砂砾、粉砾和黏粒四个部分，其中粗砾和砂砾部分可以回填，而富集重金属的黏粒部分可经絮凝、浓缩、压滤脱水而形成"淤泥饼"再进行填埋处理，这是一个单纯的物理过程；然而，如果在将污染土壤淋洗、分级后，继续将含有重金属的组分用化学浸提剂进行浸提处理，那么该步骤便是一个化学或物理化学过程，这一过程有时亦称为化学淋洗。土壤淋洗过程包括了淋洗液向土壤表面扩散、对污染物质的溶解、淋洗出的污染物在土壤内部扩散、淋洗出的污染物从土壤表面向流体扩散等过程。

（三）电动修复

电动修复是通过在污染土壤两侧施加直流电压形成电场梯度，土壤中的污染物质在电场作用下通过电迁移、电渗流或电泳的方式被带到电极两端，从而使污染土壤得以修复的方法。当电极池中的污染物达到一定浓度时，便可通过收集系统排入废水池按废水处理方法进行集中处理。

土壤中的污染物在电场作用下将发生运动，其主要运动机制有电迁移、电渗流以及电泳等。电迁移指带电离子在土壤溶液中朝向带相反电荷电极方向的运动，如阳离子向阴极方向移动，阴离子向阳极方向移动。电渗流指土壤微孔中的液体在电场作用下由于其带电双电层与电场的作用而作相对于带电土壤表层的移动。而电泳则指带电粒子相对于稳定液体的运动。由于电动修复过程中带电土壤颗粒的移动性小，因而电泳对污染物移动的贡献常常可以忽略。

在理论的基础上，人们越来越意识到对污染土壤电动修复的发展趋势应是原位修复。原位电动修复技术不需要把污染的土壤固相或液相从污染的现场挖出或抽取出去，而是依靠电动修复过程直接把污染物从污染的现场清除，显著减少花费。这种技术的应用在荷兰等取得显著效果。

（四）微生物修复

污染土壤的微生物修复技术就是利用微生物的作用降解土壤中的有机污染物，或者通过生物吸附和生物氧化、还原作用改变有毒元素的存在形态，降低其在环境中的毒性和生态风险。根据对污染土壤的扰动情况进行分类，微生物修复可以分为原位修复和异位修复两大类型。从污染物的角度来看，微生物修复既可以用于修复受有机物污染的土壤，也可以用于修复某些受重金属污染的土壤。

1. 有机物污染土壤的微生物修复

用微生物方法修复受有机物污染的土壤必须具备两方面条件，其一是在土壤中存在能够降解或转化污染物的微生物；其二是有机化合物大部分具有可生物降解性，即在微生物作用下由大分子化合物转变为简单小分子化合物的可能性。只有同时具备上述这两方面的条件，有机物污染土壤的生物修复才能实现。

在生物修复中起作用的微生物可根据其来源分为三种类型：土著微生物、外源微生物和基因工程菌（GEM）。

（1）土著微生物　微生物修复的基础是土壤中常见的各种微生物。土壤遭受污染后，会对微生物产生自然驯化和选择，一些特异的微生物在污染物的诱导下产生分解污染物的酶体系，进而将污染物降解、转化。

在微生物修复工程的实际应用中，目前大多数都是采用土著微生物。其原因一方面是由于土著微生物降解污染物的潜力较大；另一方面因为外源微生物在环境中难以保持较高的活性，基因工程菌的应用目前仍受到较严格的限制。因此，在引进外源微生物和基因工程菌时，必须注意其对土著微生物的影响。

（2）外源微生物　土著微生物虽然在土壤中广泛地存在，但其生长速度较慢，代谢活性不高，或者由于污染物的存在造成土著微生物的数量下降，致使其降解污染物的能力降低，因此有时需要在污染土壤中接种一些降解污染物的高效菌，也就是接种外源微生物。接种外源微生物会受到土著微生物竞争的影响，因此要接种大量的微生物才能形成优势菌群，以便迅速促进生物降解过程。

目前，利用外源微生物进行微生物修复的方法已越来越多，特别是在不利于微生物生存的极端条件下，接种微生物的做法更为常见。利用外源微生物与土著微生物共同降解污染物有时也能取得较好的效果。1993 年，在美国 124 个污染点的生物修复中，使用土著微生物的修复点占 77%，接种外源微生物的修复点占 14%，两种方式同时使用的修复点占 9%。

（3）基因工程菌　近年来，采用遗传工程手段研究和构建高效的基因工程菌已引起人们的普遍关注。构建基因工程菌的技术包括组建带有多个质粒的新菌株、降解性质粒 DNA 的体外重组、质粒分子育种和原生质体融合技术等。采用这些技术可将多种降解基因转入同一微生物中，使其获得广谱的降解能力。基因工程菌接种到修复现场后会与土著微生物发生激烈的竞争。因此，基因工程菌必须有足够长的存活时间，其目的基因才能稳定地表达出特定的基因产物——特异的酶。

尽管利用基因工程提高微生物生物降解能力的工作已取得了良好的效果，但一些人担心基因工程菌释放到环境中会产生新的环境问题，导致对人和其他高等生物产生新的疾病或影响其遗传基因。

2. 重金属污染土壤的微生物修复

利用微生物修复受重金属污染的土壤，主要是依靠微生物降低土壤中重金属的毒性。或者通过微生物来促进植物对重金属的吸收等其他修复过程。重金属污染的微生物修复包含两方面的技术，即生物吸附和生物氧化还原。前者是重金属被活的或死的生物体所吸附的过程；后者则是利用微生物改变重金属离子的氧化还原状态来降低环境和水体中的重金属水平。与有机污染的微生物修复相比，关于重金属污染的微生物修复方面的研究和应用较少，直到最近几年才引起人们的重视。

与传统的污染土壤治理技术相比，土壤微生物修复技术的主要优点是：①微生物降解较为完全，可将一些有机污染物降解为完全无害的无机物，二次污染问题较小；②处理形式多样，操作相对简单，有时可进行原位处理；③对环境的扰动较小，不破坏植物生长所需要的土壤环境；④与物理、化学方法相比，微生物修复的费用较低；⑤可处理多种不同种类的有机污染物，并可同时处理受污染的土壤和地下水。但微生物修复技术受到一定的限制：比如污染物的溶解性、污染物的浓度、微生物的种类及周围的环境等。

3. 原位微生物修复和异位微生物修复

原位微生物修复是指在不经搅动、挖出的情况下，通过向污染土壤中补充氧气、营养物或接种微生物对污染物就地进行处理，以达到污染去除效果的生物修复工艺。这类修复一般多采用土著微生物进行处理，有时也加入经过驯化和培养的微生物，以加速修复的过程。

异位微生物修复是将受污染的土壤、沉积物移动到另外的位置，采用生物和工程手段进行处理，使污染物降解，恢复污染土壤原有的功能。主要的工艺类型包括堆肥化处理、挖掘堆置处理和土地耕作等。这种技术的优点是可以在土壤污染初期限制污染物的扩散和迁移，减少污染范围。但由于需要挖土方和运输，因此其费用显著高于原位修复方法；同时亦使原地点的土壤生态条件遭到严重破坏。

（五）植物修复

植物修复是利用某些可以忍耐和超富集有毒元素的植物及其共存微生物体系清除污染物的一种环境污染治理技术。植物可吸收转移元素和化合物，可以积累、代谢和固定污染物，是一条从根本上解决土壤污染的重要途径，因而植物修复在土壤污染治理中具有独特的作用和意义。在实际操作时，先将植物种植于被污染的土壤中，然后收获其地上部分。土壤中的污染物在种植过程中或被转化为低毒或无毒的形态或化合物，或被植物吸收随收获而从土中带走，然后再将收获的植物进行利用和处理。

与物理、化学和微生物处理技术比较，植物修复技术有其独到的优点：①植物修复最显著的优点是价格便宜，可作为物理化学修复系统的替代方法；根据美国的实践，种植管理的费用在每公顷 200～10000 美元之间，即每年每立方米的处理费用为 0.02～1.00 美元，比物理化学处理的费用低几个数量级；②对环境扰动少，植物修复是原位修复，不需要挖掘、运输和巨大的处理场所，不破坏土壤生态环境，能使土壤保持良好的结构和肥力状态，无需进行二次处理，即可种植其他植物；植物修复技术可增加地表的植被覆盖；③对植物集中处理可减少二次污染，对一些重金属含量较高的植物还可通过植物冶炼技术回收利用植物吸收的重金属，尤其是贵重金属；④植物修复不会破坏景观生态，能绿化环境，容易为大众所接受。此外，植物修复可以激发微生物的活动；增加蒸腾作用，从而可以防止污染物向下迁移；植物可把氧气供应给根际，有利于根际土壤中有机污染物的降解。当然物修复也存在局限性：①一种植物通常只忍耐或吸收一种或两种重金属元素，对土壤中其他浓度较高的重金属则往往没有明显的修复效果，甚至表现出某些中毒症状，从而限制了植物修复技术在重金属复合污染土壤治理中的应用；②相对而言，植物修复过程缓慢；③用于净化重金属的植物器官往往会通过腐烂、落叶等途径使重金属元素重返土壤，因此必须在植物落叶前收割植物器官，并进行无害化处理；④用于修复的植物与当地植物可能会存在竞争，影响当地的生态平衡。

1. 重金属污染土壤的植物修复

重金属不同于有机物，它不能被生物所降解，只有通过生物吸收才能够从土壤中去除。用微生物进行大面积现场修复时，不仅微生物吸收的金属量较少，而且富集重金属的微生物的后处理也比较困难。植物具有生物量大且易于后处理的优势，因此植物修复是解决重金属污染问题的一个有效手段。植物主要通过植物提取、植物挥发和植物钝化/稳定等方式去除土壤中重金属离子或降低其生物活性。

植物萃取是利用一些植物对污染物（重金属）的大量吸收并将其积累在地上部分，通过收获地上部分即可减少其在土壤中含量的方法。植物挥发的原理是利用植物根系吸收污染元素并促进其转变为可挥发的形态，从植物地上部分挥发到大气中，以减轻土壤污染。目前的研究主要针对硒、汞和砷。植物钝化是利用植物来固定或沉淀土壤中的有毒金属，以降低其生物有效性，并防止其进入地下水和食物链，从而减少其对环境和人类健康的威胁。植物在污染元素钝化中有两种主要功能，即保护污染土壤不受侵蚀，减少土壤渗滤以防止污染物的淋溶；通过在根部累积和沉淀对污染物起到钝化或稳定化作用。植物钝化/稳定化技术可用于采矿、冶炼厂、污泥等污染土壤的修复。

2. 有机物污染土壤的植物修复

植物修复可用于石油化工污染、炸药废物、燃料泄漏、氯代溶剂、填埋场淋滤液和农药等有机污染物的治理。与重金属污染土壤的植物修复技术相比，有机物污染的植物修复技术起步更晚。植物对有机物污染土壤的修复有三种机制：一是植物直接吸收有机污染物，这些污染物或不经代谢而直接在植物组织中积累，或将污染物的代谢产物积累在植物组织中，或将有机污染物完全矿化成无毒或低毒的化合物（如二氧化碳、硝酸盐、氨和氯等）；二是从植物体中释放出促进生物化学反应的酶，将有机污染物分解成毒性较小的化合物；三是植物刺激效应，即强化根际（根-土壤界面）的矿化作用，通过植物提高微生物（细菌和真菌）的活性来促进有机污染物的降解。

3. 放射性核素污染土壤的植物修复

核爆炸以及核反应等过程所产生的核裂变副产物是一类特殊的污染物。这些放射性核素长期存在于土壤中，对人类及生物的健康造成很大的威胁。治理放射性核素污染的方法有挖掘与填埋、复合剂提取、离子交换、反渗透等。用这些方法对大面积的放射性核素污染土壤进行修复，其成本极其昂贵。目前已有不少研究探讨用真菌和植物来净化核污染土壤，一些特殊植物可从污染土壤中吸收并积累大量的放射性核素，利用这类植物去除土壤环境中的放射性污染是一种经济、有效的方法。

第四节 土壤退化及治理

一、土壤退化的成因

土壤退化是指在各种自然因素和人为因素影响下导致土壤生产力、土地利用、环境调控等属性下降或丧失的物理、化学和生物学的过程与后果。土壤退化是土壤理化性状和土壤环境恶化的综合表征，有机质含量下降，营养元素减少，土壤结构遭到破坏；土壤侵蚀，土层变浅，土体板结；土壤盐化、酸化、沙化等。其中，有机质下降，是土壤退化的主要标志。

土壤退化可由其中的一种或多种因子及其相关过程所引起。土壤质量一方面会因一些自然过程，例如风化、淋溶作用的进行而缓慢改变；另一方面更会因人类活动，加速土壤质量的变化。一般来讲，土壤退化更多地是指人为过程导致的土壤功能快速丧失的过程。一般说来，不合理的人为活动所引起的土壤退化问题无论在范围还是程度上均比自然因子引起的退化要严重得多，例如矿山开采、毁坏树林、过度放牧、地下水过度开采、农用化学品的过度施用等引起的土壤退化。人为活动加速的土壤侵蚀是导致土壤质量下降最根本的动因之一。由于土壤侵蚀过程的发生与发展，表土中有机质减少、团聚体失去稳定性、土壤板结，从而加剧土壤的风蚀、水蚀作用，降低对污染物的缓冲、中和、降解等净化能力，形成恶性循环。

就农业土壤资源而言，在全球范围内普遍存在的主要退化过程包括土壤侵蚀（水蚀和风蚀）、土地荒漠化、土壤酸化、土壤盐渍化等。这些退化过程有自然背景的影响，如气候、植被、地形、地貌、地下水状况等，但毫无疑问人为作用的影响往往是决定性的，如植被破坏引起的加速侵蚀和荒漠化过程、不合理灌溉导致的土壤次生盐渍化、施肥不当引起的土壤酸化等。现代工业和城市化过程导致的土壤退化主要体现在大量有害外源物质进入土壤中，超过了土壤对污染物的容纳和降解能力。

二、全球土壤退化概况及影响

1. 全球土壤退化概况

全球土壤退化问题在热带和亚热带的亚洲和非洲地区尤为突出，大约 $3.0\times10^6\,km^2$ 的严重退化土壤中有 $1.2\times10^6\,km^2$ 分布在非洲，$1.1\times10^6\,km^2$ 分布于亚洲。我国属强度资源约束型国家，耕地、林地、草地的人均占有量，分别仅为全球人均占有量的 1/3、1/5 和 1/4。全球土壤退化评价（global assessment of soil degradation）研究结果（Oldeman，1990）显示，土壤侵蚀是最重要的土壤退化形式，全球退化土壤中水蚀影响占 56%，风蚀占 28%。至于水蚀的动因，43%是由于森林的破坏，29%是由于过度放牧，24%是由于不合理的农业管理。而风蚀的动因，60%是由于过度放牧，16%是由于不合理的农业管理，16%是由于自然植被的过度开发，8%是由于森林破坏。全球受土壤化学退化（包括土壤养分衰减、盐碱化、酸化、污染等）影响的总面积达 $2.4\times10^6\,km^2$，其主要原因是农业的不合理利用（56%）和森林的破坏（28%）；全球物理退化的土壤总面积约 $8.3\times10^5\,km^2$，主要集中于温带地区，可能绝大部分与农业机械的压实有关。

我国土壤退化问题十分突出，水土流失面积约占国土总面积的 38%，耕地中 2/3 属中低产地，土壤养分普遍亏缺。农业环境污染十分严重，约有 1/5 的耕地受到了不同来源、不同类型污染物的污染。

2. 土壤退化的影响

土壤退化具有原位和异位影响，是现代社会可持续发展面临的一个全球普遍存在的严重问题，它对地方性的、区域和全球范围内的经济和生态产生突出的负面效应。土壤退化对土壤本身的影响是多方面的，包括丧失土壤资源基础、降低土壤肥力、增加耕作难度等，最终综合表现为降低土壤的生产力，构成对全球和地区粮食安全的威胁。

原位影响不仅是降低作物产量，还体现在土壤的环境调节能力、环境容量和对局部区域水热平衡调节能力的下降，包括降低水分入渗和保持水分的能力、降低对外来污染物的吸附容量和降解能力、降低固定有机碳的能力等；另外可能因为表土侵蚀和压实过程造成吸热能力降低、反射率增加，影响区域生态与环境。

土壤的演化特别是退化会产生异位的生态与环境影响。在人为因素影响下，退化过程是一个土壤"能量"降低的过程，也通常是物质消耗的过程，土壤退化过程通过加速物质输出，增加环境的混乱度，造成环境质量的下降。土壤退化的物质输出必然通过固态、液态和气态的途径，以泥沙、径流或淋溶、气态挥发释放的具体方式，影响水体和大气环境。

三、土壤退化的类型及防治

（一）土壤侵蚀

土壤侵蚀是指土壤及其母质在水力、风力、冻融、重力等外营力作用下，被破坏、剥蚀、搬运、沉积的过程。简单地说，侵蚀是土壤物质从一个地方移动至另一个地方的过程。根据其营力作用又将土壤侵蚀分为水蚀和风蚀两大类。影响土壤侵蚀的主要因素有气候、自然地貌类型、地表状况、土壤特征及人为管理措施等；人为管理措施越来越成为影响土壤侵蚀的重要因素。

1. 土壤侵蚀的影响

土壤侵蚀的影响是多方面的，土壤侵蚀导致土层变薄、土壤的肥力下降、土壤退化、土地破碎，破坏生态平衡，甚至破坏地表完整，丧失土壤资源；并引起泥沙沉积，淤积河床，加剧洪涝灾害；淤积水库湖泊，减少库容和调节能力；淹没农田，对农牧业生产、水利、电力和航运事业产生危害。土壤水蚀还会输出大量养分元素，污染水体。侵蚀对全球碳的生物地球化学循环也产生影响，从而对全球变化也产生影响。

土壤侵蚀退化是对人类赖以生存的土壤、土地和水资源的严重威胁。Pimen-tel 等（1995）估计全球土壤侵蚀每年的经济损失相当于 4000 亿美元，人均每年损失约 70 美元。侵蚀可以是一个自然过程，所以实际上它几乎无所不在，但这里要论述的主要还是针对人为活动所导致的加速侵蚀现象和其影响。El-Swaify（1994）指出侵蚀退化占全世界 $2.0 \times 10^9 \, km^2$ 退化土壤的 55%，地球上没有哪个地区可以免受土壤侵蚀退化的影响。

2. 土壤侵蚀的防治

防治土壤侵蚀的主要措施有：首先要因地制宜地开展植树造林，植灌和植草与自然植被保护和封山育林相结合；生物措施与工程措施相结合；水土保持与合理的经济开发相结合，并以小流域为治理单元逐步进行综合治理。

2006 年，中国环境状况公报指出，全国完成水土流失综合治理面积 $1.032 \times 10^5 \, km^2$，其中综合治理 $4.17 \times 10^4 \, km^2$，封育保护面积 $6.15 \times 10^4 \, km^2$。综合治理面积中，新修基本农田 $3.95 \times 10^5 \, hm^2$，营造水土保持林草 $2.542 \times 10^6 \, hm^2$，封禁治理 $8.962 \times 10^5 \, hm^2$，保土耕作等措施 $2.351 \times 10^5 \, hm^2$，当年竣工综合治理小流域 5328 条，建设小型蓄水保土工程 2.35×10^5 座，新建淤地坝 1113 座，共完成土石方量 $2.22 \times 10^9 \, m^3$。

2006 年，国家继续实施了长江和黄河上中游、京津风沙源区、东北黑土区、珠江上游南北盘江等区域水土保持工程；启动实施云贵鄂渝水土保持世行贷款项目。中央投资 14.57 亿元，完成水土流失综合治理面积 $1.23 \times 10^4 \, km^2$。启动实施第二批全国水土保持生态修复试点工程，规划实施生态修复面积 $2.6 \times 10^4 \, km^2$。加强国家重点工程区的封禁保护，进一步加大开发建设项目水土保持监管力度。我国森林面积持续增长，水土流失面积有所减少。两次全国水土流失调查数据显示，水土流失面积由 $3.67 \times 10^6 \, km^2$ 下降到 $3.56 \times 10^6 \, km^2$；水土流失强度不断减轻，大江大河土壤流失量大幅度减少。

（二）土壤荒漠化

按照 1994 年 10 月在巴黎签署的联合国防治荒漠化公约中的定义，荒漠化系指包括气候变异和人类活动在内的种种因素造成的干旱、半干旱和亚湿润干旱地区的土地退化。荒漠化是一个复杂的土地退化过程，不单纯是土壤的变化，正如"土地"退化所指，荒漠化既包含土壤退化，也包括土壤生态与环境的退化，前者包括侵蚀、盐碱化、肥力衰竭等土壤演变过程，后者包括植被覆盖度降低、生物量减少和生物多样性下降等生态系统变化过程。

荒漠化是自然因素和人为因素综合作用的结果。气候干旱是形成荒漠化的必要因素，但仅仅由于气候变异的影响，形成荒漠化的过程是缓慢的。而人类活动却大大加速了荒漠化的进程，如在干旱土地上盲目垦荒、过度放牧、过度砍伐森林、水资源的不合理利用等。人口的迅速增长，也导致荒漠化日趋严重，因为为满足需要，就迫使人们过度垦荒、滥伐林木。

1. 土壤荒漠化的影响

荒漠化对人类的生存、生活环境造成严重灾难，是全球性重大环境问题。日益严重的荒漠化，不仅造成生态系统失衡，而且给工农业生产和人民生活带来严重影响。这一现实将成为制约中国中西部地区，特别是西北地区经济和社会协调发展的重要因素。中国已经成为受荒漠化危害最为严重的国家之一，中国荒漠化土地总面积达 $2.63 \times 10^6 \, km^2$，沙化土地 $1.74 \times 10^6 \, km^2$；我国每年因荒漠化造成的直接经济损失达 540 亿元，平均每天损失近 1.5 亿元。目前，全球约有 30% 的土地、2/3 的国家和地区、1/5 的人口不同程度地受到荒漠化的危害。

荒漠化不仅使区域或者国家，甚至全球丧失大片的土地，直接威胁人类的生存基础，它还产生严重的环境影响。影响范围广泛而强烈,其中最为明显的是形成沙尘,严重影响大气环境质量。生态环境恶化是人类社会可持续发展面临的重大问题,土地荒漠化是其中危害最严重、受害面最广的难题之一。

2. 土壤荒漠化的防治

防治荒漠化的措施有多种,主要有控制农垦、防止过度放牧,因地制宜地营造防风固沙林、种灌植草、建立生态复合经营模式等。另外要增强各级领导和人民群众的环境保护意识,严格执法力度,严禁破坏林草、开荒和乱垦耕地;加强农田防护林建设,推行冬闲地灌冬水、留茬、覆盖技术,以减少农田土壤风蚀;选好适宜树种、草种,在荒漠地区种树种草;在荒漠化严重的地区,实行退耕还林还草;严禁草场过度放牧,减少牲畜存栏数,禁养山羊等严重破坏植被的畜种;搞好流域水资源的综合合理利用,保证生态用水等。

我国政府高度重视土地荒漠化治理,从本世纪初开始,启动了退耕还林、天然林保护、京津风沙源治理、退牧还草、小流域综合治理等一系列重大生态防治工程。从 2000 年到 2004 年,全国荒漠化土地面积减少了 $3.79 \times 10^4 km^2$,年均减少 $7585km^2$。全国已有 20% 的荒漠化土地得到不同程度的治理,重点治理区林草植被盖度增加 20 个百分点以上,大江大河泥沙淤积逐年减少,局部地区沙尘暴由过去的强加强区变为弱加强区。京津风沙源治理工程通过 5 年的实施,工程区土壤的风蚀量在同等风力条件下减少近 1/5,生态环境得到了一定的改善。经过多年努力,我国防沙治沙事业已取得令人瞩目的成就,目前我国荒漠化和沙化整体扩展趋势得到初步遏制,全国土地沙化面积由 20 世纪 90 年代末期年均扩展 $3436km^2$ 转变为现在年均缩减 $1283km^2$。

(三) 土壤盐渍化或盐碱化

土壤盐渍化包括盐化和碱化。土壤盐化过程是指地表水、地下水以及母质中含有的盐分,在强烈的蒸发作用下,通过土体毛细管水的垂直和水平移动逐渐向地表聚集的过程;形成的土壤称为盐土和盐化土。主要发生在干旱、半干旱、半湿润地区以及滨海平原的低洼地区。碱化过程是指交换性钠不断进入土壤吸收性复合体的过程,又称为钠质化过程,相应形成的土壤称为碱土和碱化土。

大多数盐渍土是自然地质、水文和土壤学过程作用的结果,这就是所谓的原生盐渍化过程。但是,人为活动从一开始就影响着这些自然过程,导致了大量盐渍土的产生和严重的土地退化,即所谓的次生盐渍化作用。土壤次生盐渍化,是指在人为活动影响下,使非盐碱土变为盐碱土,或是原盐碱土盐渍化加重。比如在干旱、半干旱地区由于水文地质条件的不同而存在的非盐渍化土壤,因人类的不合理灌溉,促使地下水中的盐分沿土壤毛管孔隙上升并在地表积累,由此引起的土壤盐渍化称次生盐渍化。主要原因:①发展引水自流灌溉,导致地下水位上升超过其临界深度,使盐分通过毛细管上升,聚集地表;②利用高矿化度的水进行漫灌,盐分滞留地表;③开垦具有积盐层的底土;④滨海区由于频繁海潮带入土体中大量盐类,在强烈蒸发作用下向地表积累而形成滨海盐渍化。

1. 土壤盐渍化的影响

土壤的盐化和碱化是全球农业生产和土壤资源可持续利用中存在的严重问题。在土壤盐度达到一定程度以后,土壤性质产生变化,这种变化对土壤的生产能力和环境功能而言是有害的,它包括支持生物生长能力和生物多样性的下降等。灌溉地区的土壤次生盐渍化和碱化引起的土壤退化则更加突出;不仅造成农作物减产,也会提高作为农区饮用水源的地下水矿化度,危及居民与牲畜的健康。据估计,世界上现有灌溉土壤中有一半遭受次生盐渍化和碱化的威胁。由于灌溉不当,每年有 $1.0 \times 10^7 hm^2$ 灌溉土壤因为次生盐渍化和碱化而被抛弃。

盐渍化是土地退化的一种主要类型，实际上其环境影响亦如土壤化学污染那样非常重要。随着盐分在土壤中的累积，盐分的数量和类型决定着土壤的物理的、化学的、生物的甚至矿物学等的主要属性。

2. 土壤盐渍化的防治措施

改良盐渍土首先要实施合理的灌溉排水制度，调控地下水位；精耕细作，多施有机肥，改善土壤结构；减少地表蒸发；选择耐盐碱作物品种。此外，对碱土增施石膏等，不但可以防治土壤次生盐渍化，而且可发挥盐碱土资源的潜力，扩大农用土地面积，改善盐碱地区的生态环境。改良盐土的根本目的在于将根系层的盐分减少到一定限度。由于盐土区往往是旱、涝、盐相伴发生，必须是抗旱、治涝、洗盐相结合，因地制宜采取综合措施，可以通过平整土地、排水、灌溉、种植绿肥和耕作施肥等措施来改良。改良碱土的根本目的在于以交换性钙取代交换性钠，改良物理性状，使用钙盐是改良碱土的基本方法。改良碱土也应采用深耕、使用大量有机肥、掺砂和客土等综合措施。

（四）土壤酸化

土壤酸化是指土壤中盐基离子被淋失而氢离子增加、酸度增高的过程。引起土壤酸化过程的因素有自然因素和人为因素。土壤的自然酸化过程，受到气候植被条件的影响，土壤形成过程中盐基阳离子淋失，使土壤交换性阳离子变成以 Al^{3+} 和 H^+ 为主的过程，是相对缓慢的。在热带和亚热带高温多雨的气候条件下，土壤矿物风化和物质淋溶过程是主导的成土过程。在全球范围内 $pH<5$ 的酸性土壤占全球土壤面积三分之一左右，自然酸化过程影响非常广泛。我们现在所说的土壤酸化是指由于人为活动使土壤酸度增强的现象。人为活动使土壤酸性增强的主要来源是：①长期使用酸性化肥，比如长期使用氮肥后土壤中产生硝酸或亚硝酸，从而降低土壤的 pH 值；②酸性矿物的开采，如黄铜矿废弃物的污染；③化石燃料的燃烧（煤、石油）排放的酸性物质（SO_2、NO_x）通过干、湿沉降（酸雨）进入土壤环境，使土壤酸化。

1. 土壤酸化的影响

土壤酸化过程直接影响土壤本身的性质，影响了土壤正常的物理和化学性质，首先土壤 pH 值下降，保持土壤养分的能力也随之降低，增强了钙、镁、磷等营养元素的淋溶作用，改变土壤结构，导致土壤贫瘠化，从而明显降低农作物、森林、草场的生产能力；其次随着溶液中 H^+ 数量增加，H^+ 开始交换性吸附 Al^{3+} 等，而使 Al^{3+} 等重金属离子的活性和毒性增加，对作物有毒害作用，而且还可以通过径流或入渗进入地下水中，影响水质；而且在酸化土壤中磷肥的有效性降低，导致土壤生态环境恶化。

例如，我国南方土壤本来多呈酸性，但由于酸雨频繁，加速了酸化过程；加速土壤中含铝的原生和次生矿物风化而释放大量铝离子，形成植物可吸收的形态铝化合物。植物长期和过量地吸收铝，会中毒，甚至死亡。

2. 土壤酸化的防治

对土壤酸化要针对不同的原因采取不同的防治措施。对施酸性肥料引起的酸化，要合理施肥，少施酸性化肥。对矿山废弃物而引起的土壤酸化，要妥善处理尾矿，消灭污染源，或施石灰中和等；因酸沉降引起的土壤酸化，要从根本上控制酸性物质的排放，控制污染源。对酸化土壤的重要改良措施是施加石灰，提高土壤对酸性物质的缓冲性；水旱轮作、农牧轮作也是较好的生态恢复措施。

综上所述，土壤退化是土壤演变在人为影响下所表现出来的一种特殊形式，其热力学实质是土壤能量加速降低的一个过程，使土壤趋向于能量更低的更稳定状态，比如侵蚀以后所形成的退化土壤。酸化过程实质上也是土壤胶体交换位被更稳定的、结合能力更高的 H^+ 和 Al^{3+} 饱和的过程，盐化和碱化过程则是土壤盐分随土壤溶液运动的结果，而土壤溶液的迁移则是趋向能量更低方向的。总之，趋向能量更低的土壤自然演化是一个自然存在的现象，而退化过程则是一种人为加速的过程。

土壤退化过程的结果不仅表现在土壤本身，同时也显著地影响水体、大气、生物等环境要素。土壤演化影响环境的实质是土壤物质输出导致环境混乱度的增加。对于土壤侵蚀而言，主要体现在向环境中输出土壤物质、养分，向大气中输出二氧化碳；土壤酸化则是向环境中输出被交换的盐基盐分，降低水体的质量，或者输出酸性物质，使水体产生酸化效应；盐渍化过程一方面盐渍土本身构成了环境的一部分，成为盐分积累的场所，另一方面在排水的过程中必定输出盐分，影响水质。

以上介绍了几类典型的土壤退化过程，除此以外，土壤退化还有其他多种形式，比如土壤污染（前面已讲述）、土壤贫瘠化等。

本 章 小 结

本章主要从四大部分讲述了土壤环境：第一部分主要讲述了土壤环境的主要特征，土壤的主要组成、物理性质和化学性质及其在环境中的意义，这一部分是了解土壤环境的基础内容；第二部分主要讲述了环境污染的主要内容，包括土壤环境污染的概念，主要的土壤环境污染物、污染源及土壤环境污染特点及影响；第三部分讲述了土壤修复的主要技术及方法，主要包括物理、化学、微生物及植物修复技术；第四部分讲述了土壤退化的有关内容，主要包括当前土壤退化的主要类型及治理方法，包括土壤侵蚀、土壤荒漠化、土壤酸化、土壤盐渍化等土壤退化类型。

本章主要掌握土壤主要性质、主要的土壤污染特征及其影响；了解主要的污染土壤修复技术；掌握主要的土壤退化类型及防治方法。

复习思考题

1. 简述土壤的物理、化学与生物环境的主要功能。
2. 土壤环境污染特征有哪些？
3. 什么是污染土壤修复？主要的污染土壤修复技术有哪些？
4. 什么是土壤退化，土壤退化类型有哪些？如何防治各种类型的土壤退化？

第十二章　大气环境与大气污染

第一节　大气圈与大气环境

一、大气圈的结构与作用

1. 大气圈的概念

覆盖在地球表面并随地球引力而旋转的大气层叫做大气圈。在一般情况下，可以把 $1000\sim1400km$ 以下的气层作为大气圈的厚度。地球大气圈的分布是不均匀的，在近地层的大气层里空气稠密，在海平面处空气的密度约为 $1.293kg/m^3$，然后随着高度上升而迅速变稀，到 $5km$ 处，密度将降到一半，到 $10km$ 处，密度将降到海平面处的 20%（见图 12-1）。

2. 大气圈的结构

大气圈在垂直方向有多种分层方法，目前世界各国普遍采用的分层方法是 1962 年世界气象组织（WMO）执行委员会正式通过国际大地测量和地球物理联合会（IU-GG）所建议的分层系统，即根据大气温度随高度垂直变化的特征，根据大气组成状况及大气在垂直高度上的温度变化可以把大气圈科学地分为五层：对流层、平流层、中

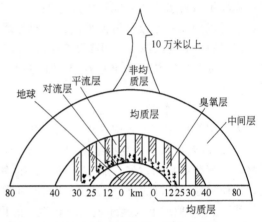

图 12-1　大气圈结构示意图（樊芷芸等，2004）

层、热层和散逸层。图 12-2 是地表面到 100km 高空的大气圈的结构。

对流层是大气圈的最低一层，其厚度在极地约 8km；在赤道约 $17\sim18km$，在中纬度平均约 12km，整个大气圈的质量约有 $80\%\sim90\%$ 集聚在这一层。这一层大气对人类的影响最大。通常所谓的空气污染也就发生在这一层，特别是发生在地面以上厚度 1km 多的大气层中，特称此层为大气边界层。还由于地面有海、陆之分，昼、夜之别，以及纬度高低之差，它们的受热状况和被加热的能力都有很大差别，因而不同地表面处的低层空气的温度也千差万别，从而就形成了垂直

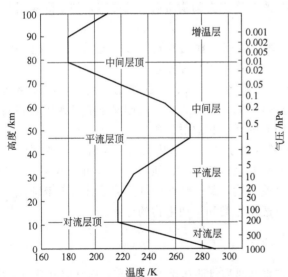

图 12-2　大气圈垂直温度剖面图（贾振邦，2004）

和水平方向的对流。这是对流层的一个重要特性，此外，在对流层中气温随高度增加而降低，且风云雨雪等较常见。

绝大部分的空气组分不能直接吸收太阳能量，而只能吸收地面的辐射能，所以对流层的另一个重要特点是温度随高度的增加而下降，平均下降率为 $0.65℃/100m$。

对流层上部与平流层的过渡区称为对流层顶，厚度约几百米到 1 千多米。

在对流层顶上面是平流层，其厚度约为 38km。在该层中集中了地球大气中大部分的臭氧，而臭氧能强烈地吸收太阳的紫外线能量，从而使得其温度随高度的增加而上升。平流层内的空气主要作水平运动，对流十分微弱，一般气流平稳，几乎没有水蒸气和尘埃，所以大气透明度好，极少狂风暴雨等现象，适于高空飞行。平流层顶位于离地面 $50\sim55km$ 处，那里的温度约为 271K。

平流层上面是中间层，该层缺少加热的机制，故气温又随高度的增加而下降。其厚度约为 35km。中间层顶位于离地面 $80\sim85km$ 处，那里的温度约为 190K。

中间层上面是热层也叫电离层，本层厚度约 630km。该层的氧分子一般分解成原子状态，而原子氧可吸收太阳能使温度急剧上升。而且其中有一个带电粒子的稠密带，称为电离层，它可以使无线电波反射回地面，这对远距离通信极为重要。

热层的上面为散逸层，即高度在 700km 以外，这里气体极为稀薄，粒子之间很少相互碰撞，气体质点很容易游离出地球空间而进入宇宙空间，故被称为散逸层，其厚度约有上万千米。

3. 大气圈的作用

大气圈的作用主要表现在以下几个方面。

① 氧是人类和一切生物维持生命活动所必需的物质。绿色植物进行光合作用，从大气中吸收二氧化碳放出氧气，制造有机质。生物进行呼吸作用，从大气中吸收氧气排出二氧化碳，周而复始，循环无终。因此可以说没有大气就没有人类和一切生物。

② 大气对地球上人类和生物起着很好的保护作用。臭氧能大量吸收太阳光中的紫外线，使人类和生物免受大量紫外线的伤害，穿透大气到达地面的少量紫外线正起到杀菌消毒的作用；大气对地面又有一定保温作用，使地表热量不致过分散失；使地表温度变化缓和，不致像月球那样骤然升高或降低；大气又是防护来自宇宙空间物质撞击的屏障，使星际物质与大气摩擦燃烧化成灰烬。

③ 大气中的尘埃可作凝结核，使水汽凝云致雨，地表水再蒸发送还大气，水分循环，往复不止。没有大气，地球上的水很快就会蒸发掉而不循环往复。

④ 大气中的云层、尘埃和空气分子等，对阳光有反射、散射作用，使地表不致突然变亮和变暗。早晨黎明、傍晚黑夜均有一段过渡时间。阴雨天气，虽阳光不能直接照射到楼房屋内，但仍有一定亮度，均归功于大气对阳光的反射和散射作用。

⑤ 大气的作用是形成地表水热状况的基本因素之一。水热状况决定着一定范围内的气候特征。而一个地区的气候特征，又直接影响着该区的水文、地貌、土壤和生物状况。这些状况对于气候又有反作用，它们所构成的自然环境，是一个统一的整体，又有着辩证统一的关系。地球上这种辩证统一的自然环境，正适合人类和一切生物的生存。

二、大气环境

1. 大气的组成

地球大气圈的总质量约 $6\times10^{18}kg$，只占地球总质量的 0.0001% 左右，而其成分极为复杂。大气中除了氧、氮等气体外，还悬浮着水滴（如云滴、雾滴）、冰晶和固体微粒（如尘埃、孢子、花粉等）。大气中的悬浮物常称为气溶胶质粒。没有水汽和悬浮物的空气，称干洁空气。在 85km 以下的低层大气中，干洁空气的成分基本上是不变的。85km 以上，大气的主要成分仍然是氮和氧。但是，由于太阳紫外线的强烈照射，氮和氧产生不同程度的离解。110km 以上，原子氧逐渐增加，再向上依次为原子氧层、原子氮层（距地表 1000～2400km）和原子氢层（2400km 以上）。因而，85km 以上大气的主要成分的比例发生了变化。

大气中二氧化碳、臭氧、水汽、悬浮微粒及微量有害气体的含量是不断变化的。

二氧化碳主要来自于生物的呼吸作用、有机体的燃烧与分解。在 11～20km 以下，二氧化碳的分布比较均匀，相对含量基本不变。由于工业的发展、化石燃料燃量的增加，森林覆盖面积的减少，二氧化碳在大气中的含量有增加的趋势。二氧化碳吸收太阳辐射少，但能强烈吸收地面长波辐射，从而影响大气的温度。二氧化碳含量增加对气候变化的影响，已引起广泛的重视。

臭氧，是由氧分子离解为氧原子，氧原子再与另外的氧分子结合而成的一种无色剧臭的气体。自然大气中臭氧的含量很少，而且随高度分布不均匀，近地面臭氧比较少，从 10km 开始逐渐增加，在 20～30km 高度达到最大值，形成明显的臭氧层。高空的臭氧主要由 O_2 的光致离解作用形成，低空的臭氧一部分由光化学反应和闪电产生，另一部分从高空输来。其总量的分布随纬度和时间而异。臭氧能大量吸收太阳紫外线，这一方面使地面生物免受过量的紫外辐射，另一方面使平流层大气的温度较快地随高度增加。

大气中的水汽主要来自海洋和地面蒸发与植物蒸腾，在大气温度变化的范围内水汽可发生相变，凝结为水珠和冰晶，从而形成云、雾、雨、雪等多种大气现象。大气中水汽的含量随时间、地点变化很大。沙漠或极地上空的水汽极少，热带洋面上的水汽含量可多达 4%。大气中水汽含量对生物的生长和发育有重大影响。

大气中的固体微粒主要来源于火山爆发、沙土飞扬、物质燃烧的颗粒、宇宙物落入大气和海水溅沫、蒸发等散发的烟粒、尘埃、盐粒和冰晶，还有细菌、微生物、植物的孢子花粉等。它们的含量和分布随时间、地点、天气条件而变。大气中的悬浮微粒增加会影响太阳辐射传输，使能见度变低，有的能起凝结核的作用。

目前大气污染越来越严重，引起空气污染的物质浓度逐渐增加，如 CO、NH_3、SO_2、H_2S、Cl_2、NO_2 和甲醛等原来均在百万分之一（1 ppm）以下，现在浓度都有所增加，随着工业的发展和化石燃料耗量的增多，如果人们不及时对大气污染进行控制，污染性气体导致的大气污染也将更加严重。

2. 大气环境的概念

大气的物理特性主要包括空气的温度、湿度、风速、气压和降水，这一切均由太阳辐射这一原动力引起。化学特性则主要为空气的化学组成，大气对流层中氮、氧、氢 3 种气体占 99.96%，二氧化碳约占 0.03%，还有一些微量杂质及含量变化较大的水汽。所谓的大气环境就是指整个的大气圈层。大气圈是人类生存所必不可少的条件，人类的活动，不适当的开发，可能改变大气组成引起大气污染，反过来又给人类以惩罚。人类生活或工农业生产排出的氨、二氧化硫、一氧化碳、氮化物与氟化物等有害气体可改变原有空气的组成，并引起污染，造成全球气候变化，破坏生态平衡。大气环境和人类生存密切相关，大气环境的每一个因素几乎都可影响到人类。

第二节　大气污染概述

人们生活在空气里，当这种人类赖以生存的空气不断被人类本身活动（生产活动和消费活动）所产生的各种异常的有害气体和微粒物质所混入，从而对人类直接或间接带来危害时，可以认为大气环境受到了污染。

一、大气污染的概念

所谓大气污染是指人类活动排出的污染物扩散到室外空气中，对人体、动植物和器物造成危害的大气状况。而混入大气的各种有害成分通称大气污染物。

随着人类经济活动和生产的迅速发展，在大量消耗能源的同时，将大量废气、烟尘杂质排入大气，严重地影响了大气环境的质量。尤其在人口稠密的城市和存在大规模排放源的附近更为突出。

形成大气污染的三个要素是：污染源、大气状态、污染汇——受体；大气污染的三个主要过程是：污染物排放、大气相互作用和对受体的影响；大气污染的流程顺序是：污染源排放污染物，进入大气环境的污染物与大气相互作用进行着散布、转化和排除等过程；最后，根据接受体的影响确定大气污染的程度。

二、大气污染源及其分类

大气污染源有自然源和人为源两大类。

自然源是指火山喷发、森林火灾、土壤风化等自然原因产生沙尘、二氧化硫、一氧化碳等。

人为源是指任何向大气排放一次污染物的工厂、设备、车辆或行为等。当前，引起大气污染广泛而严重的是人为活动造成的人工源（即人为源）。人为源种类很多，人们常根据具体需要结合污染源的某种特性，对污染源进行各种各样的分类。具体划分如下。

按污染物产生的类型分：通常分为工业企业排放源、汽车排放源、家庭炉灶排放源。

按污染源存在的形式分：固定源，如烟囱；流动源，如汽车。

按污染源几何形状分：点源、线源、面源。

按污染物排放的时间分：连续源、间断源、瞬时源。

按污染物排放的方式分：地面源、高架源。

目前，大气污染源主要集中在城市里，因此大气污染问题城市最突出，各种大气污染物在城市中数量最多。从污染源来看，这些大气污染物主要来自火力发电厂、民用炉灶、工厂锅炉和工业炉窑的燃料燃烧，以及工业生产过程和交通运输三大方面。

三、大气污染物

（一）大气污染物的概念及分类

大气污染物是指由于人类活动或自然过程排入大气的并对环境或人产生有害影响的那些物质。大气中污染物的种类繁多，目前大气污染物的物理和化学性质非常复杂，根据污染物的性质，可将其分为一次污染物（原发性污染物）与二次污染物（继发性污染物）。一次污染物是从污染源直接排出的污染物，它可分为反应性物质和非反应性物质。前者不稳定，还可与大气中的其他物质发生化学反应；后者比较稳定，在大气中不与其他物质发生反应或反应速度缓慢。二次污染物是指不稳定的一次污染物与大气中原有物质发生反应，或者污染物之间相互反应，从而生成的新的污染物质，这种新的污染物质与原来的物质在物理、化学性质上完全不同。按污染物质的物理状态，可分为固体、液体和气体等形式，其中 90% 为气体，10% 是以气溶胶的形式存在。不管何种类型的污染物都能引起大气污染，对环境及人类产生不同程度的影响。

（二）主要的大气污染物

1. 气溶胶状态的污染物

在大气污染物中，气溶胶是指固体粒子、液体粒子或它们在气体介质中的悬浮体。其直径在 $0.002\sim100\mu m$。大气气溶胶中各种粒子按其粒径大小，又可分为以下几类。

(1) 总悬浮颗粒物（TSP）　用标准大容量颗粒采样器（流量在 $1.1\sim1.7m^3/min$）在滤膜上所收集到的颗粒物，通常称为总悬浮颗粒物。其粒径大小，绝大多数在 $100\mu m$ 以下，其中多数在 $10\mu m$ 以下。它是分散在大气中的各种粒子的总称，也是目前大气质量评价中的一个通用的重要污染指标。

(2) 飘尘　能在大气中长期飘浮的悬浮物质称为飘尘。其粒径主要是小于 $10\mu m$ 的微粒。由于飘尘粒径小，能被人直接吸入呼吸道内造成危害；由于该类污染物能在大气中长期飘浮，易将污染物带到很远的地方，导致污染范围的扩大，同时，大气还可为化学反应提供反应场所。因此，在环境科学研究中，飘尘是被人们广泛关注的研究对象。

(3) 降尘　降尘指用降尘灌采集到的大气颗粒物。总悬浮颗粒物中一般直径大于 $30\mu m$ 的粒子，由于其自身的重力作用会很快沉降下来，所以，将这部分的微粒称为降尘。单位面积的降尘量可作为评价大气污染程度的指标之一。

(4) 可吸入粒子（IP）　美国环保局 1978 年引用密勒（Miller）等人所定的可吸入呼吸道的粒径范围，把粒径 $D_r\leqslant15\mu m$ 粒子称为可吸入粒子。随着研究工作的深入，国际标准化组织（ISO）建议将 IP 定位为粒径 $D_r\leqslant10\mu m$ 的粒子。此标准目前已为日本和我国科学工作者所接受。

气溶胶状的污染对气象有一定的影响，可降低空气的能见度，减少日光射达地面的辐射量，对气温有致冷作用，一些粒子（粒径在 $0.1\sim10\mu m$）达到一定浓度后即可成为凝结核，增加云量和降雨量，影响植物的生长。

2. 气状污染物

在大气污染物中，气状污染物占到了所有污染物的绝大多数的比例，也是分布比较广泛的一类污染物，主要的气状污染物有如下几种。

(1) 含硫化合物　大气中硫化物污染主要有 SO_2、SO_3、H_2S，大气中的硫氧化物主要是由燃烧含硫的煤和石油等产生的。此外，金属冶炼厂、硫酸厂等也排放出相当数量的硫氧化物气体。通常煤的含硫量为 $0.5\%\sim6\%$，石油为 $0.5\%\sim3\%$。硫在燃烧中可以无机硫化物或有机硫化物的形式存在。有机硫化物在燃烧过程中就会产生 H_2S，生成的 H_2S 再被氧化为 SO_2。全世界每年排入大气中的 SO_2 在 $1.5\times10^{11}kg$ 以上，因此，SO_2 是目前排放量最大，对环境污染影响最大的污染物。

含硫化合物对环境的危害主要表现在：①湿度大的情况下，含硫化合物最终被氧化形成硫酸，是形成酸雨的主要来源；②二氧化硫是一种无色的刺激性气体，腐蚀性很大，会严重刺激人的呼吸系统，使人出现咳嗽、嗓子疼、胸闷和感到呼吸受阻，刺激腐蚀人的肺部，可以造成肺气肿和支气管炎，并加重哮喘病情；③二氧化硫破坏植物的叶绿素，使植物脱水坏死；④在适当条件下和飘尘结合在一起，或与水汽中的水蒸气结合形成硫酸雾，硫酸雾微粒对植物、动物和器物等都会造成较大的危害。

(2) 氮的氧化物　氮氧化物（NO_x）种类较多，它是 NO、NO_2、N_2O、NO_3、N_2O_4、N_2O_5 等的总称。造成大气污染的主要是 NO 和 NO_2，大气中 NO_x 的人为源主要是燃料的燃烧，其中，以汽车尾气排放造成的污染最为严重。

氮氧化物的危害主要表现在如下方面：①氮氧化物可以转化为硝酸，是形成酸雨的主要物质之一，从而导致酸雨污染；②是形成光化学烟雾的重要物质，伤害到人体和动物，其二次污染物质如臭氧、丙烯醛和甲醛等会使植物受害而落叶，甚至枯萎；③NO_2 对人有生理刺激和腐蚀作用，是引起城市居民产生急性呼吸道病变的原因之一；④氮氧化物可腐蚀织物、材料、破坏染料，使它褪色。

(3) 碳氧化物 碳氧化物主要指二氧化碳和一氧化碳。二氧化碳是大气的正常组分之一，目前，大气中 CO_2 浓度每年上升 0.4%，是主要的温室气体之一。

一氧化碳是城市大气中数量最多的污染物，约占大气污染物总量的 1/3。大气中的一氧化碳主要来自燃料的不完全燃烧和汽车的尾气。据报道，全世界由人为污染源向大气排放的 CO 量的 55% 以上是由汽车排放的，发达国家城市空气中 CO 量的 80% 是汽车排放的。空气中 CO 浓度的增加，会导致人体细胞携带 O_2 的能力。

(4) 碳氢化合物 (HC) HC 是自然界中必不可少的物质，主要指烷烃、烯烃和芳香烃等具有挥发性的有机物，它们主要是由碳原子和氢原子组成。碳氢化合物主要来源于自然界植物分解，人为产生的量很小，但它们是形成光化学烟雾的重要物质。碳氢化合物的污染在工业上主要来自炼油厂、石油化工厂、用油或气为原料的热电厂及各种锅炉，城市里则主要来自汽车、柴油机车辆等。

四、我国大气污染概况

我国的大气污染状况是世界上少数最严重的国家之一。全国烟尘的排放量每年约为 $2.8 \times 10^{10} kg$，SO_2 约为 $1.5 \times 10^{10} kg$；我国北方城市大气污染水平高于南方，冬季高于夏季，早晚高于中午；产煤区污染严重，尤以高硫煤区为甚，是大气污染的区域性问题。

我国大气污染严重的原因主要表现在如下几个方面：

第一，直接燃煤是我国大气污染严重的根本原因。据估算，近年来全国烟尘排放量的 70%、二氧化硫排放量的 90%、氮氧化物排放量的 67%、二氧化碳排放量的 70% 都来自于煤炭燃烧。2005 年的煤炭消费量为 $2.14 \times 10^{12} kg$，占到能源消费总量的 68.9%，这种以煤为主的能源结构使得煤烟型污染成为中国大气污染的特征。

第二，能源浪费严重，燃烧方式落后，加重了大气污染。工业锅炉热效率很低；锅炉和炉窑的烟囱普遍偏低，污染物不易扩散。民用小火炉的热效率更低，其分布面广、低空排放，特别是冬季在人口稠密的居民区，大气污染尤为严重。

第三，交通污染源集中于城市，也是大气污染的原因之一。某些城市火车站附近地区，往往是大气污染最严重的地区，交通干道的十字路口，CO 和 NO_x 的浓度往往为一般交通线的 4～5 倍。

第四，城市布局、工业布局的不够合理，人口密度、经济密度的疏密，都对大气污染状况产生影响。就一个城市来说，没有明显的功能分区，市中心居民区人口过密，都对大气污染产生直接的影响。

我国是世界上大气污染最严重的国家之一，大气污染是我国环境问题中的一个主要问题。我国的经济发展、能源结构、地形及气候条件决定了我国大气污染具有以下特征：①煤烟型污染是污染的普遍问题，主要污染物是烟尘和二氧化硫；②汽车尾气污染明显增加，并逐渐上升为城市的主要污染源，总悬浮颗粒物或可吸入颗粒是影响城市空气质量的主要污染物；③酸雨分布区域性、季节性明显，污染物成分特点突出，多以硫酸酸雨为主；④工业"三废"任意排放是目前大气污染的罪魁祸首。

大气污染所造成的许多影响和危害，已为人们所共知，但要确切地说出它们在经济上造成的后果，却相当困难。20 世纪 70 年代初，美国环境保护局估计，在美国空气污染造成的总损失每年近 250 亿美元，全国平均每人超过 100 美元，在这笔金额中，用于人的疾病与死亡的，估计为 90 亿美元，这些经济上的数字，结合空气污染其他方面的情况，成了推动美国大气环境科学研究工作的原动力。

酸雨给我国造成的经济损失每年超过 1100 亿元，即每排放 1000kg 二氧化硫造成超过 5000 元的损失，大气污染造成的损失约占我国 GDP 的 2%～3%。2000 年二氧化硫年排放量达 1.995×10^7 kg，超过环境容量 60% 以上，而二氧化硫、氮氧化物在一定条件下可形成酸雨，目前酸雨面积已占国土面积的 30%，区域性酸雨污染严重。据报道，2004 年我国平均每 1 万个城市居民中有 6 个人因为空气污染死亡。全国由于大气污染共造成近 35.8 万人死亡，约 64 万呼吸和循环系统病人住院，约 25.6 万新发慢性支气管炎病人，造成的经济损失高达 1527.4 亿元。这些损失可能包括过早死亡经济损失、呼吸和循环系统疾病患病的住院治疗等。

第三节　大气污染对气候资源的影响

大气被污染后能改变大气的性质和影响气候。如二氧化碳可吸收辐射，颗粒污染物能散射日光，导致地面温度发生变化。极小的污染微粒可集积云量，增多雾天次数。大气污染形成的酸雨，是世界性的危害。

一、大气污染对局部气候资源的影响

1. 降低大气能见度

大气能见度是指大气的清澈程度和清楚地看到远处目标物的可能性，白天的能见度是在水平方向肉眼能看到的黑色目标物的最远距离。这个距离与大气组分及其光学性质有密切的关系。近年来国外一些学者研究了大气污染与能见度的关系，认为影响大气能见度的主要物质是：颗粒物、硫酸盐、硝酸盐和炭黑等。各组分的贡献大小与当地污染类型有关。硫酸盐对能见度降低的影响在全部降低能见度诸因素中占首位，其贡献达 50% 以上。

改善局部地区大气能见度的有效措施为控制 SO_2 的排放，以减少硫酸盐的污染；控制颗粒物的排放，对主要污染源应采用脱硫、除尘装置；北方地区，在采暖季节和逆温出现较多时期应用低硫煤或经洗选的煤。

2. 减少太阳直接辐射和日照时数

太阳辐射从宇宙空间穿过地球的大气层到达地面，在这过程中有一部分太阳辐射能被大气吸收，一部分被反射，一部分被散射，剩下来的太阳辐射以平行光线的方式直接到达地表的称为太阳直接辐射；另一部分由大气分子、云滴以及颗粒物等从四面八方散射而来的光线称为放射辐射，两者之和称为总辐射。

太阳直接辐射的强弱和许多因子有关，其中最重要的是太阳高度和大气透明度。大气污染严重时，大气中污染物质增多，穿过大气的太阳辐射被削弱得厉害，因此到达地表的直接辐射就大大减少了；大气污染严重，参与散射作用的气溶胶和烟尘等粒子愈多，散射辐射愈强，到达地表的天空辐射量也随之增加，但它增加的量不能补偿直接辐射的损失。所以，大气污染严重的城市和工业区，太阳总辐射减少。

3. 大气污染对云、雾、降水的影响

城市中的总云量和低云量之所以比郊区多，主要原因有：①城市热岛效应，有利于对流云的形成；②城市下垫面粗糙度大，有利于低云的形成；③城市空气中凝结核多；④城市工厂区有一定量的人为水汽排放到低空。在这四个原因中，至少有三个原因与城市空气污染程度有关。

城市降水量和降水日数比附近增多，主要由于受城市工业区空气污染的影响。1910～1960年芝加哥因钢铁工业的发展，排放到空气中烟尘增多，每5年的烟霾日数增长很快，与此同时拉波特的年降水量亦有显著的增加，两者对应关系十分明显。拉波特位于密执安湖南岸距芝加哥48km左右，受湖风影响，芝加哥城中大工业区排放的烟尘容易在此聚集，因此在方圆200km范围内降水量的增加特别显著。所以这种作用又称为"拉波特效应"。

4. 颗粒物的气候效应

地面上不同高度的大气层，在任何时间内都携带数十亿吨各种浓度的不同类型的颗粒物。这些颗粒物在大气中的积蓄既有自然的起因，也有人为的起因。大气颗粒物的普通效应是向宇宙空间散射和反射太阳辐射，从而减少到达地面的太阳能。颗粒物散射和反射的性质随颗粒物的大小和性质而有变化。有人估算，大气的混浊度若增加1%，地球的平均温度约下降1.7℃。假如地球上空的混浊度按照10年以30%的速率增长下去，那么要不了几十年，北半球的平均温度，就会降到冰期时的温度。《公元2000年地球研究》预测，在今后20年内，能源转换产生的颗粒物排放量将显著增加，沙漠化、毁林开荒、风成尘所带来的颗粒物将会日益增加；那么，颗粒物增多的冷却效应与二氧化碳蓄积的增温效应能否相互抵消，对这一问题还有待进行深入的研究。

此外，大气中的微粒作为凝结核促使水蒸气凝结形成雾，空气变为混浊，使云量和降水增加，使雾的出现频率增加，降低能见度。

5. 反射率和热效应

随着人类大规模开发活动的进行，土地使用将有显著的变化，消耗能源释放的余热将大大增加，这些肯定会影响局部气候，甚至会影响到地区或全球气候。

反射率是地面或水面反射的太阳光占入射量的百分比。土地使用的变化会导致地表反射率的改变，这对气候有直接的影响。例如常绿森林的反射率为7%～15%，干旱耕地的反射率为10%～15%，沙漠为25%～30%，新降雪为85%～90%，沥青为8%。

另外，颗粒物和气溶胶提供了对云的形成起重要作用的凝结核。因此，大气中颗粒物增加导致云量变化，云层反射率的变化，可能是严重的工业污染后果之一。

热污染在城市最典型。众所周知，城市中气温明显比周围郊区高，这种现象称为城市热效应。世界上大大小小的城市，无论其纬度位置、海陆位置、地形起伏及其四周自然环境等有何不同，都能观测到热岛效应的存在；而其热岛强度又与城市规模、人口多寡、建筑密度等密切相关。

二、大气污染对全球气候变化的影响

近年来，人们逐渐注意到大气污染对全球气候的影响问题。能引起全球性气候变化的各种大气污染问题中，最引人关注的几个问题是：影响地球气温变化的CO_2、影响臭氧层的化学品、颗粒物（气溶胶）和释放热。

1. 二氧化碳对气候的影响

二氧化碳引起气候变化，这个基本概念最早是在1981年由著名的英国物理学家丁铎尔提出的。他认为地球温度的变化与大气中二氧化碳含量有关。二氧化碳引起气候变化的机理，主要是二氧化碳对来自太阳的短波辐射具有高度的透过性，而对地球反射出来的长波辐射则具有高度的吸收性，当大气中的二氧化碳浓度达到一定程度时，从地球上反射出去的大量的红外辐射就被截留了。正是由于二氧化碳阻止了红外辐射的外逸，太阳能被捕获，大气层变暖，这就是所谓的"温室效应"。

化石燃料的燃烧是造成大气中二氧化碳浓度增加的主要原因。在过去30年中，化石燃料的燃烧每年增长 4.3% 左右。化石燃料燃烧释放的二氧化碳有一半滞留在大气中，另一半被植物和海水吸收，或通过其他途径从大气中清除掉，假如这种趋势持续下去，那么 2025～2050 年间，大气中二氧化碳的含量将比工业革命之前增长 1 倍。

由于大气层中二氧化碳浓度一旦增长是无法逆转的，至少在短时期内是如此，这就引起全世界许多科学家和其他人士的严重关注。一些科学家提出要赶快改变能源，减少矿物燃料的使用量。有人计算，如果凡是今日开采技术所能及的全部矿物燃料都被烧掉，那么大气中二氧化碳含量将比工业革命前的水平高出 5～10 倍，这将使全球平均温度比今天高出 7～12℃，其后果无疑是具有灾难性的。

2. 大气污染对臭氧层的影响

臭氧是大气的微量成分之一。在下层大气中，其主要天然源是雷电作用和某些有机物的氧化。臭氧是高度活跃的有毒害气体。臭氧在大气辐射过程中起着两个重要而又相互关联的作用。第一，它吸收紫外-β 带的紫外线，因此保护了地球上所有的生命，使其不受这种辐射的有害影响；第二，臭氧层通过吸收紫外辐射将平流层加热，造成平流层温度逆增，并使低层大气难于和高空大气相混合。这种作用，无疑对地球气候有重大的影响。当平流层中臭氧浓度一旦减少时，就会使得一部分短波紫外线进入到地表，使生命受到危害。就人体来说，当皮肤暴露于更多的高能、短波紫外线下，得皮肤癌的机会放大很多。近年来自然因素和人为因素引起的气候变化和气候变迁问题，日益引起国际社会的注意。在多种气候变量中，臭氧是人们十分注意的一种，它的自然变化很大，同时人类活动对它的浓度的影响更不容忽视。

大气中的微量成分，如有机的和人为产生的氢、氮和氯的化合物对臭氧的破坏也起重要作用。平流层上部的臭氧浓度取决于光化学过程，而平流层下部起主导作用的是输送过程。因为这个原因，平流层上部臭氧的产生是非常迅速的。在输送过程中，臭氧会部分地遭到破坏。在对流层，臭氧大多是由于和地面接触而破坏。

大气中的人为成分对平流层臭氧平衡起着重要作用，其中对臭氧浓度有较大影响的是人类合成的一些氟氯烃类化合物（多用作制冷剂），它们能结合氧原子，破坏臭氧分子。

臭氧层遭到破坏后，对人类会产生较大的影响。首先，臭氧层破坏后，会影响人类的健康。太阳辐射缺少了臭氧层的吸收，大量对人体有害的紫外线到达地面，会导致人体的皮肤疾病或眼睛疾病，如皮肤癌和白内障的大量发生；其次，太阳辐射中的紫外线增加对陆生植物和水生生态系统都会产生影响，导致其生产力的下降；最后，太阳辐射中紫外线对一些材料也有破坏作用。

第四节　大气污染的危害及其控制

一、大气污染的危害

大气污染物的种类很多，其物理和化学性质也非常复杂，因此，大气环境受到污染物所产生的危害和影响是多方面的，程度亦不相同。其主要危害和影响如下。

1. 大气污染对人体健康的危害

受污染的大气进入人体，主要表现为化学性物质、放射性物质和生物性物质等三类物质对人体健康的危害，可导致呼吸、心血管、神经等系统疾病或其他疾病。

① 燃烧煤和石油排入大气的有害化学物质最多。最常见的有总悬浮微粒，包括降尘和石棉、金属粉尘。有害气体包括二氧化硫、碳氧化物、氮氧化物和碳氢化物，还有大气二次

污染物光化学氧化剂和硫酸雾等。大气中有害化学物质直接刺激上呼吸道，引起支气管炎和肺气肿等疾病。

②　大气中无刺激性的有害气体，由于不能为人体感官所觉察，危害性更大。大气中的有害有机物，如多环芳香烃可检出 30 多种，其中苯并 [a] 芘的致癌性很强，还含有有潜在危害的化学物质，如镉、铍、锑、铅等无机化合物对机体的健康危害易形成慢性中毒。有些有害化学物质对眼睛、皮肤有刺激作用。

③　大气被放射性物质所污染，往往引起一些慢性疾病。

④　大气污染中的飘尘对人体呼吸道危害甚大。

⑤　生物性物质污染对人体健康有重要影响　生物性污染是一种空气变应原，常见的有花粉病和尘螨过敏。前者主要由花粉产生，可诱发鼻炎和气喘等病变；后者是易感者吸入尘螨致敏成分引起的哮喘、过敏性鼻炎及皮肤过敏等。

2. 大气污染对植物的影响

大气污染对植物的影响可分为群落、个体、器官组织、细胞和细胞器、酶系统等五个方面。

大气中的污染物浓度一旦超过植物能够承受的限度，将会对植物构成伤害。污染物通过植物叶片表面的气孔进入植物体内，使植物的细胞和组织器官受到伤害，生理功能和生长发育过程受阻，产量下降，产品品质变坏。还可能导致植物群落系统的组成发生改变，某些物种将会消失，生态平衡将会遭到破坏。

和人类及动物相比，植物更容易遭受大气污染物的伤害。这主要是因为每一棵植物植株在生长季节里，长出大量的叶片，植物通过叶片表面的气孔，同空气接触并进行活跃的气体交换，大量的污染物进入植物体内，构成伤害。其次，植物不像高等动物那样具有循环系统，因此对外界的影响没有缓冲能力。此外，由于植物一般固定生长在一个地方，不能主动避开污染的伤害。

大气污染物对植物的伤害可分为两类：短期高浓度污染伤害和长期低浓度污染伤害。短期高浓度污染伤害，可使植物叶片呈现变色斑点、急性坏死脱落；长期低浓度污染伤害，可使植物生长发育受阻，导致整个植株的干物质产量减少。

对植物危害较大的大气污染是二氧化硫、氟化物、氧化剂和乙烯。由于不同植物种类对污染物的抵抗力不同，在污染物的长期作用下，一些敏感种类将会减少，甚至灭绝。而另外一些抗性较强的种类将会生存下来，并得到发展。这样，植物的群落结构将会发生改变，固有的生态平衡关系将可能遭到破坏。

3. 大气污染对动物的危害

凡是对人造成严重危害的大气污染事件，对动物也产生同样的危害和影响。空气污染对动物的危害，除污染物的直接侵入造成伤害之外，还通过污染食品进入体内，导致发病和死亡。因为动物没有能力去选择和鉴别某些剧毒性的食品，所以它们将比人类更容易遭受污染物的伤害和影响。

有关文献报道，美国一家炼钢石排放大量的二氧化硫、三氧化二砷等废弃物，污染了厂区周围的牧草，牧草中砷的含量达到 400×10^{-6}，使周围 24km 内的 3500 头羊发生中毒，死亡 625 头。蒙大拿州磷肥厂排放大量的氟化氢，使牧草中的氟含量达到 1000×10^{-6}，引发牛的氟骨病，导致牛奶产量减少，繁殖能力降低。

4. 大气污染对材料的损害

大气污染是城市地区经济损失的一大原因。这种损害表现为腐蚀金属和建筑材料，损坏橡胶制品和艺术造型，使有色材料褪色等。大气污染物对材料损害的机制是：磨损、直接的化学冲击（比如酸雾对材料的腐蚀）、电化学侵蚀等。影响因素则有湿度、温度、阳光、风等。

5. 大气污染改变全球气候

大量的污染物排放于大气，干扰着人类赖以生存的太阳和地球之间的热平衡。据推测，地球的能量平衡稍有干扰，全球平均温度可能改变2℃。若低2℃，则变成另一个冰河时期，若平均气温升高2℃，则变成无冰时代，将会给全球带来灾难。

6. 大气污染危害农业

大气污染对农作物的危害可分为三种类型：急性危害，在污染物高浓度时，农作物短时间内造成危害，叶面枯萎脱落，直至死亡，造成农作物减产；慢性危害，在污染物低浓度时，因长时间作用所造成的危害，使农作物叶绿素褪色，影响生长发育；不可见危害，指污染物质对农作物造成生理上的障碍，抑制生育发展，造成产量下降。

二、大气污染的危害类型

由于不同区域大气中污染物的种类和含量的不同，造成大气污染的危害程度不同，表现为以下几个类型。

(1) 急性危害　污染物在短期内浓度很高，或者几种污染物联合进入人体可以对人体造成急性危害。

(2) 慢性危害　主要指小剂量的污染物持续地作用于人体产生的危害，如大气污染对呼吸道慢性炎症发病率的影响等。

(3) 远期危害　环境污染对人体的危害，一般是经过一段较长的潜伏期后才表现出来，如环境因素的致癌作用等。环境中致癌因素主要有物理、化学和生物学因素。物理因素，如放射线体外照射或吸入放射性物质引起的白血病、肺癌等；生物学因素，如热带性恶性淋巴瘤，已证明是由吸血昆虫传播的一种病毒引起的；化学因素，据动物实验证明，有致癌性的化学物质达1100余种。另外，污染物对遗传有很大影响，一切生物本身都具有遗传变异的特性，环境污染对人体遗传的危害，主要表现在致突变和致畸作用。

三、大气污染的控制

无论是大气污染源、污染物、污染类型还是大气污染的危害，都具有多样性，这种多样性给大气污染控制带来了很大的难度。因此，若要从根本上解决大气污染的问题，也就必须多种手段并行。在符合自然规律的前提下，运用社会、经济、技术多种手段对大气污染进行从源头到末端的综合防治，才能达到人与大气环境的和谐，实现预期的大气污染控制目标。

1. 清洁能源

中国是世界上能源消耗最多的国家之一，也是世界上最大的燃煤消费国和二氧化碳排放大国之一。能源生产和消费是我国大气污染的主要来源。随着人们对环境与资源保护意识的提高，能源结构将会发生较大的改变。优质、高效、洁净的能源在21世纪将有长足的发展。清洁能源战略包括常规能源的清洁利用，可再生能源的利用，新能源的开发，各种节能技术等。

(1) 常规能源的清洁利用　常规能源指已经大规模生产和广泛利用的煤炭、石油、天然气、水能和电力等能源。随着社会的进步，经济的发展，人们对环保问题日益重视，近年来能源的清洁利用技术不断得到发展和提高。中国能源以煤为主，传统的利用方式导致严重的煤烟型污染已成为中国大气污染的主要类型。因此，如何清洁利用煤炭是我国能源领域急需解决的问题之一。1994年以来，国家也安排了一批相关的项目，旨在减少煤炭利用中的污染和提高转换燃烧效率。洁净煤技术是解决我国燃煤污染问题的技术基础。

（2）可再生能源与新能源的开发利用 可再生能源与新能源包括太阳能、水能、风能、海洋能、生物质能、地热能、核能、氢能等，它们都属于低碳或非碳能源，对环境不产生或很少产生污染，是未来能源系统的重要组成部分。

（3）节能 节能是指采取技术上可行、经济上合理以及环境和社会可接受的一切措施，高效地利用能源资源。节能并不等于降低生活水平，而是在引进更有效地生产和利用能源的新技术，以及在改善能源管理上，通过提高能源利用效率，降低需求而不对个人生活方面或国家的经济增长产生消极的影响。我国能源利用效率为32%，比国际先进水平平均低10%以上。每消耗1t标准煤所创造的国内生产总值，只有发达国家的二分之一到四分之一。由此可见，我国节能潜力是巨大的。中国政府已把提高能源效率和节能，作为可持续发展能源战略的关键措施，提出"坚持资源开发与节约并举，近期把节约放在首位"的发展战略。

2. 绿色交通

随着汽车数量的迅速增加以及城市化进程的加快，汽车尾气排放已成为一些主要城市的重要污染源。解决交通型污染的对策是推行绿色交通。

（1）合理的交通规划 随着城市化进程的加快和人民生活水平的提高，交通工具对人们越来越重要。面对上升中的交通需求和增长中的负面影响，城市应当按照具体条件建设布局合理、高效快捷、环保舒适的综合交通网。

（2）发展清洁汽车 清洁汽车是指低排放的燃气汽车、混合动力汽车、电动汽车以及通过采用多种技术手段大大降低排放污染的燃油汽车及其他代用燃料汽车。发展电动汽车、清洁燃料汽车及汽车环保技术对于合理利用我国资源，改善大气质量，培植汽车工业新的经济增长点，促进相关高新技术的发展等方面具有重大意义。

3. 末端治理

推行清洁能源与绿色交通从源头上减少了大气污染的产生。对于已经产生的污染，则需进行末端治理。

（1）烟尘治理技术 烟尘的粒径大小及其分布对除尘过程的机制、除尘器的设计及其运行效果都有很大影响，它们是颗粒污染物控制的主要基础参数。按除尘原理的不同，除尘器大致可分为机械除尘器、静电除尘器、湿式洗涤除尘器和过滤式除尘器等。它们性能各异，使用时应根据实际需要加以选择或配合使用，主要考虑因素为尘粒的浓度、直径、腐蚀性等以及排放标准和经济成本。

（2）二氧化硫治理技术 二氧化硫治理技术包括燃料脱硫（目前主要是重油脱硫）和烟气脱硫。

对于没有烟气脱硫能力的中小工厂，通常采用燃料脱硫。它通过加氢催化，使重油中有机硫化物的C—S键断裂，硫变成简单的气体或固体化合物，从重油中分离出来。大型工业企业则要求安装烟气脱硫设施。烟气脱硫可分为湿法和干法两种。湿法是把烟气中的SO_2和SO_3转化为液体或固体化合物，从而把它们从烟气中分离出来，主要包括碱液吸收法、氨吸收法和石灰吸收法等。干法脱硫是指采用固体粉末或非水液体作为吸收剂或催化剂进行烟气脱硫，它分为吸附法、吸收法和催化氧化法等。

（3）氮氧化物的治理技术 氮氧化物是形成光化学烟雾的主要一次污染物，其主要来源是以汽车为主的交通排放的废气，炼油业等工业也在氮氧化物污染中占有较大的负荷。

工业企业排放的氮氧化物主要通过以下方法去除。

① 吸收法。根据所使用的吸收剂，可分为碱吸收法、熔融盐吸收法和硫酸吸收法。

② 非选择催化还原法。应用金属铂等作为催化剂，以 H_2 或 CH_4 等还原性气体作为还原剂，将烟气中的氮氧化物还原为 N_2。

③ 选择性催化还原法。以金属铂的氧化物作为催化剂，以氨、硫化氢和一氧化碳等为还原剂，选择最佳脱硝反应温度，让还原剂仅与烟气的氮氧化物发生反应，使之转变为无害的 N_2。

（4）氟化物的治理　氟化物治理技术的研究始于 20 世纪 40 年代。在铝矿的开采中，在磷、磷酸、磷肥、氧化铝等的生产中，以及在电解铝和铝加工等的生产过程中，都会产生氟化物。由于氟化物易溶于水和碱性水溶液中，因此去除气体中的氟化物一般多采用湿法。到了 20 世纪 50 年代出现了用干法从烟气中回收氟化物的新工艺。

4. 环境自净

大气环境的自净有物理作用、化学作用（扩散、稀释、氧化、还原、降水洗涤等）和生物作用。在排出的污染物总量恒定的情况下，认识和掌握气象变化规律，合理利用大气自净能力，可以有效降低大气中污染物浓度，减少大气污染危害。

植物在大气环境自净中具有重要作用，它具有美化环境、调节气候、抑制扬尘、截留粉尘、吸收大气中有害气体等功能，可以在大面积的范围内，长时间地连续净化大气。尤其是大气中污染物影响范围广、浓度比较低的情况下，植物净化是行之有效的方法。

本 章 小 结

空气是人类赖以生存的基础，由于人类本身活动所产生的各种异常的有害气体和微粒物质进入空气，从而对人类带来直接或间接的危害，形成大气环境污染，造成巨大的经济损失。无论是大气污染源、污染物、污染类型还是大气污染的危害，都具有多样性，这种多样性给大气污染控制带来了很大的难度。因此，若要从根本上解决大气污染的问题，也就必须多种手段并行。通过采用清洁能源、绿色交通、末端治理和环境自净等手段进行大气污染的控制，达到人与大气环境的和谐，实现预期的大气污染控制目标。

复习思考题

1. 名词解释

　　大气圈　　大气环境　　大气污染　　大气能见度

2. 大气圈的作用表现在哪几个方面？

3. 简述我国大气污染严重的原因及特征。

4. 大气污染对全球气候产生哪些影响？

5. 大气污染有哪些危害？

6. 如何控制大气污染？

第十三章　固体废弃物与环境

固体废弃物是被人们废弃了的固态"无用"之物，来源于人类的社会生产和生活过程中的排泄物和废弃物。它是自然和人类生产活动不可忽视的问题，与人类的生存和发展有着不可分割的内在联系。研究固体废弃物的处理与利用问题，已成为社会发展不可避免的客观事实与实践活动。早在一百多年前，马克思就已对废弃物的产生和利用作了科学论述。他指出："生产的排泄物，即所谓生产废料，会在同一生产部门或另一生产部门再转化为新的生产要素"，"几乎所有消费品本身，都可以作为消费的废料重新加入生产过程"。马克思关于废弃物的产生、利用的科学论述随着人类社会的发展而逐渐被证实，并成为现代人类处理和利用固体废弃物，实现固体废弃物资源化的指导思想与理论依据。

第一节　固体废弃物概述

一、固体废弃物的概念

固体废弃物是指在生产建设、日常生活和其他活动中产生，在一定时间和地点无法利用而被丢弃的污染环境的固体、半固体废弃物质。其主要包括固体颗粒、垃圾、炉渣、污泥、废弃的制品、破损器皿、残次品、动物尸体、变质食品、人畜粪便等。有些国家把废酸、废碱、废油、废有机溶剂等高浓度的液体也归为固体废弃物。

实际上，所谓废弃物一般是指在某个系统内不可能再利用的部分物质，例如植物的枯枝败叶、动物的骨骼和排泄物、人类生活中的各种垃圾、工业生产过程的排出物等。但这些废弃物中有些属有机物，经过适当处理可作优质肥料供植物生长，工业废料经过挑选加工可成为有用之物或重新用作原料，也就是说固体废物可以重新资源化。

中国固体废弃物综合利用程度还较低，尤其在一些行业和地区，固体废弃物的大量堆放对环境已经造成很大的危害，特别需要指出的是，中国危险固体废弃物的处理和管理急待加强。中国城市垃圾已经演化成为严重的社会问题，处理和管理能力严重不足，在投资社会化、运行市场化和政企分离等方面需要大的改革。分类收集、减量化、资源化和收费制度也需要进行逐步推进和调整。

二、固体废弃物的来源和分类

1. 固体废弃物的来源

（1）工业固体废弃物　全国工业固体废弃物产生量逐年上升，且增长速度很快。2005年，全国工业废弃物产生量为 $13.4×10^8 t$，比 2004 年增加 12%，较 2002 年增长近 30%；工业固体废弃物排放量为 $1654.7×10^4 t$，比 2004 年减少 6.1%；工业固体废弃物综合利用量为 $7.7×10^8 t$，综合利用率为 56.1%，与 2004 年基本持平。在产生固体废弃物的工业行业中，矿业、电力蒸汽热水生产供应业、黑色金属冶炼及压延加工业、化学工业、有色金属冶炼及压延加工业、食品饮料及烟草制造业、建筑材料及其他非金属矿物制造业、机械电气电子设备制造业等的产生量最大，占总量的 95% 左右，其中尤其以矿业和电力蒸汽热水生产供应业固体废物产生量为主，占总量的 60%。我国工业固体废弃物的综合利用率一直都有缓慢的上升，但仍然低于50%；在向自然界无处理排放的工业固体废弃物中，乡镇企业依然占据主要部分。

工业固体废弃物的产生量与地区和行业的相关性较大。辽宁、河北、山东、四川和山西五省的产生量就占到全国的40%左右，而矿业和电力蒸汽热水生产供应业的固体废物产量更是占到了总产生量的60%左右。

危险废弃物对环境的威胁非常严峻。危险废弃物一般占固体废物总量的0.24%～6.33%，而其中大约有10%是不加任何处理向自然界排放的。目前中国只有极少数几个城市建有危险废物安全处置场，而其他城市和乡镇企业的危险废物基本上都没有得到应有的处理，对社会造成的安全隐患很大。

(2) 废旧物资 我国废旧物资回收利用率只相当于世界先进水平的1/4～1/3，大量可再生资源尚未得到回收利用，流失严重，造成污染。据统计，我国每年有数百万吨废钢铁、6×10^9 多千克废纸、$2 \times 10^9 kg$ 玻璃未予回收利用，每年扔掉的60多亿废干电池中就含有 $8 \times 10^7 kg$ 锌、$1 \times 10^7 kg$ 二氧化锰、$1.2 \times 10^5 kg$ 铜等。每年因再生资源流失造成的经济损失达250亿～300亿元。

(3) 城市生活垃圾 我国城市生活垃圾产生量增长快，每年以8%～10%的速度增长，1998年达 $1.4 \times 10^{11} kg$，城市人均年产生活垃圾440kg。大中城市，尤其是特大型城市的人均垃圾产生量相对较高，其城市垃圾的增长速度有的已经高达近20%。生活垃圾产生量的60%集中在人口超过50万的城市中。而目前城市生活垃圾处理率低，仅为55.4%，近一半的垃圾未经处理随意堆置，致使三分之二的城市出现垃圾围城现象。

2. 固体废弃物的分类

人类在资源开发和产品制造过程中，不可避免产生废物，任何产品经过使用和消费后也会变成废物。在固体废物的分类方面，按照固体废物的化学性质可以将它们分为有机废物和无机废物；按照它们的危害程度可以分为危险废物和一般废物；从管理的角度还可以将它们按来源分为矿业固体废物、有害废物和城市垃圾。

(1) 工业固体废弃物 工业固体废弃物是指在工业、交通等生产活动中产生的采矿废石、选矿尾矿、燃料废渣、化工生产及冶炼废渣等固体废弃物，又称工业废渣或工业垃圾。工业固体废弃物按照其来源及物理性状大体可分为六类。而依废渣的毒性又可分为有毒与无毒废渣两类，凡含有氟、汞、砷、铬、铅、氰等及其化合物和酚、放射性物质的均属有毒废渣。

(2) 城市生活废弃物 城市生活固体废弃物主要是指在城市日常生活中或者为城市日常生活提供服务的活动中产生的固体废弃物，即城市生活垃圾，主要包括居民生活垃圾、医院垃圾、商业垃圾、建筑垃圾（又称渣土）。城市生活废弃物的多寡及成分与居民物质生活水平、习惯、废旧物资回收利用程度、市政建筑情况等有关。我国的城市垃圾主要是厨房垃圾。一般来说，城市生活水平愈高，垃圾产生量愈大，在工业化国家的大城市，每人每天产生的垃圾通常1～2kg左右。

(3) 农业废弃物 农业生产、农产品加工、畜禽养殖业和农村居民生活排放的废弃物的总称。它主要包括农田和果园残留物，如秸秆、杂草、落叶等；牲畜和家禽的排泄物及畜栏垫料；农产品加工的废弃物和污水；人粪尿和生活废弃物。农业废弃物如果任意排放不仅造成农村生活环境的污染，而且会污染农业水源，影响农业产品的品质，危害农业生产。

三、固体废弃物的特征

1. 成分的多样性和复杂性

现代的固体废弃物，其成分十分复杂，品种繁多，从大到小，从单一物质到聚合物质，从简单到复杂，从边角废料到设备配件，从无机到有机，从金属到非金属，从无味到有味，从有毒到无毒，从低熔点到高熔点，从单质到合金等，构成五花八门、琳琅满目的垃圾世界。

2. 环境与资源的双重价值

对固体废弃物的处理和利用，不仅关系着人类对资源的有效利用，变废为宝，使自然资源能够永续使用，防止和推延某些自然资源枯竭耗尽时代的出现，同时也关系到实现资源和生态环境、经济和社会可持续发展的战略与决策。

3. 有用与无用的大集合

废弃或不废弃是相对于人们的观念意识和利用能力而言的。某些单位或个人所产生的废弃物，是以他的生产能力和消费水平来说的，而对其他单位或个人来看，就不一定是废弃物了。因此，任何固体废弃物都存在废而不废的问题，这就是说，固体废弃物本身就具有一定的资源价值。

4. 生产性废弃物减少，消费性废弃物增加

随着科学技术的发展，社会生产力水平的提高，人们在社会生产过程中所产生的废弃物在减少，主要表现在废次品的减少和材料利用率的提高。另一方面，随着社会生产力的发展，人们消费水平的提高，人们对消费品形式多样化的需求增强，消费周期的缩短，必然会带来消费废品的大量产生。

5. 彼此依赖，相互循环

随着固体废弃物对自然环境及人类生存压力的增加，人们对环境和资源意识的增强，人类也就不能不进一步反思自己的思维方法和技术过程，从而把产品的生产和消费看作是构想、设计、制造、消费及再生的大循环过程。随着人类社会生产力的发展，人类社会活动的生产过程与再生资源的处理与利用过程的界限在逐渐缩小，并将越来越成为彼此依赖和相互补充的经济技术关系。

四、固体废弃物的危害

1. 固体废弃物对环境的危害

（1）侵占土地　固体废弃物不加利用就需占地堆放，堆积量越大，占地越多，据估算，每堆积 $1 \times 10^7 \, \text{kg}$ 废渣，约需占地近 700m^2。我国仅煤矸石一项存积量就达 $1 \times 10^{12} \, \text{kg}$，侵占农田近 $400 \times 10^4 \, \text{m}^2$，全国有堆肥厂 30 多个，无害化垃圾处理厂（场）29 个，越来越多的城市垃圾还在继续增长。这些城市垃圾、矿业尾矿、工业废渣等侵占了越来越多的土地，从而直接影响了农业生产，妨碍了城市环境卫生，而且埋掉了大批绿色植物，大面积地破坏了地球表面的植被，这不仅破坏了自然环境的优美景观，更重要的是破坏了大自然的生态平衡。

（2）污染土壤　废物堆置，其中的有害组分容易污染土壤。如果直接利用来自医院、肉类联合厂、生物制品厂的废渣作为肥料施入农田，其中的病菌、寄生虫等，就会使土壤污染。土壤是许多细菌、真菌等微生物聚居的场所，这些微生物形成了一个生态系统，在大自然的物质循环中担负着碳循环和氮循环的一部分重要任务。工业固体废物，特别是有害固体废物，经过风化、雨淋，产生高温、毒水或其他反应，能杀伤土壤中的微生物和动物，降低土壤微生物的活动，并能改变土壤的成分和结构，使土壤被污染。

（3）污染水体　固体废物随天然降水径流进入河流、湖泊，或因较小颗粒随风飘迁，落入河流、湖泊，造成地面水的被污染；固体废物随渗沥水进入土壤，渗入到地下水，使地下水受污染；废渣直接排入河流、湖泊或海洋，会造成上述水体的污染。

（4）污染大气　固体废物一般通过下列途径可使大气受到污染——在适宜的温度和湿度下，某些有机物被微生物分解，释放出有害气体；细粒、粉末受到风吹日晒可以加重大气的粉尘污染，如粉煤灰堆遇到四级以上风力，可被剥离 $1\sim1.5cm$，灰尘飞扬可高达 $20\sim50m$；有些煤矸石堆积过多会发生自燃，产生大量的二氧化硫，采用焚烧法处理固体废物也会使大气污染。

（5）影响市容环境卫生　我国工业固体废弃物资源化利用率很低。据全国 300 个城市的统计，城市垃圾的清运量仅占产生量的 $40\%\sim50\%$，无害化处理只有百分之几，50% 以上的垃圾堆存在城市的一些死角，严重影响人们的居住环境和卫生状况。垃圾直接堆放和简易填埋场向大气释放大量的有害气体，其中还含有致癌、致畸物；城市堆放的生活垃圾，非常容易发酵腐化，产生大量酸性和碱性有机污染物，并溶解出垃圾中的重金属，形成有机物、重金属和病原微生物三位一体的污染源；此外，垃圾堆积场爆炸事故不断发生，造成重大损失。已清运的城市垃圾因未进行无害化处理，继续危害和污染环境。

2. 固体废弃物对人类健康的影响

20 世纪 30～70 年代，国内外因工业固体废弃物处置不当，因毒性物质在环境中扩散而引起公害事件时有发生，如含镉废渣倾倒引起日本富山县"痛痛病"事件，美国纽约州拉夫运河河谷土壤污染事件，我国 20 世纪 50 年代发生的锦州镉铬渣露天堆积污染井水事件等，都给人们带来过灾难性后果。近年来，固体废弃物污染事件虽发生较少，但对人类健康的危害是不可低估的。

固体废物的大量堆放，无机固体废物则会因化学反应而产生二氧化硫等有害气体，有机固体废物则会因发酵而释放大量可燃、有毒有害的气体，且其烟尘会随风飞扬，污染大气，进而直接危害人体健康。

固体废物直接排入水体，则必然造成对地表水的污染，固体废物由于腐烂变质渗透，而污染地下水体。目前，我国每年有一千多万吨固体废物直接排入江河之中，由于向水体投弃固体废弃物，到 20 世纪 80 年代江河水面比 20 世纪 50 年代水面减少 133 万多公顷。投入水体的固体废弃物不仅会污染水质，而且还会直接影响和危害水生生物的生存和水资源的利用；堆积的固体废弃物通过雨水浸淋及其自身分解产生的渗出液和滤沥液，污染江河湖泊以及地下水。

固体废弃物其渗出液所含的有害物质会改变土壤结构，影响土壤中微生物的活动，妨碍植物根系生长，或在植物机体内积蓄，通过食物链影响人体健康。

固体废弃物会寄生或滋生各种有害生物，导致病菌传播，引起疾病流行，直接对人体健康造成危害。

第二节　固体废弃物和资源的关系

所谓废弃物一般是指在某个系统内不可能再利用的部分物质。但这些废弃物中有些属有机物，经过适当处理可作优质肥料供植物生长，工业废料经过挑选加工可成为有用之物或可重新用作原料，也就是说固体废弃物可以重新资源化。研究固体废弃物的处理与利用问题，已成为社会发展不可避免的客观事实与实践活动。随着人类社会的发展，固体废弃物也将作为一种资源被人类所利用。

由于固体废弃物兼有资源和环境的双重价值，对废弃物的处理和利用，不仅关系到人类对资源的有效利用，防止自然资源枯竭时代的出现，同时也关系到实现资源和生态环境、经济和社会可持续发展的战略与决策。利用得当，废弃物是一种资源；而利用不当，则废弃物会给资源环境和人类健康带来危害。

城市固体废弃物作为一个长期存在的污染源，对其处理的目标是减容、减量、无害化和资源化，其中无害化（不产生二次污染）是处理技术的核心。

一、固体废弃物的能源化

固体废弃物的能源化是通过化学和生物转换，将废弃物中所含的能量释放出加以利用的技术的总称。目前开发、使用的固体废弃物能源化利用技术的主要是垃圾的热处理技术和生物转换技术。此外，近年来国内外开发的城市固体废弃物能源化利用技术还包括将洁净煤技术应用于城市生活垃圾处理，采用热解和气化的方法制取固体、气体或液体燃料，以及利用水解、化学分解、垃圾衍生燃料等垃圾处理技术。如果将我国每年产生的近 1.4×10^{12} kg城市生活垃圾用来堆肥，加入粪便、秸秆和菌种，可生产 1.5×10^{11} kg 有机肥。2000 年对我国城市垃圾抽样调查的结果表明，城市垃圾的热值在 $1850 \sim 6413$ kJ/kg 的范围内，大多在 4000kJ/kg 左右。这为我国城市固体废弃物的能源化利用奠定了基础。

1. 热处理技术

由于垃圾中含有大量的有机可燃废弃物，热值较高。城市生活垃圾的热值与褐煤、油页岩成分相似，大约 2000kg 垃圾的热能相当于 1000kg 煤，焚烧 1000kg 垃圾相当于燃烧 200kg 石油，约为城市煤气热量的 30％左右。因此，可以认为垃圾是一种能连续不断地、无限期开发利用的资源。

用焚烧方式并回收其中能量的垃圾处理技术在近 20 年得到迅速发展，美国、日本等发达国家已开始大量应用，并产生了良好的环保效益和经济效益。焚烧垃圾、回收能源，以实现城市垃圾的减量化、无害化和资源化，也是我国处理城市垃圾的一个重要方向。出于历史的原因，我国城市生活垃圾的处理技术落后，垃圾焚烧技术的发展起步较晚。然而，随着人民生活质量的不断提高，我国垃圾的成分发生根本变化，热值大幅度增大，这为垃圾的能源化利用提供了条件。

2. 垃圾填埋场填埋气能源化技术

今后一段时期，卫生填埋仍将是我国处理城市生活垃圾的主要技术。从管理上看，我国大部分城市已经开始了从分散堆放、填埋向集中填埋的转变，许多大中城市新建的垃圾填埋场，其日处理能力都大于上百万千克，总填埋库容达数千万立方米。回收垃圾填埋产生的填埋气，用于发电或直接作为能源，在我国已有物质基础，并得到了广泛的重视和应用。

二、固体废弃物的资源化

1. 固体废弃物资源化利用的意义

(1) 提供宝贵资源，产生显著效益　据有关资料统计，我国历年来再生利用废纸 1.42×10^6 kg，节约造纸用木材 5680m^3；再生废塑料 2.37×10^9 kg，再生胶产量已占生胶耗用量的 1/4；回收废钢铁 3×10^{11} kg；再生铜、铅、锌 3×10^9 kg，其总价值约 120 亿元。法国再生铜量已占精铜产量的 82％；日本废塑料回收率已达 48％；美国年耗新闻纸 3.10×10^9 kg，其中有 1×10^9 kg 来自废纸的再生。

与原生资源加工比较，再生资源作为原料再循环利用，物料投入总量比原生资源加工投入总量小而产出高，这使再生资源作为原料利用有很大优势。例如，用 1×10^7 kg 废钢铁，

可炼出 9×10^6 kg 优质钢，可节约铁矿石 2×10^7 kg，石灰石 5×10^6 kg，优质煤 1×10^7 kg。根据美国造纸部门的估计，造 1000kg 纸需要砍伐 17 棵树，如果生产 1×10^9 kg 再生纸，则可保住 1700 万棵树。

（2）提供能量，节约能量　城市垃圾蕴含很大的能量，其能量可达 11600kJ/kg，约占煤能量的 1/3。日本 1980 年全国已有 28 个城市利用垃圾焚烧发电，其发电能力达 79800kW。用废纸加工 1000kg 好纸，平均约节能 100×10^8 J 的能源。

（3）减少污染，保护环境　资源的再生利用对于解决威胁人类的生态环境恶化问题有重大作用。这是由于再生资源作为生产及消费中排放的废弃物，在没有利用之前，只能消极地排放。向空气中排放废气，向水中排放废液及在陆地上堆存废渣及垃圾，是现代社会根本的环境污染源。在我国，由于"三废"污染所造成的经济损失每年要超过 500 亿元。

废弃物的资源化对保护环境有重大作用。再生玻璃的工艺比原生制造玻璃可减少 10％～35％ 的空气污染；废钢铁炼钢比矿石炼铁炼钢工艺可减少空气污染 88％，减少水污染 76％；造纸废水的循环封闭利用，可根本解决造纸黑液水对江河的污染。

2. 固体废弃物资源化回收系统

城市固体废弃物资源化回收系统，按工艺可分为两个过程或系统，即前期过程（系统）和后期过程。前一个过程不改变物质的化学性能，也称为分离回收；后期系统或过程主要是将前期系统回收后的残留物，用化学的、生物的方法，改变废物的物性而进行回收利用。

后者进一步分为可贮存、可迁移型能源及燃料回收系统和随产随用不可贮存型能源回收系统。即将废料中有机物进行热分解，用来制造可燃气体、燃料油及炭黑，或靠破碎、分离去除不可燃物制造粉煤；另一种是将城市垃圾燃烧发电，产生蒸汽、热水等直接使用。

第三节　主要固体废弃物的处理和利用

一、固体废弃物的处理方法

固体废弃物的处理通常是指用物理、化学、生物、物化及生化方法把固体废弃物转化为适于运输、贮存、利用或处置的过程。固体废弃物处理的目标是无害化、减量化、资源化。有人认为固体废弃物是"三废"中最难处置的一种，因为它含有的成分相当复杂，其物理性状千变万化，要达到"无害化、减量化、资源化"目标会遇到相当大的麻烦，一般防治固体废弃物污染首先是要控制其产生量，例如，逐步改革城市燃料结构（包括民用工业）控制工厂原料的消耗，定额提高产品的使用寿命，提高废品的回收率等；其次是开展综合利用，把固体废物作为资源和能源对待，实在不能利用的则经压缩和无毒处理后成为终态固体废物，然后再填埋和沉海，目前主要采用的方法包括压实、破碎、分选、固化、焚烧、生物处理等。

压实是一种通过对废物实行减容化、降低运输成本、延长填埋寿命的预处理技术，压实是一种普遍采用的固体废弃物的预处理方法，如汽车、易拉罐、塑料瓶等通常首先采用压实处理，某些可能引起操作问题的废弃物，如焦油、污泥或液体物料，一般也不宜作压实处理。

破碎技术是为了使进入焚烧炉、填埋场、堆肥系统等的废弃物的外形减小，必须预先对固体废弃物进行破碎处理。经过破碎处理的废弃物，由于消除了大的空隙，不仅尺寸大小均匀，而且质地也均匀。固体废弃物的破碎方法很多，主要有冲击破碎、剪切破碎、挤压破碎、摩擦破碎等，此外还有专有的低温破碎和混式破碎等。

固体废物分选是实现固体废弃物资源化、减量化的重要手段，通过分选将有用的充分选出来加以利用，将有害的充分分离出来；另一种是将不同粒度级别的废弃物加以分离，分选的基本原理是利用物料的某些性质方面的差异，将其分离开。

固化技术是通过向废弃物中添加固化基材，使有害固体废物固定或包容在惰性固化基材中的一种无害化处理过程，经过处理的固化产物应具有良好的抗渗透性、良好的机械性以及抗浸出性、抗干湿性、抗冻融性，固化处理根据固化基材的不同可分为沉固化、沥青固化、玻璃固化及胶质固化等。

焚烧法是固体废弃物高温分解和深度氧化的综合处理过程，好处是大量有害的废料分解而变成无害的物质。热解是将有机物在无氧或缺氧条件下高温（500～1000℃）加热，使之分解为气、液、固三类产物，与焚烧法相比，热解法则是更有前途的处理方法，它最显著的优点是基建投资少。

生物处理技术是利用微生物对有机固体废弃物的分解作用使其无害化，使有机固体废弃物转化为能源、食品、饲料和肥料，还可以用来从废品和废渣中提取金属，是固化废弃物资源化的有效的技术方法，目前应用比较广泛的有：堆肥化、沼气化、废纤维素糖化、废纤维饲料化、生物浸出等。

二、主要固体废弃物的利用

据统计，每生产1000kg生铁产生的高炉渣约为300～900kg，每生产1000kg钢产生的钢渣在300kg左右。它们不仅占用大量土地，浪费资源，而且长期堆积，废物中的有害物质将污染土壤、江河，最终危及人体健康。同时，固体废弃物是一种可开发的资源，只要对其综合利用，就能实现"化废为宝"的目的。

1. 冶金渣

冶金渣范围极广，包括高炉渣、钢渣、有色金属渣等。其中以高炉渣利用最为广泛（利用率在80％以上），废钢渣和有色金属渣则利用得较少。

（1）制造矿渣水泥　用水淬高炉渣作为水硬性混合材料，与水泥熟料混合粉磨，生产矿渣水泥，与普通硅酸盐水泥相比，其耐热性和不透水性较好，后期强度较高，加之成本低，故得到广泛应用。

（2）矿渣碎石　用高炉渣经过破碎制得的矿渣碎石，含有许多小气孔，对光的漫反射性能好，摩擦系数大，用它铺设的沥青路面，既明亮，又能提高抗变形性，增强防滑性能，是很理想的筑路材料，获得广泛应用。

（3）矿渣微晶玻璃　它比铝轻，耐化学侵蚀性、耐热性和机械强度都高，还是良好的电气绝缘和装饰材料，故其用途很广，常用作冶金、化工、机械制品等各部门容器设备的防蚀层和金属表面的耐磨保护层等。

（4）矿渣铸石　是将高炉渣熔成玻璃状熔体后浇铸成制品，再经结晶、退火等工序，代替以玄武岩、辉绿石等作原料而得的产品。如在浇铸时配以钢筋，即可制成钢筋铸石件。如直接用从高炉出来的高温熔渣，更为经济。铸石耐磨耐蚀、绝缘、硬度大、抗压强度高，可代替金属、合金及橡胶制品，最宜于作耐磨耐酸材料使用。

（5）农业肥料　高炉渣作硅钙肥料使用的历史，已近半个世纪。将矿渣送入回转炉烘干后、粉碎再筛分即得。它除了起硅钙肥料作用外，还起土壤改良剂和微量元素肥料的作用，对水稻、蔬菜、果树等都有肥效。

（6）矿渣棉和连续纤维　用高炉渣生产的矿渣棉，可用作保温、隔热和防火材料；由矿渣棉制成的耐火材料，在700℃下使用不变质、不燃烧。日本以高炉渣为原料拉制连续纤维，它不仅成本低，且耐酸耐碱性均好。

2. 粉煤灰

粉煤灰是燃煤电厂的烟道气经除尘分离收集的细灰，其化学成分以 SiO_2、Al_2O_3 为主，其次为 Fe_2O_3 和少量未燃尽的炭。

粉煤灰在我国年发生量在 $1×10^{11}kg$ 以上，大部分（约占总量的80%～90%）为小粒飞灰，能与石灰或水泥水化产生的 $Ca(OH)_2$ 等反应生成水化硅酸钙、水化铝酸钙等产物，硬化后有明显的强度，可作混凝土特定的胶凝组分。

粉煤灰的综合利用技术有三个层次：初级层次是结构回填、矿井回填等，是大量利用的有效途径；中级层次是在建筑上用作水泥混合料和混凝土掺和料等，其应用量也大，技术较成熟；高级层次则是高技术综合治理，实现深度开发，从其中提取漂珠、微珠、选铁、选碳，并探索微珠在塑料、橡胶中作填料等途径。这些层次既解决了环境污染又可获得较大的经济效益。

3. 煤矸石

煤矸石是在成煤过程中与煤层伴生的一种含碳量低而质地坚硬的黑色岩石，发热量一般为 $4～12kJ/kg$。一般每开采1000kg原煤，排矸石1000kg以上，煤矿坑口边的矸石山已成一大公害，亟须加以综合利用。

含碳量较高的煤矸石可与煤混合用作燃料；含碳量较低的可用来生产水泥、砖瓦和轻骨料；含碳量少的则用于回填或路基材料；有的煤矸石还用于改良土壤或作肥料。尚未充分利用的煤矸石，可充填矿井、沟谷和塌陷区，也可覆土造田、种草植树。

4. 化工废渣

化工废渣种类极多，包括无机化工和有机化工生产的废渣。其利用途径如下。

① 提取金属及化工产品。如从电解精炼铜阳极泥中提取铂、金等金属；从废塑料、橡胶中提取燃料油。

② 作二次原料资源。如从硫铁矿渣中炼铁；炼油酸性渣加氨水制造化肥硫酸铵等。

③ 生产建筑、轻工材料或用于农牧业。

5. 城市垃圾

城市垃圾成分十分复杂，有各种无机物和有机物，还有微量元素和有害元素以及各类生物病原体。处理好城市垃圾，使之成为有用资源，是艰巨而又必不可少的任务。

（1）分选回收　城市垃圾应逐步推广分类收集，将分选的金属、玻璃、塑料和橡胶等分送不同部门制作新产品。磁选、重介质分选和静电分选等机械化、自动化分选技术已用于生产中。

（2）金属废料和废玻璃的回收利用　金属废料可提取和精炼得到再生金属，发达国家使用的再生金属量为总消费量的1/4，有的金属（如铜）竟达52.6%；废玻璃可回炉处理，再生产各类制品，也可综合利用，如制造微晶玻璃、泡沫玻璃、玻璃微珠、玻璃化肥等，或用于生产通用建材（如陶瓷质建材、水磨石、玻璃、马赛克和人造大理石、花岗岩等）以及公路路面覆盖层等。

（3）废纸回收和再利用的意义极大　它节省原材料，降低成本；保护森林；减缓水体的污染和节省外汇支出。废纸可以制成强度较高的复合材料，可用于改良土壤、制作饲料和培育农副产品等。

（4）废塑料、废橡胶的利用有极大的经济意义　以废塑料而论，它能够再生；可热解为单体再聚合为高聚物或直接得到燃油、燃气；也可与其他垃圾混合焚烧，回收热量或用于发电；还可制作建筑材料、化工新产品与日杂用品等。废橡胶的综合利用与此类似，还可得到大量的活性炭。

（5）制有机垃圾肥料 分选出金属、玻璃、陶瓷等后，根据物理性能，研究和发展机械化、自动化分选垃圾技术。如利用振动弹跳法分选软、硬物质；用旋风分离和其他的分离方法，分离不同的物质等。将垃圾与粪便按一定比例混合，保持通风和适当的水分，在嗜氧微生物作用下，有机物转化为腐殖质，有机胺转化为无机氨，便成为高效的有机肥料。发酵温度在 $50 \sim 80 ℃$，可杀死垃圾中大部分的致病菌和寄生虫卵，故称高温堆肥法。

固体废弃物经回收、提取有用物质后，其残渣仍是多种污染物的存在状态，须对它做最终的安全处理。

① 化学稳定化。对少量（如放射性废物等）的高危险性物质，可将其通过物理或化学的方法进行（玻璃、水泥、岩石）固化，再进行深地填埋或孤岛处置。

② 土地填埋。这是许多国家作为固体废弃物最终处置的主要方法。要求被填埋的废弃物应是惰性物质或经微生物分解成为无害物质。填埋场地应远离水源，场地底土不透水、不能穿入地下水层。填埋场地可改建为公园或草地。因此，这是一项综合性的土木工程技术。

③ 废矿井或塌陷区回填。

④ 改良土壤。将某些可降解的废弃物作为肥料或土壤改良剂用到土地上或混入其表层。但要控制用量，限制有害金属离子量维持在无害的水平；废物中不含有"二次污染"的危害组分。

⑤ 海洋处置。将废弃物倾入海中是传统的、最方便的方法，但从长远看是"得不偿失"的，目前至少应禁止将核废料和放射性废物倒进海洋。

本 章 小 结

固体废弃物与人类的生存和发展有着不可分割的内在联系。研究固体废弃物的处理与利用问题，已成为社会发展不可避免的客观事实与实践活动。固体废弃物是一个长期存在的污染源，未经处理或处理不善会造成严重的大气污染、水污染、土壤污染，同时占用土地、破坏自然景观等问题也日趋严重，危及人类的生存。由于固体废弃物兼有资源和环境的双重价值，对废弃物的处理和利用，不仅关系到人类对资源的有效利用，防止自然资源枯竭时代的出现，同时也关系到实现资源和生态环境、经济和社会可持续发展的战略与决策。

复习思考题

1. 名词解释
   固体废弃物 固体废弃物的能源化 固体废弃物的处理
2. 简述固体废弃物的特征及危害。
3. 简述固体废弃物资源化利用的意义。
4. 固体废弃物的处理方法有哪些？
5. 粉煤灰的综合利用技术有哪几个层次？
6. 怎样对城市垃圾进行处理和利用？

第十四章　全球生态环境问题

全球生态环境问题，是指影响人类正常生活并降低其生存质量的重大有害问题。20世纪中叶以来，科学技术不断发展，人类对资源的开发利用的强度增加，干扰自然的力量增大，经济迅猛发展。与此同时，随着人类对地球生态系统的改变，全球性的生态环境问题也愈来愈突出，并且由原来的区域性演变为全球性，由原来的简单化发展为当前的复杂化。一系列国际社会关注的热点的生态环境问题随之出现，如全球气候变化、生物多样性减少、臭氧层破坏、酸雨、森林植被破坏、土壤荒漠化和各类环境污染加剧等，这些问题，严重影响着世界各国和全球间经济贸易和经济的快速发展。前面部分已对臭氧层破坏、土壤荒漠化和各类环境污染等问题进行了阐述，本章中不再对这些内容进行介绍。

第一节　全球气候变化

气候变化是指除在类似时期内所观测气候的自然变异之外，由于直接或间接的人类活动改变了地球大气的组成而造成的气候改变。20世纪70年代，科学家把气候变暖作为一个全球环境问题提了出来，80年代，随着对人类活动和全球气候关系认识的深化，随着几百年来最热天气的出现，这一问题开始成为国际政治和外交议题。它被认为是威胁世界环境、人类健康和全球经济持续性的最危险的因素之一。大多数科学家们认为，地球的气候正受到不断累积的温室气体的影响，诸如由人类活动产生的 CO_2 等。针对气候变化的国际响应，联合国《气候变化框架条约》（UNFCCC）不断发展并逐渐成型，1992 年 UNFCCC 阐明了其行动框架，力求把温室气体的大气浓度稳定在某一水平，从而防止人类活动对气候系统产生"负面影响"。尽管目前各缔约方还没有就气候变化问题综合治理所采取的措施达成共识，但全球气候变化会给人带来难以估量的损失，气候变化会使人类付出巨额代价的观念已为世界所广泛接受。

一、气候变化的原因

气候变化是事关生态与环境保护、能源与水资源管理、食物安全和人类健康、人类社会可持续发展的重大问题，是人类社会生存和发展面临的一个巨大挑战。引起气候系统变化的原因有多种，概括起来可分成自然的气候波动与人类活动的影响两大类。前者包括太阳辐射的变化、火山爆发等；后者包括人类燃烧化石燃料以及毁林引起的大气中温室气体浓度的增加、硫化物气溶胶浓度的变化、陆面覆盖和土地利用的变化等。

太阳能量输出的变化被认为是导致气候变化的一种辐射强迫，也就是说太阳辐射的变化是引起气候系统变化的外因。引起太阳辐射变化的另一原因是地球轨道的变化。

另一个影响气候变化的自然因素是火山爆发。火山爆发之后，向高空喷放出大量硫化物气溶胶和尘埃，可以到达平流层高度。它们可以显著地反射太阳辐射，从而使其下层的大气冷却。

人类活动引起的全球气候变化，主要包括人类燃烧化石燃料、硫化物气溶胶浓度的变化，陆面覆盖和土地利用的变化（如毁林引起的大气中温室气体浓度的增加）等。人类活动排放的温室气体主要有 6 种，即二氧化碳（CO_2）、甲烷（CH_2）、氧化亚氮（N_2O）、氢氟碳化物（HFCS）、全氟化碳（PFCS）和六氟化硫（SF_6），其中对气候变化影响最大的是二氧化碳。二氧化碳产生的增温效应占所有温室气体总增温效应的 63％，且在大气中的存留期很长，最长可达到 200 年，并充分混合，因而最受关注。温室气体的增加主要是通过温室效应来影响全球气候或使气候变暖的。地球表面的平均温度完全决定于辐射平衡，温室气体则可以吸收地表辐射的一部分热辐射，从而引起地球大气的增温，使地表辐射不至于无阻挡地射向太空，从而使地表比没有这些温室气体时更为温暖。

二、气候变化的趋势

近百年来，地球气候正经历一次以全球变暖为主要特征的显著变化，近 50 年的气候变化很可能主要由人类活动造成。20 世纪以来，1998 年最暖，2002 年和 2003 年分别为第二和第三暖年。20 世纪北半球温度的增幅可能是过去 1000 年中最高的。而大陆地区尤其是中高纬度地区降水增加，非洲等一些地区降水减少。厄尔尼诺、干旱、洪涝、风暴、高温天气和沙尘暴等极端天气气候事件的出现频率和强度增加。

国内外科学家对未来 100 年全球气候变化进行预测的结果表明：地球平均地表气温到 2100 年时将比 1990 年上升 1.4～5.8℃。这一增温值将是 20 世纪内增温值的 2～10 倍，可能是近 1 万年中增温最显著的速率。21 世纪全球平均降水将会增加，北半球雪盖和海冰范围将进一步缩小。全球平均海平面到 2100 年时将比 1990 年上升 0.09～0.88m。高温天气、强降水、热带气旋等极端事件发生的频率会增加。我国近两年出现的气候异常现象，如 2007 年，沈阳市遭遇到了 56 年一遇的暴雪；2008 年我国南方和东部大部分地区遭遇大雪、暴雪、覆冰凝雪等极端恶劣气候的袭击，这些现象也使人们对当前的气候变化影响有了更深刻的认识。

三、影响气候变化的因素

（1）太阳辐射　太阳辐射出的能量只有二十二亿分之一到达地球，其中的 1/3 会马上被地球上层大气反射入太空。透过大气层抵达地球表面的这 2/3 最终成为推动地球天气变化的主动力。

（2）大气层　大气层中各种气体的微妙平衡赋予了地球适合生命居住的气温。"温室气体"能够使大气层吸收热量，然后将一部分热量回馈到地球表面。

（3）海洋　覆盖了超过 2/3 地球表面的海洋起到调节空气湿度的关键作用，还能够有效地储存热量，并通过洋流促成大范围内的热量转移和平衡。海洋和海洋生物还能吸收大量二氧化碳，将其固化到海底深处。

（4）水循环　较高的气温会增加水分蒸发，促使冰层融化。然而，尽管水蒸气是最重要的温室气体，主要由水蒸气构成的云却可以影响蒸发，制造一种冷却效应。

（5）冰和雪　冰雪可以反射热量，降低地表温度。当冰融化成水注入海洋时，又会降低海水的温度。

（6）地表　山脊可以锁住云团，使下风口处气候干旱。斜坡上的水分容易流失，土地较为干旱，空气也相对干燥。热带雨林可以吸收二氧化碳，但一旦夷平为牧场，同样的土地就会成为温室气体甲烷的重要来源。

（7）云　能够反射太阳能量，降低地球温度，另外，通过吸收地表辐射的热量，云层也可以为地球保温。

（8）人类活动　人类活动不断增加温室气体的数量和比例，从而导致了全球变暖的趋势。燃料的使用是二氧化碳含量增加的主要原因。另一方面，人类也可以人为地制造部分地区暂时的冷却效应。比如，工厂中排放的烟雾和粉尘会反射日光，该地区的温度便会暂时降低。

四、气候变化的危害

近年来，世界各国出现了几百年来历史上最热的天气，厄尔尼诺现象也频繁发生，给各国造成了巨大经济损失。发展中国家抗灾能力弱，受害最为严重，发达国家也未能幸免于难，1993 年美国一场飓风就造成 400 亿美元的损失，1995 年芝加哥的热浪引起 500 多人死亡。全球气候变暖这一趋势威胁着人类的生存和发展。仅在 2005 年，自然灾害就给我们带来了近 4000 亿美元的损失。英国《自然》杂志有研究报告称，全球变暖将导致世界上 1/4 的陆地动植物在未来 50 年内灭绝，也就是说，100 多万个物种将在半个世纪后从地球上消失。这些情况显示出人类对气候变化，特别是气候变暖所导致的气象灾害的适应能力是相当弱的。因气候变暖有可能出现的影响和危害有以下几个方面。

1. 海平面上升

全世界大约有 1/3 的人口生活在沿海岸线 60km 的范围内，经济发达，城市密集。全球气候变暖导致的海洋水体膨胀和两极冰雪融化，可能在 2100 年使海平面上升 25～58cm，危及全球沿海地区，特别是那些人口稠密、经济发达的河口和沿海低地。这些地区可能会遭受淹没或海水入侵，海滩和海岸遭受侵蚀，土地恶化，海水倒灌和洪水加剧，港口受损，并影响沿海养殖业，破坏供排水系统。如岛国马尔代夫在 2004 年的南亚大海啸中有 2/3 的国土惨遭淹没，2008 年 11 月 11 日正式宣誓就职的马尔代夫新总统穆罕默德·纳希德表示，马尔代夫新政府将从每年 10 多亿美元的旅游收入中拨出一部分，纳入一笔"主权财富基金"，用来购买新国土，以应对即将被淹没的事实。

2. 影响农业和自然生态系统

随着二氧化碳浓度增加和气候变暖，可能会增加植物的光合作用，延长生长季节，使世界一些地区更加适合农业耕作。但全球气温和降雨形态的迅速变化，也会使世界许多地区的农业和自然生态系统无法适应或不能很快适应这种变化，使其遭受很大的破坏性影响，造成大范围的森林植被破坏和农业灾害。

3. 加剧洪涝、干旱及其他气象灾害

气候变暖导致的气候灾害增多可能是一个更为突出的问题。全球平均气温略有上升，就可能带来频繁的气候灾害——厄尔尼诺、干旱、洪水、热浪、雪崩、风暴、沙尘暴、森林火灾等，造成大规模的灾害损失。有的科学家根据气候变化的历史数据，推测气候变暖可能破坏海洋环流，引发新的冰河期，给高纬度地区造成可怕的气候灾难。

4. 影响人类健康

气候变暖所导致的一些极端天气事件会使人们疾病多发，高温会给人类的循环系统增加负担，热浪会引起死亡率的增加。由昆虫传播的疟疾及其他传染病与温度有很大的关系，随着温度升高，可能使许多国家疟疾、淋巴腺丝虫病、血吸虫病、黑热病、登革热、脑炎增加或再次发生。在高纬度地区，这些疾病传播的危险性可能会更大。

大多数科学家承认气候变化对人体健康影响的不确定性，建议应加强大气污染和气候变化的联合作用对人体健康影响的研究，开展全球变暖对心血管疾病影响的监测以及影响发病的多因素的研究。

面临全球气候变化问题，国际社会已开始行动起来，共同应对全球的气候变化，如1992 年联合国环境发展大会上通过了《气候变化框架公约》，1997 年，为了避免人类受气候变暖的威胁，在日本京都召开的《联合国气候变化框架公约》缔约方第三次会议通过了旨在限制发达国家温室气体排放量以抑制全球变暖的《京都议定书》，但这还是应对气候变化的第一步，气候变化带来的威胁还将在较长时期内存在。

第二节 生物多样性减少

一、生物多样性减少的危机

人类的生存离不开其他生物。地球上多种多样的植物、动物和微生物为人类提供了不可缺少的食物、纤维、木材、药物和工业原料。自从人类出现以后，人类就利用所掌握的科技知识来改造自然界，人们在狩猎、垦殖、捕鱼、伐木等过程中改变着地球上的物质循环，从而可能增加或减少某些区域的遗传多样性、物种多样性和生态系统多样性。在正常情况下，自然界中新种的出现和老种衰亡的速度，大体是一致的，但是人为的原因加速了物种灭绝的速度。

因为人们还不能确切知道地球上有多少物种，所以，目前还不能准确地统计究竟有多少物种已经灭绝。但是，毫无疑问，当今物种灭绝的速度要比200年以前快得多，如已知鸟类和哺乳类动物灭绝的速度在1600～1950年间增加了4倍，到1950年，记录了鸟类和哺乳类动物的灭绝速度每100年分别上升到1.5%和1.0%。从1600年以来，大约有113种鸟类和83种哺乳动物已经消失；在1850～1950年间，鸟类和哺乳类动物的灭绝速度平均每年一种。科学家推断鸟类和哺乳类动物现在的灭绝速度，是它们在未受干扰的自然界中的100～1000倍。预测未来物种灭绝的速度一般是以设想的生境消失的速度和种的丰富度与生境面积之间的相互关系（即大家所知道的种-面积曲线）为基础的。一个有用的约略估计是，如果一个生境的面积减少了90%，大约一半的物种就会消失。应用种-面积方法，Simberloff (1986) 发现，在1986年与21世纪初之间，中南美湿润热带雨林的砍伐，可能导致15%的植物种灭绝，亚马逊河流域12%的鸟类灭绝。从理论上讲，如果毁林继续下去，直到所有的森林消失（除受法律保护的林地不砍），有66%的植物种和69%的鸟类将要消失。如果目前的趋势继续下去，到2020年，非洲热带森林物种的损失可达6%～14%，亚洲可达7%～17%，拉丁美洲可达4%～9%。如果毁林的速度加倍，物种消失将要增加2～2.5倍。从全球范围来看，以目前的速度砍伐森林，大约有5%的植物、2%的鸟类要灭绝（Reid, 1989）。可见，物种灭绝的危机不断加剧。不仅如此，物种灭绝的格局也在发生变化，历史上物种灭绝以岛屿物种为主，但目前大陆上的濒危物种和渐危种的数量也在不断增加；历史上物种引进和过度开发是物种灭绝的主要原因。目前，物种栖息地消失也成为物种生存的主要威胁。物种灭绝的危机也不断成为人类发展的巨大威胁。

二、生物多样性的意义

1. 提供食物、药物和工业原料

人类的食物几乎全部取自野生物种及其驯化品种。据统计，地球上大约有7万～8万种植物可食，其中可供大规模栽培的约有150余种。虽然迄今广泛利用的仅为20多个物种，但占世界粮食总产量的90%，仅小麦、水稻和玉米就提供了70%以上的粮食。人类赖以生存的许多药物和工业原料也来自生物多样性。在美国，40%以上的药物仍然依赖于植物、动物和微生物。

另外，现存的和早期死亡的生物支撑着当今的工业，如石油、天然气和煤炭等就来自数千万年前死亡的生物；木材、纤维、橡胶、造纸原料、天然淀粉、油脂等就来自当今现存的生物。然而，伴随着生物多样性的不断丧失，这些人类赖以生存的食物、药物以及部分工业原料也必将随之减少。

2. 防止水土流失、土地沙化、滑坡和泥石流等多种自然灾害

据中国科学院西北水土保持研究所观测，在降雨量为 346mm 时，每公顷林地的泥沙冲刷量为 60kg，草地为 93kg，耕地为 3570kg，而农闲地高达 6750kg。可见，生物多样性越丰富其水土保持能力越强。然而，由于不合理的人类活动干扰所导致的生物多样性丧失致使全球每年约 2.5×10^{13} kg 的土壤流失。生物多样性丧失还会导致土地沙漠化，例如，美国中西部大平原过去曾是森林茂密、土壤肥沃之地，因 19 世纪的无节制开垦，导致了生物多样性丧失，破坏了生态平衡，致使 20 世纪 30 年代以后连续发生"黑风暴"，造成 2000×10^4 hm^2 的农田荒废。

3. 防止二氧化碳增多，减缓全球气候变暖

植物每天都在不停地吸收大量的 CO_2，并释放出大量的 O_2。据测算，每公顷阔叶林每天可吸收 1×10^3 kg CO_2。这对于人类的生存和减缓气候变暖有着重要的作用。CO_2 增加的原因除了主要来自燃烧化石燃料之外，还与生物多样性丧失有关。生物多样性，将对减缓全球气候变暖有着至关重要的作用。

4. 具有清洁环境的作用

生物多样性是人类生产环境的清洁工，它能吸收和分解环境中的大部分废物和污染物，如湿地是有效的天然污水处理中心，起到高效氧化塘的作用。森林具有吸尘、过滤、杀菌、净化空气和水分的作用。1m^2 的榆树叶面一昼夜能滞留 3.39g 灰尘；每立方米的空气中，森林外有 3 万～4 万个细菌，而森林内却只有 300～400 个；闹市区每立方米空气中的细菌含量比绿化区可以高 7 倍之多。可见生物多样性起到消减污染、美化环境的重要作用。

5. 具有景观、文化教育和科学研究等方面的价值

生物多样性不但给人类提供了丰富的物质财富，而且也给人类提供了丰富的精神财富。因为多样性，生物还具有娱乐、美学、文化教育、天文历史和科学研究等诸多方面的社会精神价值。

三、生物多样性减少的原因

生物多样性丧失的原因极为复杂。在自然界，物种及生态系统的形成和丧失，自古以来都是存在的。它们的形成和丧失都是经过漫长的历史时期，而现代生物多样性的丧失速度已不是以百年计算的，而是在几十年甚至几年内可以被绝灭，这种现象不得不引起各界的重视。分析生物多样性丧失的原因，有自然原因，如雪灾、洪涝、旱灾等，也有人为原因；更重要的是由于人口增加，人们不合理地利用生物多样性，导致生物多样性大量丧失。最近 400 年来，人类活动已引起全球 700 多个物种的灭绝，而且 20 世纪最后 10 年里灭绝的生物物种比前 90 年所灭绝的物种的总和还多。生物多样性减少的主要原因是生态环境的破坏、过度利用和外来种的引入。

1. 生态环境严重破坏

由于人类活动的加剧，使得许多地区的生物栖息地全部丧失或者片断化，这是威胁生物多样性的主要原因。全球各类生态系统遭到严重破坏后，许多生物失去栖息地而纷纷灭绝。但在不同地区，栖息地丧失情况不同，温带较轻，热带最为严重。热带地区是全球物种分布最丰富的区域，热带森林虽然只占全球陆地面积的 7%，但拥有世界 50% 的物种。热带森林的大面积砍伐是上世纪末期物种灭绝的最主要原因。近年来人类正以每年 20×10^4 km^2 的速度，对热带森林进行砍伐。如果不进一步加强保护，许多地方将难以再找到原生性热带森林了，适于该生境的物种也不得不迁徙或面临灭绝。

2. 过度开发利用

过度采伐，滥捕滥猎，对生物多样性的威胁很大，不仅直接造成许多物种濒危和灭绝，也造成生物资源退化，并最终导致生态系统的崩溃。

当前大量物种灭绝或濒临灭绝，生物多样性不断减少的主要原因是人类各种活动造成的：①大面积森林受到采伐、火烧和农垦，草地遭受过度放牧和垦殖，导致了生境的大量丧失，保留下来的生境也支离破碎，对野生物种造成了毁灭性影响；②对生物物种的高强度捕猎和采集等过度利用活动，使野生物种难以正常繁衍；③工业化和城市化的发展，占用了大面积土地，破坏了大量天然植被，并造成大面积污染，也使许多的生物生存的食物链毁坏，导致物种的濒危或灭绝；④无控制的旅游，使一些尚未受到人类影响的自然生态系统受到破坏；⑤土壤、水和空气污染，危害了森林等生态系统，特别是给相对封闭的水生生态系统带来毁灭性影响；⑥大量温室气体的排放，导致的全球变暖造成气候形态在比较短的时间内发生较大变化，自然生态系统无法适应，从而改变生物群落的边界。

3. 外来物种入侵

生物入侵是指某种生物从外地自然传入或人为引种后成为野生状态，并对本地生态系统造成一定危害的现象。如果从生态系统的角度考虑，那么某个物种在某个生态系统中原来没有，是通过人为有意或者无意地从其他生态系统中引入到这个生态系统中，这就叫外来物种。所谓入侵物种是指在自然、半自然生态系统或生境中，建立种群并影响和威胁到本地生物多样性的外来种。

正确的引种会增加引种地区生物的多样性，也会极大丰富人们的物质生活，如美国于20世纪初从我国引种大豆，其种植面积从400多万公顷增加到现在的2670多万公顷，目前，美国已成为大豆的最大生产国、出口国。就我国而言，早在公元前126年张骞出使西域返回后，葡萄、蚕豆、胡萝卜、豌豆、石榴、核桃等物种便开始源源不断地被引进到了中原地区，而玉米、花生、甘薯、马铃薯、桉树等物种也非我国原产，也是历经好几百年陆续被引入我国的重要物种。

相反，不适当的引种则会使得缺乏自然天敌的外来物种迅速繁殖，并抢夺其他生物的生存空间，进而导致生态失衡及其他本地物种的减少和灭绝，严重危及一国的生态安全。据统计，美国、印度、南非外来生物入侵造成的损失每年分别高达1500亿美元、1300亿美元和800亿美元。生物入侵已逐渐成为导致生物多样性丧失、物种灭绝的重要原因。生物入侵导致的危害主要表现在如下几个方面。

(1) 外来物种入侵会严重破坏生物的多样性，并加速物种的灭绝 生物的多样性是包括所有的植物、动物、微生物种和它们的遗传信息和生物体与生存环境一起集合形成的不同等级的复杂系统。入侵种被引入后，由于其新生环境缺乏能制约其繁殖的自然天敌及其他制约因素，其后果便是迅速蔓延，大量扩张，形成优势种群，并与当地物种竞争有限的食物资源和空间资源，直接导致当地物种的退化，甚至被灭绝。

(2) 外来物种入侵会严重破坏生态平衡 外来物种入侵，会对植物土壤的水分及其他营养成分，以及生物群落的结构稳定性及遗传多样性等方面造成影响，从而破坏生态平衡。如薇甘菊能大量吸收土壤水分从而造成土壤极其干燥，对水土保持十分不利。此外，薇甘菊还能分泌化学物质抑制其他植物的生长，曾一度严重影响整个林场的生产与发展。

(3) 外来物种入侵直接威胁其他生物的生存和人类健康 入侵物种会因其可能携带的病原微生物威胁到其他物种或人类的健康，如豚草花粉导致的"枯草热"会对人体造成极大危害，甚至会导致其他并发症的产生而死亡。

（4）外来物种入侵还会给各国造成巨大的经济损失　在英国，为了控制 12 种最具危险性的外来入侵物种，在 1989～1992 年，光除草剂就花费了 3.44 亿美元，而美国每年为控制"凤眼莲"的繁殖蔓延就要花掉 300 万美元，同样，我国每年因打捞水葫芦的费用就多达 5 亿～10 亿元，由于水葫芦造成的直接经济损失也接近 100 亿元。

针对全球生物多样性减少的问题，国际上比较早地采取了行动，保护各种生物物种和资源，并逐渐形成了一个国际条约体系。如以野生动植物的国际贸易管理为对象的《华盛顿公约》，以湿地保护为对象的《拉姆萨尔公约》，以候鸟等迁徙性动物为保护对象的《波恩公约》，以世界自然和文化遗产保护为目的的《世界遗产公约》以及 1992 年在联合国环境与发展大会上通过的《生物多样性公约》等。

第三节　酸　　雨

一、什么是酸雨

所谓酸雨，应为"酸性沉降"，它可分为"湿沉降"与"干沉降"两大类，前者指的是所有气状污染物或粒状污染物，随着雨、雪、雾或雹等降水形态而落到地面上，后者则是指在不下雨的日子，从空中降下来的携带酸性物质的落尘。由于大气中含有大量的 CO_2，故正常雨水本身略带酸性，pH 值约为 5.6，因此一般是把雨水中 pH 值小于 5.6 的称为酸雨。

现代酸雨的研究是从早期的降水化学发展而来的。早在 1761～1767 年，Marggraf 就进行了雨雪的降水化学测定。1872 年英国化学家 R. A. Smith 在其《空气和雨：化学气象学的开端》一书中首先使用了"酸雨"这一术语，指出降水的化学性质受燃煤和有机物分解等因素的影响，同时指出酸雨对植物和材料是有害的。

酸雨在国外被称为"空中死神"，是人类遇到的全球性区域灾难之一。目前，全球有三大块酸雨地区：西欧、北美和东南亚。我国长江以南也存在连片的酸雨区域。20 世纪以来，全世界酸雨污染范围日益扩大，由北欧扩展到中欧，又由中欧扩展到东欧，几乎整个欧洲地区都在降酸雨。在美国东部和加拿大南部酸雨也已成为棘手的问题。在北美地区，降水 pH 值只有 3～4 的酸雨已司空见惯。美国的 15 个州降雨的 pH 平均值在 4.8 以下。西弗吉尼亚州甚至下降到 1.5，这是最严重的记录。在加拿大，酸雨的危害面积已达（120～150）$\times 10^4 \, \mathrm{m}^2$。酸雨也席卷了亚洲大陆。1971 年日本就有酸雨的报道，该年 9 月，东京的一场小雨，使十几个行人感到眼睛刺痛。1983 年日本环境厅组织酸雨委员会进行降水化学组成的监测和湖泊水质调查，几年的调查结果初步表明，pH 值年平均处于 4.3～5.6 之间。

二、酸雨的形成原因

酸雨的形成涉及一系列复杂的物理、化学过程，包括污染物的远程输送过程、成云成雨过程，以及在这些过程中发生的气相、液相和固相等均相或非均相化学反应等。一般认为，酸雨是由于工业过程的化石燃料燃烧，排放硫和氮的氧化物到大气中，随后转化为硫酸（盐）和硝酸（盐）所引起的。实际上，影响降水酸度的过程因素很复杂，它们包括气体向粒子转化、光化学和催化化学、云滴和降水的物理化学过程，以及区域和全球的大气输送等，降水的 pH 值是所有这些复杂过程相对贡献的一个综合测量。

酸雨的形成大体上有以下四个过程：①水蒸气冷凝在含有硫酸盐、硝酸盐等的凝结核上；②形成云雾时，SO_2、NO_x、CO_2 等被水滴吸收；③气溶胶颗粒物质和水滴在云雾形成过程中互相碰撞、聚凝并与雨滴结合在一起；④降水时空气中的一次污染物和二次污染物被冲洗进雨中。

近一个世纪以来，人类社会的二氧化硫排放量一直在上升，尤其是二次世界大战后上升得更快，从 1950 年到 1990 年全球的二氧化硫排放量增加了约 1 倍，目前每年已超过 1.5×10^{11} kg。全球每年氮氧化物的排放量也接近 1×10^{11} kg。中国是燃煤大国，煤炭在能源消耗中占了 70%，因而我国的大气污染主要是燃煤造成的。我国生产的煤炭，平均含硫分约为 1.1%。由于一直未加以严格控制，致使我国在工业化水平还不算高的现在就形成了严重的大气污染状况。目前我国二氧化硫排放量已达 1800 多万吨。二氧化硫排放引起的酸雨污染不断扩大，已从 20 世纪 80 年代初期的西南局部地区扩展到长江以南大部分城市和乡村，并向北方发展。

三、酸雨的影响及危害

酸雨对环境及人体的影响与危害是多方面的，正常降雨具有弱酸性，可溶解适量的地表矿物质供植物吸收，对生态环境是有利的。但如果酸性过强就会给生态环境造成种种危害，主要表明在以下四个方面。

1. 对水生生态系统的危害

水体酸化后，会丧失鱼类和其他生物群落栖息的环境，改变营养物和有毒物的循环，使有毒金属溶解到水中，并进入食物链，使物种减少和生产力下降。"千湖之国"瑞典曾因酸雨有 1.8 万个湖泊酸化，使水生生态系统环境遭到严重破坏。

2. 对陆地生态系统的危害

重点表现在对土壤和植物的危害上，对土壤的影响包括抑制有机物的分解和氮的固定，淋洗钙、镁、钾等营养元素，使土壤贫瘠化。酸雨会损害植物新生的叶芽，影响其生长发育。其中对森林生态系统的危害比较明显，其对森林的破坏是自上而下的，从树梢到树根，先乔木后灌木和草本层，最后使整个森林群落衰亡。欧洲每年有 6500×10^4 hm^2 森林受害，在意大利有 9000 hm^2 森林因酸雨而死亡。我国重庆南山 1800 hm^2 松林因酸雨已死亡过半。

3. 对人体健康的危害

酸雨对人体的危害一般是间接的。一是酸化使土壤与岩石中的金属溶解度增加，通过食物链使汞、铅等重金属进入人体，诱发癌症和老年痴呆；二是酸雾侵入肺部，诱发肺水肿或导致死亡；三是长期生活在含酸沉降物的环境中，诱使产生过多氧化脂，导致动脉硬化、心梗等疾病概率增加。

4. 对建筑物、机械和市政设施的危害

据报道，仅美国因酸雨对建筑物和材料的腐蚀每年达 20 亿美元。据估算，1988 年，我国仅川黔和两广四省、自治区，因酸雨造成森林死亡、农作物减产、金属受腐蚀的经济损失总计在 140 亿元。可见，因酸雨而造成对建筑和古迹等的经济损失也是非常巨大的。

欧洲和北美国家在经受多年的酸雨危害后，逐步认识到酸雨是一个国际环境问题，单独靠一个国家解决不了问题，只有各国共同采取行动，减少 SO_2 和 NO_x 的排放量，才能控制酸雨污染及其危害。1979 年 11 月，在日内瓦举行的联合国欧洲经济委员会的环境部长会议上，通过了《控制长距离越境空气污染公约》，1983 年，欧洲各国及北美的美国、加拿大等 32 个国家在公约上签字，公约生效。1985 年，联合国欧洲经济委员会的 21 个国家签署了《赫尔辛基议定书》，规定到 1993 年底，各国需要将 SO_x 的排放量削减到 1980 年排放量的 70%，即比 1980 年水平削减 30%。

第四节 森林植被破坏

一、全球森林植被减少的现状

由于推测的难度，全世界的森林面积尚无准确数值。但据推算，历史上，世界陆地有一半曾为森林所覆盖，面积约 $76×10^8 hm^2$。后来随着农牧业的发展，尤其是工业的发展和战争、自然灾害等原因，森林遭到破坏，森林面积不断缩小。1862 年森林面积已减少到 $55×10^8 hm^2$，到 20 世纪 60 年代则缩小到 $40.3×10^8 hm^2$，1980 年更进一步减少到 $35.64×10^8 hm^2$，其中郁闭度达 20% 以上的郁闭森林仅 $28.22×10^8 hm^2$，疏林和灌木林为 $7.42×10^4 hm^2$。

目前，世界森林减少的趋势仍在发展，根据联合国粮农组织的调查表明，1980~1990 年世界森林砍伐面积以年平均 $1600×10^4 hm^2$ 的速度发展，热带森林减少的速度平均每年竟达 $1700×10^4 hm^2$，在世界三个热带区域中，亚洲热带森林砍伐率最高，1981~1990 年亚洲热带森林平均以 1.2% 的幅度下降，拉丁美洲为 0.9%，非洲为 0.8%。人口的增长和经济的快速发展，导致森林植被大面积减少，给全球经济发展带来了巨大的损失，也给全球生态环境带来了严重的后果。

二、森林植被减少的原因

1. 砍伐林木

温带森林的砍伐历史很长，在工业化过程中，欧洲、北美等地的温带森林有 1/3 被砍伐掉了。热带森林的大规模开发只有 30 多年的历史。欧洲国家进入非洲，美国进入中南美，日本进入东南亚，寻求热带林木资源。在这一期间，各发达国家进口的热带木材增长了十几倍，达到世界木材和纸浆供给量的 10% 左右。但近年来，为了保护热带森林，越来越多的国家已禁止出口原木。2008 年，八国集团林业专家在完成的非法采伐问题的行动成果报告中，指出非法采伐依然是世界森林减少的重要原因。

2. 开垦林地

随着人口数量的快速增长，为满足对粮食的需求，发展中国家开垦了大量的林地，特别是农民非法烧荒耕作，刀耕火种，造成了对森林的严重破坏。据估计，热带地区半数以上的森林采伐是烧荒开垦造成的。在人口稀少时，农民在耕作一段时间后就转移到其他地方开垦，原来耕作过的林地肥力和森林都能比较快地恢复，刀耕火种尚不对森林构成多大危害。但是，随着人口增长，所开垦林地的耕作强度和持续时间都增加了，加剧了林地土壤侵蚀，严重损害了森林植被再生和恢复能力。

3. 采集薪材

全世界约有一半人口用薪柴作炊事的主要燃料，每年有 1 亿多立方米的林木从热带森林中运出用作燃料。随着人口的增长，对薪材的需求量也相应增长，采伐林木的压力越来越大。

4. 大规模放牧

为了满足美国等国对牛肉的需求，中南美地区，特别是南美亚马逊地区，砍伐和烧毁了大量森林，使之变为大规模的牧场，森林面积迅速减少。

5. 空气污染

在欧美等国，空气污染对森林退化也产生了显著影响。据 1994 年欧洲委员会对 32 个国家的调查，由于空气污染等原因，欧洲大陆有 26.4% 的森林有中等或严重的落叶现象。由于酸雨的危害，我国重庆周围的马尾松和林木也受到明显危害。

除此之外，森林火灾和对森林资源管理缺乏科学性等，也是导致全球森林资源减少的主要原因。

三、森林植被破坏的生态影响及危害

1. 导致气候异常

没有森林，水从地表的蒸发量将显著增加，引起地表热平衡和对流层内热分布的变化，地面附近气温升高，降雨时空分布相应发生变化，由此会产生气候异常，造成局部地区的气候恶化，如降雨减少，风沙增加。

2. 增加二氧化碳的排放

森林对调节大气中 CO_2 含量有重要作用。科学家认为，世界森林总体上每年净吸收大约 15×10^{11} kg CO_2，相当于化石燃料燃烧释放的 CO_2 的 1/4。资料表明，仅约占地球陆地面积的 26% 的森林，其碳储量却占整个陆地植被碳储量的 80% 以上，而且森林每年的碳固定量约占整个陆地生物碳固定量的 2/3。森林砍伐减少了森林吸收 CO_2 的能力，把原本储藏在生物体及周围土壤里的碳释放了出来。据联合国粮农组织估计，由于砍伐热带森林，每年向大气层释放了 15×10^{11} kg 以上的 CO_2。

3. 增加水土流失

森林被砍伐后，裸露的土地经不起风吹雨打日晒。晴天，由于太阳曝晒，地温升高，有机物分解为可溶性矿质元素的进程加快；雨天，雨水冲刷，把肥沃的表土连同矿质元素带进江河。据估计，我国每年约有 5×10^{12} kg 的土壤被冲击江河。

4. 物种灭绝和生物多样性减少

森林生态系统是物种最为丰富的地区之一。由于世界范围的森林破坏，数千种动植物物种受到灭绝的威胁。热带雨林的动植物物种可能包括了已知物种的一半，但森林正在以每年 460×10^4 hm^2 的速度消失。从全球上讲，大约一半以上的红树林已经消失了。

5. 环境恶化，灾情频繁

大规模森林砍伐通常造成严重的水土侵蚀，加剧土地沙化、滑坡和泥石流等自然灾害。森林破坏还从根本上降低了土壤的保水能力，加之土壤侵蚀造成的河湖淤积，导致大面积的洪水泛滥，加剧了洪涝的影响和危害。

为保护森林，特别是保护热带雨林，在 1985 年，联合国粮农组织制订了热带林行动计划。1992 年，联合国环境发展大会通过了"关于森林的原则声明"。目前，越来越多的国家认识到了森林在维护生物多样性和气候稳定方面的重要作用，在建立可持续森林管理的标准和指标、实施控制森林滥伐的综合政策措施等问题上达成了共识。《国际热带木材协定》、《濒危野生动植物物种国际贸易公约》的制定对限制木材的国际贸易、控制森林破坏起着重要的作用。而森林认证正在使森林管理迈向可持续发展，有助于消费者以较高的环境标准来鉴别森林产品；而植树造林在一定程度上增加了森林覆盖率。我国 2007 年造林 520×10^4 hm^2，截至 2007 年人工林已占到世界人工林面积的近 1/3，年均增量占世界的 53.2%，成为森林资源增长最快的国家。

本 章 小 结

生态环境是人类生产和生活的物质基础，是一切人类活动的载体。全球生态环境问题已成为一个国际社会共同关注的问题，目前主要的全球生态环境问题有全球气候的变化、生物

多样性的减少、酸雨、森林植被破坏、臭氧层破坏、土地荒漠化、资源短缺及各类环境污染加剧等。全球气候变化则被认为是威胁世界环境、人类健康和全球经济持续性的最危险的因素之一；物种的灭绝和遗传多样性的丧失，将使生物多样性不断减少，逐渐瓦解人类生存的基础；化石燃料的大量使用也使酸雨成为全球性区域灾难之一；森林植被破坏导致了全球生态问题的加剧。本章重点介绍了几类主要的全球生态环境问题发生的原因、现状、危害及国际社会所采取的对策等。

复习思考题

1. 名词解释
   全球生态环境问题　　酸雨　　气候变化
2. 简述防止全球气候变化的措施。
3. 简述气候变化的原因及危害。
4. 简述生物多样性的意义及减少的原因。
5. 简述酸雨的形成原因及危害。
6. 简述森林植被破坏的生态影响及其危害。
7. 讨论国际社会对全球生态环境问题采取的对策及各国的责任。

第四篇　资源与环境可持续发展

本篇着重介绍了资源环境规划与管理的理论基础、资源环境规划的方法和实施模式及实现资源环境可持续发展的有效途径。

实现可持续发展，是 21 世纪人类社会共同面临的重大问题。随着社会科学技术的进步，社会经济和生产力得以发展，与此同时，气候变化、生物多样性减少、酸雨、全球性的资源短缺和环境恶化等问题愈来愈突出，成为国际社会共同关注的热点。因此，必须寻求一条既能有利于社会经济持续发展又能实现资源环境良性供给的协调发展的道路。可持续发展理论即是人们在经历了历史的教训和经历了反复思考后提出的新思想。但各国的历史和现实状况不同，因此，在履行可持续发展理论的实践中，各国应在理解可持续发展内涵的基础上探索适于本国实际的可持续发展的道路。

我国积极贯彻可持续发展的政策，在社会经济的各领域制定了切实可行的可持续发展策略，并根据我国的发展实际提出了科学发展观。虽然资源环境的可持续一直是我国政府高度重视的问题，但资源短缺与环境恶化依然是制约我国社会、经济发展的瓶颈，十七大报告和政府工作报告中也把经济增长的资源环境代价过大列在我国当前面临困难与问题的重要位置。因此，加强对资源环境的管理、制定资源环境规划、深刻理解可持续发展的内涵、实现科学性发展观和可持续发展的协调、寻求实现资源环境可持续发展的有效途径是我国实现和谐社会建设的必然选择。

第十五章　资源环境规划与管理

发展是人类社会永恒的主题，是解决当前经济社会问题的关键，资源环境规划和管理工作必须服从和服务于这一中心任务。21 世纪资源环境发展战略必须从环境和自然资源与经济发展综合发展角度出发，坚持经济发展与自然生态、资源承受能力相平衡的可持续发展的原则，利用资源环境规划与管理的一切方法手段，实现经济与环境协调发展。

第一节　资源环境规划与管理的必要性

作为人类社会的一项管理活动，资源环境管理是与人类社会的生存与发展紧密联系在一起的。资源与环境关系经济安全和社会稳定。人口持续增长和经济社会发展，对土地和矿产资源不断扩大的需求以及改善生态环境的迫切需要，客观上决定了在为当前经济发展做好服务的同时，必须从长远和全局出发，加强资源与环境的保护和管理，实现资源可持续利用，促进经济社会可持续发展。

一、资源环境规划与管理是人类社会发展的需要

进入到 21 世纪，人类在创造了空前的物质文明和精神文明的同时，其发展也面临着严峻的形式，资源环境问题日益严重，人与自然环境的矛盾激化，使人们感受到"继续生存的危机"。一方面，由于人口过快增长和不可持续的消费方式，使人们从自然环境中获取的资

源大大超过其补给和再生增殖能力，从而使资源破坏严重。矿产资源滥采乱挖、采富弃贫、浪费惊人；淡水、森林、草原、土地等资源在开发、灌溉、采伐、载畜、开垦等方面问题较多；资源的有效利用和转化、降低能源消耗、提高废物材料的回收再生等方面也暴露出许多不足。资源存量的相对不足，使工农业生产和人民生活都受到很大限制。另一方面，由于排入自然环境的工业和生活废弃物远远超出自然环境的自净能力，干扰和破坏了自然界物质系统的正常循环和变换方式，造成生态环境的严重退化。这两个方面的资源环境问题相互影响，形成复合效应，不仅对一个地区、一个国家造成危害，有的还发展成为全球性问题。事实说明人类经济社会发展面临两种选择：一是继续无限制地以消耗自然资源、破坏环境为代价来发展经济；二是在保护环境、科学使用资源下实现人类和自然的协调和可持续发展。显然我们只能选择后者。但是，仅仅依靠科学治理技术的发展寻找替代性资源及制止环境的恶化是不够的，在决定人类前途命运的资源环境问题面前，资源环境管理是使人类社会得以持续生存和发展的最重要的管理活动。转变资源环境观念、调整环境行为、控制环境物质流、改变人类社会的生存方式是当前的紧要任务，这就对通过资源环境规划与管理，切实发挥合理配置并保护自然资源与环境的作用提出了迫切的要求。

二、资源环境规划与管理是全球经济一体化发展的需要

从公害污染事件开始，环境问题逐渐演化为区域性、全球性问题。温室效应与全球气候变暖、臭氧层破坏、酸雨、生物多样性减少与生态危机、全球性水资源危机、水土流失与荒漠化、海洋污染以及热带雨林的减少等，都成为制约人类生存与发展的主要因素。所有这些使人类进一步认识到：环境问题不再是一个发展问题，而是一个安全问题。环境安全，它已经成为国家和地区安全的重要组成部分，直接威胁着人类的生存。各国对环境问题采取的态度也随之由自我约束发展到对外约束。不少工业化国家采取单方面行动限制进口，把环境与贸易联系起来，环境保护措施被用作事实上的贸易保护措施的借口，主要包括：对产品实行环境管制、国家环境产品及生态标签标准、环境生产程序方法，以及贸易措施在国际环境协议中的适用等。因此绿色壁垒成为国际贸易领域的新趋势，直接影响到全球一体化进程，影响到经济的持续发展和资源的最有效配置。

三、资源环境规划与管理是缓和社会矛盾的需要

随着经济的发展，城市化发展进程迅速，社会阶层分化，贫富差距加大，客观上形成了具有相互冲突的不同社会利益集团。区域性、全球性的产业结构调整、生产力布局调整，导致环境污染迁移、资源低价占有和掠取过程与产业迁移和经济增长对环境要素的需求过程相伴而生。经济社会发展的不均衡导致生态环境的二元化趋势。由此，与环境质量和资源基础密切相关的利益冲突不断加剧，社会发展和环境资源配置的公平性成为影响社会稳定的主要问题。进行制度创新，构建实现和谐社会的资源环境管理政策，可以有效缓和利益集团间因资源环境问题而引发激烈的社会矛盾和冲突。

四、资源环境规划与管理面临着新的发展机遇

资源是经济发展的先行和基础，目前资源环境规划与管理面临着新的发展机遇和挑战。一方面随着工业化进程和人口增长要求不断扩大资源的有效供给，应大力开发利用资源，另一方面经济建设与资源环境协调发展的压力进一步加大，资源的利用方式要从粗放型向集约型转变。此外，全球经济一体化进程、科技革命和信息化进程的进一步加快，必将对资源生产产生更加重大而深远的影响。在这一背景下，开展资源与环境规划工作对于保护和合理开发利用资源与环境，促进资源利用方式和管理方式的根本转变，满足国民经济和社会发展对资源的需求，具有十分重要的意义。

第二节 资源环境管理概述

一、资源环境管理的概念与内涵

1974年，由联合国环境规划署在墨西哥召开"资源利用、环境与发展战略方针"专题研讨会，会上达成三点共识：①全人类的一切基本需要应当得到满足；②要进行发展以满足基本需要，但不能超出生物圈的容许极限；③协调以上两个目标的方法即环境管理。由此，"环境管理"概念首次被正式提出。

同年，美国学者 G. H. 休埃尔在《环境管理》一书中指出，"环境管理是对损害人类自然环境质量的人为活动（特别是损害大气、水和陆地外貌质量的人为活动）施加影响。"

30多年来，伴随着人们对环境问题的认识，环境管理的概念也有一个不断发展的过程。从最初人们把环境管理狭义地理解为环境保护部门通过制定国家环境法律、法规和标准，运用经济、技术、行政等手段来控制污染的行为，发展到由解决人的行为入手，站在经济、社会发展的战略高度进行综合决策，采取对策和控制措施从根本上解决环境问题。

目前，关于环境管理的定义，一些学者参照刘天齐主编的《环境保护通论》及朱庚申所著的《环境管理学》中的主要观点，加以改动后概述如下："依据国家行政、法律、经济、科技与教育等手段，预防与禁止人们损害环境质量的行为，鼓励人们改善环境质量的活动，通过全面规划、综合决策、制定环境目标、选择行动方案，协调经济、社会发展同环境保护之间的关系，实现区域可持续发展。"

环境管理的这一概念将环境管理的理论与实践较好地衔接为一个整体，它既反映了环境管理方法手段，又概括了环境管理的实践内容，同时，反映出环境管理的基本目标。从这一概念出发，我们可以得出以下结论：

① 环境管理体系是组织管理体系中的一个组成部分，包括为制定、实施、实现、评审和保持环境方针所需的组织结构、计划活动、职责、惯例、程序、过程和资源。它与其他管理工作紧密联系、相互影响和制约，成为公共管理系统的重要组成部分。

② 环境管理的目的是解决环境污染和生态破坏所造成的各类环境问题，保证环境安全，实现区域社会经济的可持续发展。环境管理的内容非常广泛和复杂，涉及包括资源管理在内的社会经济管理的各个领域。自然资源的开发利用是人类社会生存发展的物质基础，也是人类社会与自然环境之间物质流动的起点。因此，自然资源开发利用过程中的环境管理是环境管理的起点和首要环节，其实质是管理自然资源开发利用过程中的各种社会行为，不破坏人与自然的和谐。

③ 人是各种行为的实施主体，是产生各种环境问题的根源，因此环境管理的核心是对人的管理。长期以来，环境管理中的一个误区就是把污染源作为管理对象，环保部门围绕着各种污染源开展环境管理，工作处于被动局面。原因是人们只关心环境问题产生的区位特征和时间分布，这种环境管理，忽视了对人的管理，实质是一种对污染源和污染设施的管理。

二、资源环境管理的性质和特点

理解资源环境管理的性质和特点，涉及资源环境管理地位的确定和职能的划分。

1. 资源环境管理的性质

资源环境要素包括大气、水体、土地、矿产等，都在不同程度上具有公共物品特性。在市场经济条件下，涉及整个社会的资源和环保问题的公益性事业，往往是市场作用有缺陷的领域。从经济学角度看，市场通常对私人物品进行较为有效的配置，而公共物品则因为其所具有的非排他性和非竞争性以及产权缺失特征所致的外部性问题，使得市场在配置这些稀缺的但是具有公共物品特征的资源方面存在市场失灵的现象。比如工厂排放污水而污染了河流，将有害气体直接排放到空气中，农药与化肥污染了农作物与土地等，但这却又很少体现在生产者的成本中。市场本身不仅不具备保护环境的能力，而且经常是环境破坏的主要因素。因此，政府干预是十分必要的，这决定了资源环境管理的主体是国家，具体指政府、立法机构和司法机构。通过公共干预可以为资源环境的管理提供制度框架，制定和执行有效的干预政策，推进资源利用与环境保护公共事业发展。狭义的环境管理一般指政府运用各种行政管理手段管理环境。因此，资源环境管理具有行政管理的权威性和强制性性质。

资源环境管理的权威性表现为环境保护行政主管部门代表国家和政府开展资源环境管理工作，行使资源开发与环境保护的权力和职能，政府其他部门要在国土资源部门与环保部门的统一监督管理之下履行国家法律所赋予的资源管理与环境保护责任和义务。环境管理的强制性表现为在国家法律和政策允许的范围内为实现环境保护目标所采取的强制性对策和措施。例如，关闭"小煤窑"、污染限期治理等，就是根据国家的资源与环保产业政策，为实现经济增长方式转变所采取的强制性措施。

此外，资源环境管理过程中，公民个人和环境保护组织能发挥重要的辅助作用。公众是环境管理的最终推动者和直接受益者。一些在环境保护领域做出突出成绩的公众个体，通过自己的行为可以起到监督企业行为和政府行为的作用，促进企业和政府资源环境管理的效果，但在更多的情况下，公众通过自愿组建各种社会团体和非政府组织来参与资源环境管理工作。参与，是公众进行环境管理的主要"管理"形式。

2. 资源环境管理的特点

资源环境管理具有区别于一般行政管理的系统性、区域性、非程序性的特点。

(1) 资源环境管理的系统性 资源环境管理工作是一项复杂的系统工程，这是由资源环境问题的系统性、管理手段的多样性、应用知识的综合性等特点所决定的。因此，开展资源环境管理应具有系统观念和大系统管理思想。要以系统理论为指导，正确处理资源开发、环境保护与经济建设的关系。资源环境管理必须从系统规划、综合决策入手，建立地方政府总负责、国土资源与环保部门统一监督管理、各部门分工负责的管理体制和"区域与行业管理相结合"为主要特征的等级控制管理模式，同时动员全社会的力量，极大地调动社会各阶层及政府各部门的环境保护积极性，实施分工合作、综合协调、综合管理，走区域环境综合治理的道路。

(2) 资源环境管理的区域性 资源环境管理的区域性是由环境问题的区域性、经济发展的区域性、资源配置的区域性、科技发展的区域性和产业结构的区域性等特点所决定的。区域环境是各种环境物质流的交流、汇通、融合、转换的场所，对于自然资源环境管理，无论它的基本理论和方法，还是管理的目标、政策和行动，都必须落实到一定的区域上才能发挥作用，都必须关注人类行为对其作用到的区域环境所造成的影响和所受到的制约。资源环境管理的区域性特点告诉我们，开展资源环境管理要从国情、区情出发，既要强调区域的统一化管理，又要考虑区域发展的不平衡性，防止简单化，不搞"一刀切"。要从实际情况出发，制定有针对性的资源开发与环境保护目标和资源环境管理的对策与措施。

(3) 资源环境管理的双重属性 资源环境管理具有自然和社会的两重性。资源环境管理的自然属性，是指资源的开发、利用、治理、保护等活动，是一种以自然界为对象的社会化协作劳动，是人类与自然的相互结合。由于自然资源系统和生态系统是有机整体，按照其自身的发展变化规律而发展，因此任何开发利用都必须遵循这一自然规律，否则必然要受到自然的惩罚和报复。资源环境管理的社会属性，由社会生产关系所决定，也就是说在不同的社会制度、经济发展状况、科学技术水平和不同的社会文化背景下，资源环境管理的原则、具体政策、管理方式和内容是有所差异的。

（4）资源环境管理的冲突协同性 冲突和协同是资源环境-社会经济系统中同时存在的两种现象，资源环境问题本身就是人类社会经济系统与自然环境系统发生冲突的结果。在资源环境管理中，涉及影响资源环境的多种因素，包括技术、市场、战略、文化、制度、组织以及区位条件、宏观经济、政府调控等，而这些因素是如何影响资源环境的，有人认为是多种因素分别独立地起作用，又有人认为是多种因素共同起作用。当我们用协同学中的非线性相互作用的观点和方法，把各种因素看作是彼此相互作用的，并且研究它们的作用方式、对资源环境可持续发展的贡献等，最终找到决定资源环境可持续发展的宏观参量，建立资源环境-社会-经济协同发展的动力模型，这样便有助于揭示系统内部相互作用的内部机制以及规律性。从而使资源环境管理在环境治理、资源充分循环利用、综合经济效益提高等方面，在技术、人才、资源等领域互通有无，建立真正合作、高效的发展机制，促进资源环境-社会经济协同发展。

在开展管理研究时，必须兼顾冲突和协同两种客观存在的作用，处理好资源环境管理与经济社会发展中的矛盾和各种关系是资源环境管理具有"科学性"的重要保障。

三、资源环境管理的原则

纵观近 30 年的资源管理与环境保护工作的开展，可以看到资源环境管理已向更深、更广的范围发展。环境概念从水、空气、土壤等自然界扩展到人类、野生生物乃至全球。技术上由末端治理向污染预防转移，从单纯的治理向生产工艺渗透，管理手段不断发展和完善的结晶，体现了环境领域的最新发展，合乎国际环境保护可持续发展战略的要求。

1. 遵循开发利用与保护增值同时并重的原则

在资源环境管理时，必须遵循生态规律，利用生态规律为经济建设服务。对环境资源的开发利用要防止开发过度造成恶性循环。对环境承载力的利用要根据环境功能的要求，适度利用、合理布局，减轻污染防治对经济投资的需求；坚持以提高经济效益、社会效益、环境效益为核心的原则，促进生态系统良性循环，使有限的资金发挥更大的效益。

2. 预防为主，防治结合的原则

在环境污染和生态破坏发生之前，予以杜绝和防范、减少其带来的危害和损失是环境管理的宗旨。

3. 系统原则

资源环境管理的过程是一个综合性系统工程，用系统论方法进行资源环境管理有更强的实用性，只有用系统的观点才能对于资源环境-社会经济系统进行调控，才能达到保护和改善环境质量的目的。

4. 坚持全过程控制原则

目前，资源环境管理主要针对的是人类的开发建设行为和生产加工行为对资源的过度使用和环境的污染和破坏，这是不能从根本上解决问题的。产品是联系人类生产和生活行为的纽带，也是人与环境系统中物质循环的载体，因此，对产品的生命全过程进行控制，是对人类社会行为进行环境管理的一个极为重要的方面。大力发展清洁生产和推广三废综合利用，将污染消灭在生产过程之中，积极采用适宜规模的、先进的、经济的治理技术。同时，寻求支持系统，包括数据收集、统计、处理和信息整理等。

5. 行政手段与市场运作手段相结合的原则

资源环境管理符合全民的利益，因此政府有责任用行政手段来限制对资源环境的破坏性利用。另一方面，资源环境又是社会经济系统的重要生产要素，为人群生产、生活提供必不可少的原材料，是形成国家财富的一个重要组成部分。它必须按市场经济规律运作才能获得应有的经济效益。因此，资源环境保护、利用的原则必须是行政手段与市场手段的结合。

第三节　资源环境规划的实施

资源枯竭、环境污染和生态破坏，归根结底是人类生产和经济活动的产物。总结国内外资源开发与环境保护的经验教训，当前资源环境管理需要解决的一个战略问题就是不再走先污染后治理的环境保护弯路，也不能再采取那种只设置治理工程，头痛医头，脚痛医脚的被动做法，而要在防患于未然、防治结合、综合防治上加以研究与开拓，即开展"资源环境规划"。

日本的国民经济在战后取得了高速发展，但与此同时发生了严重的环境污染，为了保护和创造舒适的生活环境和良好的生产环境，为在有限国土和环境容量以及一定的资源的严峻条件下保持国民经济的发展，日本在环境规划中采用污染物排放总量控制方法，从污染物的发生量-除去量-排放量的关系中规划污染的防治，确定污染物与环境指标，建立简单明确的污染发生结构模型和污染物发生量的估算模型，对污染物发生量进行预测，从而制定污染防治对策，协调环境与经济发展的关系。

美国资源环境规划是以规定的资源环境目标实现为目的，在建立数学模型、组建优化方案的基础上去调整资源环境与经济发展之间的关系，以防患于未然。美国等西方各国环境规划以规定的环境目标实现为基础。著名的成果有美国环境质量委员会 1980 年向总统提交的"2000 年世界"研究报告，麻省理工学院、加州大学、威斯康星大学关于区域环境规划的研究报告。

以上两种规划方式，都是以预期的资源环境目标为前提，而控制经济发展中所带来的资源不合理使用和环境污染，以治理技术为核心，以达到资源环境目标的要求。与上述两种规划方式不同的是俄罗斯的资源环境规划，不是从环境质量控制开始，而是以最大限度的资源利用开始，充分利用科学技术，以便使资源利用率最大，又能保持自然生态平衡，进而保护和改善生活环境和自然环境，以期达到预想的环境目标。

一、资源环境规划的概念

资源环境规划是把经济发展与资源有序开发、环境保护紧密结合为一个整体，对提高经济效益和环境效益，解决发展经济和资源合理利用、保护环境之间的矛盾，以便确保国民经济的持续发展具有重要意义。

尽管世界各国极为重视资源环境规划的研究，但到目前为止，对资源环境规划概念还有不同的理解。

美国的 Donald M. 提出，环境规划是合理安排环境以达到某种主要目标的过程。

英国的 Edington 等人认为，环境规划是努力平衡和协调人类为了自身利益而施加于环境开发行为的一种企图。

我国的学者、教授也提出了一些看法。陈传康认为，通过对环境的监测和调查资料，对环境进行质量评价，以便了解环境的破坏和污染情况，拟定改善环境的步骤和措施等是环境规划的主要内容。王华东等认为环境规划是对一个城市、一个地区或一个流域的区域环境进行调查、质量评价和预测因经济发展所引起的变化，根据生态学原则提出调整工业部门结构以及安排生产布局为主要内容的环境保护，改造和塑造环境的战略部署。

综上观点，我们认为资源环境规划是国家或地区以保障当前及今后一段时期内社会经济发展对资源的需求，以有效地保护和合理开发利用资源、保护生态环境为目标，根据国家或地区资源的特点和开发利用状况以及生态环境现状，对资源的勘查、开发利用及生态环境保护在时间上和空间上所作的总体安排和布局。

二、资源环境规划的方法

资源环境规划方法是一般管理方法在资源开发与环境保护领域中的运用与发展，主要包括系统工程方法、资源环境预测方法、资源环境决策方法。

1. 系统工程方法

传统思考方式（又称线性思考或因素思考）只能用于在较小的时空范围（或时空范围虽然较大，但变化十分缓慢）内观察问题，由此而产生的解决方案也只能是短期和在小范围内有效。系统思考方式的特点是用系统的观点，在长时间和大空间范围内，动态地看问题，关注系统的结构，因为系统的结构决定了系统的行为，解决问题的方案是可操作的。正因为系统的行为由系统的结构所决定，所以要特别关注结构的复杂性，表现为非线性、反馈回路和延滞等特征。

系统工程是系统科学的工程技术部分，是 20 世纪 60 年代初才开始形成的新兴交叉学科，是以研究大系统为对象的一门跨学科的边缘科学。在资源环境规划中把自然科学和社会科学中的科学发展观和可持续发展思想、理论、方法、策略和手段等根据资源环境与社会经济总体协调的需要，有机地联系起来，应用数学方法和电子计算机等工具，对资源环境-社会经济系统的构成要素、组织结构、信息交换和反馈控制等功能进行分析、设计和服务，从而达到资源环境最优规划、最优控制和最优管理的目标，以实现系统的综合最优。

资源环境系统工程的理论基础包括运筹学、控制论、现代数学（模糊数学、统计数学等）和计算机科学技术等多种学科，这些学科为资源环境系统工程的模型化、定量化和科学计算提供了丰富的方法和手段。常用方法和手段主要有以下几种。

（1）数学规划法　数学规划的作用是对有限资源进行统筹规划，在满足给定的条件下，按照某些衡量指标，从各种可行方案中寻求最优的方案。通常称须满足的条件为"约束条件"，衡量指标为"目标函数"；如果目标函数和约束条件皆为线性函数，则称为"线性规划"，否则称为"非线性规划"。如果所考虑的规划问题与时间有关，则称为"动态规划"。进行区域资源环境规划研究，最常用的数学方法有：线性规划、参数线性规划与灵敏度分析等。我国花江流域环境污染防治规划、山西能源基地，以及太原市、天津市大气环境污染综合防治研究等都成功地运用了此种方法。

（2）投入产出规划法　投入产出分析法是美国经济学家瓦西里·列昂惕夫于 20 世纪 30 年代研究创立的，它是一种研究经济系统中各个部门间表现为投入与产出的相互依存关系的经济数量分析方法，它可以用来研究国民经济结构（如产业结构、产品结构、投资结构等），分析国民经济部门间、地区间以及社会再生产各领域之间的比例关系和经济技术联系，为宏观经济控制和决策提供依据。目前投入产出分析技术已扩展到与经济活动密切相关的资源环境领域中，建立了不少资源环境投入产出模型，成为分析和预测经济发展与资源投入利用、环境质量之间的相关关系、定量污染排放、污染控制费用的有效手段。美国、加拿大、日本等国家，先后建立了全国性的和地区性的环境投入产出模型。

（3）系统模拟技术与方法　资源环境系统的模拟过程是利用控制论、信息论的观点来研究包括自然资源、环境条件、社会经济等各种要素在相互作用的过程中对于各种信息的获取、变换、传输、存储、处理、利用和控制的一般规律，设计和制造各种信息处理和控制程序以便部分模拟资源环境-社会经济系统的结构功能，以提高人们对资源环境变化的认识及控制的能力。资源环境系统的模拟过程可以归结为几个基本环节：形式化问题、模拟技术、系统和目标定义、概念模型、程序化模型、试验模型、模拟结果与评价。

2. 资源环境预测方法

资源环境预测是指根据过去和现有已掌握的信息、资料、经验和规律，运用现代科学技术手段和方法，对未来的资源需求、资源合理利用、环境状况和环境发展趋势及其主要污染物和污染源的动态变化进行描述和分析。资源环境规划预测是资源环境规划的依据，通过预先推测出实施经济社会发展达到某个水平时的资源需求及环境状况，对资源的分配与环境的保护在时间和空间上作出具体的安排和部署，所以环境预测与经济发展的关系十分密切，并且把社会经济发展规划作为资源环境预测的主要依据。资源环境预测是一个综合性的复杂问题，应当注意定性与定量相结合。

定性预测方法，是预测人员根据自己的经验、理论水平和掌握的实际情况，对资源需求、环境发展状况做出判断。定性预测需要的数据少，能考虑无法定量的因素，比较简便可行。在掌握的数据不多、不够准确或无法用数字描述进行定量分析时，定性预测是一种行之有效的预测方法。例如，从环境生态学观点看生物繁殖的都顺从各种"S"形曲线的形式。所以，当研究某种环境地域系统要素的发展情况时，只要有了足够的资料，可用此法预测发展趋势。通过定性预测，提出有预见性的建议，可以为资源环境管理及决策提供依据。主要的定性预测方法有趋势外推法、目标预测法、专家会议法、德尔菲法、前导指标法等。

定量预测方法，是依据科学定律或数据的统计分析，采用综合代数方程或微分方程建立的数学模型进行资源利用、环境影响预测。常用的定量预测方法有时间序列预测、回归预测、灰色系统预测等。

3. 资源环境决策方法

资源环境-社会经济系统是一个复杂的人工和生态复合系统，它的规划决策问题涉及环境、经济、政治、社会和技术等多种因素。一般资源环境规划的决策过程包含 4 个基本程序环节：①找出问题确定目标；②拟定备选行动方案；③比较和选择最佳行动方案；④方案的实施即规划的执行。

资源环境决策分析的种类很多，按照不同的标准有不同的分类。可以按照决策的层次、决策的范围、决策的程序、决策的目标、决策的自然状态等标准进行分类。

按决策的层次划分，可分为战略决策、管理决策。所谓战略决策，是社会经济发展为了谋求与资源合理开发利用及与经常变化的环境取得动态平衡的一种决策，涉及资源环境-社会经济长期、全局、根本的持续发展问题；所谓管理决策，是指公共管理组织为实施战略决策，在局部区域范围内，对资源开发、环境保护、污染治理、资源配置等问题进行决策。

按决策的程序划分，可分为程序性决策和非程序性决策。程序性决策是对经常重复发生的问题，可以依据常规的经验和方法，按照例行的程序进行的一种决策；非程序性决策恰好相反，是对不经常出现、涉及面广、情况复杂的、缺乏常规的经验和方法的问题，需要依赖决策者的经验和判断进行的一种决策。

按决策目标划分，可分为单目标决策和多目标决策。仅有一个目标的决策称为单目标决策，存在两个或两个以上目标的决策称为多目标决策。资源环境-社会经济系统中的决策问题，主要是多目标决策，多目标决策比单目标决策更具有实用价值。

按决策的动态性划分，可分为静态决策和动态决策。静态决策又称为单阶段决策，是某个时期或某个阶段内的决策问题；动态决策又称为序贯决策或多阶段决策，是对不同时期不同阶段的决策问题。

按决策的自然状态划分，可分为确定型决策、风险型决策、非确定型决策和竞争型决策。确定型决策的自然状态完全确定，可以按决策目标和评价准则选择行动方案。

三、资源环境规划实施的一般模式

资源环境规划是资源环境管理的基本职能，担负着从战略上、整体上统筹解决资源合理利用与环境保护问题的任务。但资源环境问题的最终解决还是依靠资源环境规划管理，依靠资源环境规划的具体有效实施。资源资源环境规划的实施是规划整个生命周期中重要的一环，是对全社会环境保护利益做有权威的分配，是实现规划目标的桥梁，其中心任务是做有利于公共利益的环境资源的分配。

资源环境规划实施的一般模式是对资源环境规划实施的程序、环节、要素、内容和原则等的概括。理想的资源环境规划实施包括宣传、实施计划、实施检查、验收批准和实施效果评估，并且做好审批、检查和处罚工作。

通过政府行政组织系统层层传达资源环境规划，通过报纸、广播、电视和网络等大众传媒对资源环境规划的宣传，可使公众更充分地了解所推行的规划与他们自身利益的关系，更加自觉自愿地接受规划，为规划的有效执行奠定基础。

资源环境规划按法律程序，经审查批准后，进入实施阶段。规划实施在政府和公众参与下完成。政府是制定环境规划的主体，政府通过直接控制（如关闭污染严重的企业、资源开发许可证制度等）或间接控制（如排污收费），对人们的行为加以约束和引导，维护多数人的合理的、长远的利益。在规划的实施过程中引入公众参与来帮助决策，一方面可以避免决策失误造成重大环境影响，另一方面有利于维护公众自身的环境权，使环境规划真正反映公众意志，增加公众对规划的了解和认同感，从而自觉执行并监督，使规划得到有效执行。

政府应派专人对资源环境规划实施进行控制，根据评估标准，检查规划的进展情况，及时了解规划目标和任务的落实情况以及存在的问题，及时纠正各种重大的偏差，保证规划按时保质保量完成。对规划中需要变更内容，应制订新的具体实施计划，报审批委员会批准，以便及时修改调整。

规划实施机构还需要成立验收小组，跟踪规划的进展情况，对相关工程项目进行验收。对未达环境标准、偷排污染物、擅自进行资源开发等违规违法的情况进行责任追究和相应处罚。

总之，实施部门在执行规划的过程中要灵活运用规制、经济和宣传手段，推进规划目标的实现。在整个过程中，要加强资金、技术、人员的保障，鼓励公众参与，更为重要的是建立资源环境规划的法律法规体系，从根本上确立资源环境规划的相关制度标准。

目前，资源环境规划实施还有很多地方亟待改进：一是资源环境规划的法律体系还不完善，如公众参与规划的相关法律条文十分笼统，缺乏可操作性，使得环保方面的公众参与相对滞后；二是信息公开和交流机制不完善，各公众、企业等关系人不能及时准确地了解规划实施情况；三是政府部门重经济轻环境的现象还比较突出，应尽快完善行政问责制度，迫使政府部门重视资源资源环境规划的实施；四是资源环境规划的资金投入不足，应建立多种融资渠道和融资方式。

本 章 小 结

　　资源环境是人类社会发展的基础，为了实现社会经济的可持续发展，必须对资源环境进行科学的管理和规划。本章在对资源环境规划与管理的必要性、资源环境管理的概念、资源环境规划概念介绍的基础上，对资源环境管理的内涵、性质、特点、管理原则及资源环境规划方法、资源环境规划实施的模式进行阐述，通过学习，认识资源环境规划与管理的重要性，掌握资源环境规划与管理的方法与模式。

复习思考题

1. 简述资源与环境规划与管理的必要性。
2. 简述资源环境管理的概念与内涵。
3. 简述资源环境管理的特点。
4. 简述资源环境管理的原则。
5. 简述系统工程方法在资源环境规划中的应用。
6. 简述理想的资源环境规划实施的一般模式。

第十六章 资源环境可持续发展战略

可持续发展是 20 世纪 80 年代提出的一个新的发展观。可持续发展的概念是在环境问题危及人类的生存和发展，传统的发展模式严重地制约了经济发展和社会进步的背景下产生的，是人们对传统发展观的反思和创新。在全球积极制定实施可持续发展战略的过程中，首先保证资源环境的可持续发展，是其他领域和方面实现可持续发展的前提。

第一节 可持续发展战略与科学发展观

一、可持续发展理论的产生与发展

人类在不同发展阶段对自然具有不同的认识，分别经历了崇拜自然阶段、征服自然阶段和与自然协调发展阶段。

在人类社会的早期，由于生产力极其低下，对自然力量认识不足，人类对自然处于恐惧和依赖状态，这一时期为崇拜自然阶段。

随着 16 世纪第一次工业革命的到来，人类开始依靠科学技术的力量，不断发展生产力，使人类社会发生了深刻而迅速的变化，人类开始把自然界看作免费的资源供应者和垃圾场。这一阶段，人们以工业增长作为衡量发展的唯一标志，把一个国家的工业化和由此产生的工业文明当作是实现现代化的标志。在现实生活中，这一发展观表现为对 GDP 的热烈追求，GDP 增长成为国家经济发展的唯一目标和动力。在这种发展观的指导下，发达国家掀起工业现代化浪潮。这种单纯片面追求 GDP 增长的发展模式带来了环境急剧恶化、资源日趋短缺、人民的实际福利水平下降、发展最终难以为继等一系列严重后果。问题的症结在于，这种经济增长没有建立在确保对资源合理开发和环境保护的基础上。从纯技术的角度看，在 GDP 指标中，既没有反映自然资源消耗和环境质量的指标，也没有揭示一个国家为经济发展所付出的资源和环境代价。相反，环境越是污染，资源消耗得越快，GDP 增长也就越加迅速。

进入 20 世纪以来，随着人类社会经济的高速增长，环境污染、生态失调、能源短缺、人口膨胀和粮食不足等一系列问题开始严重困扰人类。蕾切尔·卡逊在 1962 年推出《寂静的春天》一书，阐述生态环境破坏和资源耗竭的危害。1971 年，梅都斯等人出版了《增长的极限》一书，认为由于人口增长会引起粮食需求的增加，经济增长引起不可再生自然资源的耗竭速度的加快和环境污染程度的加深等都具有指数增长的特点，而自然环境的恢复能力、人类对自然界的修复的努力是缓慢增长的，因此人类或迟或早必然会达到"危机水平"。书中断言，在 2100 年到来以前，人类社会就将崩溃。两本书的出版引发了学术界和知识界的关注和激烈争论，严酷的事实，迫使人类反省自己对待自然的态度，人们认识到只有合理地利用自然，才能维持和发展人类所创造的文明，人类应当既注意代内需求，更应当关心代际公平，实现与自然界共生共荣、协调发展。

1972 年 6 月，在瑞典斯德哥尔摩召开的人类环境大会被认为是人类关于环境与发展问题思考的第一个里程碑，来自 113 个国家的代表聚集在一起讨论地球的环境问题，大会通过了《人类环境宣言》，宣告保护和改善人类环境已经成为一个迫切的任务。

1987 年，以挪威前首相布伦特兰夫人为主席的世界环境与发展委员会公布了著名的《我们的共同未来》的倡议，第一次明确给出了可持续发展的定义，全球掀起了可持续发展浪潮。

1992 年 6 月在巴西里约热内卢召开的联合国环境与发展大会，会议通过了《里约热内卢环境与发展宣言》、《世界 21 世纪议程》、《联合国气候变化公约》、《保护生物多样性公约》、《关于森林问题的原则声明》等。会议第一次把可持续发展作为人类社会发展新战略，具有重大历史意义。

之后，可持续发展已经成为联合国有关发展问题一系列国际专题会议的指导思想。1994 年在开罗召开的世界人口与发展大会，其主题为人口、持续的经济增长与可持续发展。1995 年在哥本哈根世界社会发展首脑会议和北京世界妇女大会，再次强调了可持续发展对于人类的重要。1997 年 6 月，联合国在纽约召开有关可持续发展的特别会议，审议里约热内卢会议召开 5 周年以来各国贯彻实施可持续发展战略的情况及存在的问题，提出了今后的发展目标和行动举措。

二、可持续发展的概念

可持续发展的概念来源于生态学范畴，主要解决资源合理利用与生态环境保护等问题。后来，这一概念应用于更加广泛的经济学和社会学领域，有着各种不同的解释。

从生态学角度，生态学家认为，正是由于近代人类对自然环境的破坏，才造成今天发展的不可持续性。1991 年国际生态学联合会（INTECOL）等举行的专题研讨会把可持续发展定义为保护和加强环境系统的生产和更新能力，即可持续发展是不超越环境系统的再生能力的发展。该定义侧重于保持生态系统的连续性、生物多样性和生产力的持续性，强调自然给人类活动赋予的机会和附加约束。

从社会学角度，社会学家更关心文化、制度、传统技能等因素的可持续性，认为收入分配不平等和贫富不均（包括国与国之间）是导致社会经济不可持续的主要原因，"穷人为生计而被迫破坏环境，从而造成长期损害。他们过度放牧、缩短土地休耕造成草地和耕地的退化。"1991 发表的《保护地球——可持续生存战略》中提出可持续发展是指在不超出维持生态系统承载能力之情况下，改善人类的生活品质。

从经济学角度，在可持续发展问题上，许多经济学家认为正是传统经济学理论的缺陷及其指导下的实践才产生环境污染与破坏。这种理论缺陷主要有：一是不考虑外部不经济性，导致破坏了自然环境，增加了公共费用的开支；二是 GNP 不能真实地反映经济福利。因此，经济学家们提出了以经济学语言表达的可持续发展定义：可持续发展是指在保护自然资源的质量和所提供服务的前提下，使经济发展的净利益增加到最大限度。

从技术选择角度，可持续发展就是大力发展更清洁、更有效的技术，尽可能接近"零排放"或"密封式"工艺方法，尽可能减少能源和其他自然资源的消耗。

比较有权威的、得到大多数人认可的可持续发展定义来自于 1987 年挪威首相布伦特兰夫人主持的"联合国世界环境与发展委员会"《我们共同的未来》报告。报告将可持续发展定义为："可持续发展是指既满足当代人需求，又不危及后代人，满足其需求能力的发展。"该定义包含了可持续发展的公平性原则（fairness）、持续性原则（sustainable）、共同性原则（common）；强调了两个基本观点：一是人类要发展，二是发展有限度，不能危及后代人的生存和发展。这一表述实际上已进一步地成为一种国际通用的对可持续发展概念的解释，既实现经济发展的目标，又实现人类赖以生存的、自然资源与环境的和谐，使子孙后代安居乐业得以永续发展。

三、可持续发展理论与科学发展观

1. 可持续发展理论的含义

可持续发展思想的主要宗旨就是强调经济可持续、资源环境可持续、社会可持续三方面的协调统一。在人类可持续发展系统中，经济可持续是基础，环境可持续是条件，社会可持续是目的。可持续发展具有丰富的内涵，其基本点有以下三个方面：一是需要，即指发展的目标是要满足人类需要；二是限制，强调人类的行为要受到自然界的制约；三是公平，强调代际之间、人类与其他生物种群之间、不同国家和不同地区之间的公平。

在上述核心思想的指导下可持续发展还包括下面五层含义：

① 可持续发展包括经济可持续发展，因为可持续发展的最终目标就是要不断满足人类的需求和愿望。因此，保持经济的持续发展是可持续发展的核心内容。

② 可持续发展包括社会可持续发展，可持续发展实质上是人类如何与大自然和谐共处的问题。人们首先要了解自然和社会变化规律，才能达到与大自然的和谐相处。同时，人们必须要有很高的道德水准，认识到自己对自然、对社会和对子孙后代所负有的责任。

③ 可持续发展包括资源可持续发展，可持续发展涉及诸多方面的问题，但资源问题是其中心问题。可持续发展要保护人类生存和发展所必需的资源基础。因为许多非持续现象的产生都是由于资源的不合理利用引起资源生态系统的衰退而导致的。

④ 可持续发展包括环境可持续发展，可持续发展强调环境的可持续性，并把环境建设作为实现可持续发展的重要内容和衡量发展质量、发展水平的主要标准之一，因为现代经济、社会的发展越来越依赖环境系统的支撑，没有良好的环境作为保障，就不可能实现可持续发展。

⑤ 可持续发展包括全球可持续发展，可持续发展不是一个国家或一个地区的事情，而是全人类的共同目标。当前世界上的许多资源与环境问题已超越国界的限制，具有全球的性质，如全球变暖、酸雨的蔓延、臭氧层的破坏等。因此，实现可持续发展是全球各国长期的任务，也是必须要履行的责任。不同的社会历史背景、文化背景、处于不同发展阶段的国家，可以选择不同的可持续发展战略，发展的模式和过程也可以有所区别。

2. 科学发展观与可持续发展

科学发展观通常是指党的十六届三中全会中提出的"坚持以人为本，树立全面、协调、可持续的发展观，促进经济社会和人的全面发展"，按照"统筹城乡发展、统筹区域发展、统筹经济社会发展、统筹人与自然和谐发展、统筹国内发展和对外开放"的要求推进各项事业的改革和发展。其科学内涵是：科学发展观，第一，要义是发展，核心是以人为本，基本要求是全面协调可持续，根本方法是统筹兼顾。2008 年 9 月 30 日，温家宝总理在接受美国《科学》杂志主编布鲁斯·艾伯茨专访，谈到"什么是科学发展观"时，温总理作如下解释："科学发展观，第一是以人为本，就是要通过发展生产来满足人们日益增长的物质文化需求，就是要使每一个人都能在平等自由的环境下得到全面发展、和谐发展。第二，全面发展，主要是指经济发展与社会发展的结合，经济体制改革与政治体制改革的结合，开放兼容与自主创新的结合，先进文化与传统文化的结合。第三，统筹兼顾，就是要解决我们国家在发展进程中存在的贫富差距、地区差距和城乡差距的问题。第四，可持续发展，就是要解决 13 亿人口在实现现代化进程中所面临的人口、资源和环境的压力，走资源节约和生态友好型的道路，实现可持续发展。"

由科学发展的内涵和我国领导人对科学发展观的阐述可以看出，科学发展观与可持续发展是一脉相承的，它是可持续发展思想的结晶与升华。可持续发展是一个"自然-社会-经济"三大元素的复杂理论概念系统，同时也是一个"人口-资源-环境-发展"四位一体的实际运行系统"，它的两条主线之一是人与自然的关系，即人类向自然的索取必须与人类对自然的回馈相平衡。其二是人与人关系，即人际关系、代际关系、区际关系、利益集团之间关系应获得互利和谐与共建共享。科学发展观的内容包括四个方面，即它是以人为本的发展观、全面的发展观、协调的发展观和可持续发展观。以人为本的发展，强调惠及全民福祉，保障基本人权，创造机会平等。全面的发展强调对"自然、经济、社会"复杂系统的全面思考；对"物质文明、政治文明、精神文明"的全面建设；对"政府、企业、公众"社会结构的全面管理等。协调发展强调发展动力、发展质量、发展公平的有机协调；发展数量、发展效益、发展速度的有机协调；点状发展、轴状发展、面状发展的有机协调；人与自然、人与人、人自身的有机协调。从一定意义上讲，科学发展观就是可持续发展观，要实现可持续发展的战略目标，各国必须以科学理论作指导，我国政府提出的可持续发展的思想和科学发展观就是我国实现可持续发展战略的科学理论。

第二节　资源环境可持续发展战略

一、资源环境问题与可持续发展

资源环境问题主要指在当前的社会经济发展过程中所表现出来的资源短缺和环境污染等问题。资源环境问题是伴随着人类社会的发展而产生的，是人与自然环境对立统一关系的产物。

在各国实现本国的工业化和现代化的过程中，资源型产业发挥了巨大的作用，但是也造成了资源的枯竭以及由资源开发利用引发的环境问题；一方面在资源开发过程中都不可避免地要改变地形、地貌和岩层的构造，破坏其原有的形态，另一方面资源开采和加工过程所产生的废渣、废水、废气会造成环境的污染。环境问题包括环境污染和生态环境破坏两大类。环境污染是指由于人类向自然环境排放的、超过其自然环境吸纳能力的有毒有害物质或能量导致环境系统的结构与功能发生变化而引起的一类环境问题，如水体污染、大气污染、固体废弃物污染、噪声污染等问题。环境污染产生的直接原因是出于人类的生产技术落后造成的，而根本原因是人类不可持续的发展模式和消费模式。生态环境破坏主要指由于人类活动所造成的人与自然和谐关系被打破从而引起的环境破坏和污染。这种破坏是由于人类对自然资源的过度的索取所造成的。由此可知，资源是人类可能利用的自然界的物质，环境则是资源的状态，而生态就是自然界中各种资源之间的相互关系。

环境经济学认为，当温饱问题解决后，舒适的环境即成为人类社会一种更高层次的需求表现，成为人类最宝贵的资源。环境作为一种资源其价值主要体现在自然资源供给的有限性和破坏的不可逆性，对环境资源的不适当开发和利用是要付出代价的。通过资源的合理开发、节约使用及污染的防治和环境的保护，来维护生态系统的动态平衡，实现可持续发展是人类在面对越来越严峻的人口、资源与环境形势时所做出的必然选择。资源环境问题一直都是可持续发展研究领域的核心。

二、资源环境可持续发展的理论基础

1. 资源稀缺论

在人类活动对环境影响还较小时，人们认为资源是一种"自由取用"的物品，人类可以任意使用自然资源。到 20 世纪 60 年代末，随着人类活动对环境影响的深度和广度扩大，各种环境问题逐步暴露出来，人类逐渐认识到资源环境问题的实质在于：人类索取资源的速度超过了资源及其替代品的再生速度，人类向环境排放废弃物的速度超过了环境的自净能力。于是，资源稀缺论应运而生，认为资源与环境是一种稀缺资源。资源环境的稀缺性是由资源有限性与人们需要的无限性的矛盾决定的。

一方面，人类生存发展总是需要生活资料，人们的需要表现为各种各样的需要，如生存需要、享受需要、发展需要，或者经济需要、政治需要、精神文化需要等，这些需要形成一个复杂的需求结构，这一结构随着人们生活的社会环境条件的变化而变化。人们的需要不断地从低级向高级发展，不断扩充其规模。旧的需要满足了，新的需要又产生了。从历史发展过程看，人们的需要是无限的。

另一方面，资源具有有限性和不平衡性的特点。资源在不同地区、不同国家、不同的社会群体中的分布是不平衡的，相对于人们的无穷欲望而言，资源总是不足的。同时，人们不断变化的需求结构总体而言具有不平衡性，人们不得不做出选择，分出轻重缓急，在满足需求时分出先后顺序；结构和分布失衡导致每一个体和群体都面对着资源稀缺性难题。

随着经济社会的发展和世界人口的增加，环境承载力的有限性和资源稀缺性日益凸显，已经成为制约各国经济社会进一步发展的重要因素，可持续发展成为实现经济社会和人口资源环境的协调发展的有效途径。

2. 环境价值论

环境，除了自然属性之外，还蕴藏着另一种属性：商品属性。解决环境问题，既要尊重自然规律，也要尊重市场规律。环境容量是一种资源，企业排污，占用了环境容量，也就消耗了资源，那么，就应当付出相应的成本。也就是说，排污企业应该为"外部不经济"埋单。环境价值包含环境的使用价值、潜在价值和存在价值。使用价值不仅是环境为人类提供食物、药物和原料的功能，还间接地支持和保护人类活动和财产的调节功能；潜在价值使环境为后代人提供选择机会的价值；存在价值则是环境独立于人的需要的生存权利。如果环境没有这些价值，人类就没理由去合理利用与保护环境，目前人类该做的是通过恰当的产权分配、合理的制度安排来约束和规范人类的行为，从而实现人类与自然关系的协调。

3. 可持续发展层次论

可持续发展层次论认为在可持续发展问题上不必有绝对统一标准，可以有恶化减缓型发展、可持续发展、可扩展发展三种的可持续发展模式，据此构成可持续发展的三个层次。第一层次比现有可持续发展的最低标准要低，事实上是非可持续发展，但向可持续发展转化；第二层是现有可持续发展的最低要求；第三层是较高层次的可持续发展，它要求不仅仅是不危害后代人满足自身需要的能力，而且要求扩大后代人满足自身需要能力。不同层次可持续发展的组合而实现的总体可持续发展称为层次性的可持续发展。而层次性可持续发展针对三种类型的国家，提出了不同的可持续发展标准，由于各个国家在可持续发展中所处的层次不同，对自然持续圈的贡献也不同。

在层次性可持续发展的实现过程中，发达国家对维持世界整体的自然持续圈应承担相对大的责任，应该有超额的贡献，其可持续发展的标准要高一些。相反，对于发展中国家，由于其自身条件及外部环境作用，不可能实施和发达国家同样的可持续发展标准。它们对自然持续圈的贡献份额可以相对减少，可以获得正外部效应受益。对这些国家来说，可持续发展可以消灭贫困、普及科技为重点，在不致造成恶性循环的前提下科学地利用本国资源发展生产，这种要求比较适应广大发展中国家的国情。对于中等水平的国家来说，应当采用介于二者之间的可持续发展标准，最低要求是保证资源、环境等可持续发展要求的良性循环利用。它们对自然持续圈的贡献较其他可持续发展层次来说基本上不应有什么变化。

三、资源环境可持续发展战略的实施

所谓可持续发展战略，是指实现可持续发展的行动计划和纲领，是多个领域实现可持续发展的总称，它要使各方面的发展目标，尤其是社会、经济与生态、环境的目标相协调。随着可持续发展理念日益深入人心，各国、各地区普遍重视资源的可持续利用与环境保护，并在资源环境规划中对生态环境保护给予了充分关注。1997 年，德国在修改基本法《联邦空间发展法》时，增加了"对下一代负责的可持续发展"的资源开发理念。当前法国的资源规划实际上已与地区环境治理和经济发展相融合，成为一个涉及地区社会、经济、资源、环境等方面的可持续发展规划。荷兰 1988 年公布的第四个资源环境规划报告就已经强调提高日常生活环境质量，并把"可持续发展"作为其基本的出发点之一。在奥地利资源环境规划管理过程中，重视环境保护、关注发展的可持续性是中央和地方的一致选择，尤其是近十多年来，生态环境保护得到特别重视，并与资源整治管理工作日趋融合。日本 2005 年开始编制的新的国土资源规划强调以人为本，强调生活稳定、环保安全的人居环境的建设。

1992 年，联合国在里约热内卢召开的环境与发展大会之后，我国于 1992 年 8 月制定了环境与发展应采取的 10 大对策，明确提出走可持续发展的道路；1994 年 3 月，我国发布的《中国 21 世纪议程——中国 21 世纪人口、环境与发展白皮书》（以下简称《白皮书》），从人口、环境与发展的具体国情出发，提出了我国可持续发展的战略、对策及行动方案；1996 年 3 月，第八届全国人民代表大会第四次会议通过的《中华人民共和国国民经济和社会发展"九五"计划和 2010 年远景目标纲要》（以下简称《纲要》），把实施可持续发展作为现代化建设的一项重大战略，使可持续发展战略在我国的经济建设和社会发展过程中得以实施。

第三节 实现资源环境可持续发展的有效途径

尽管可持续发展理论的提出为世界各国指明了未来的发展方向，国内外学者也从不同的角度进行了研究，但如何实现可持续发展战略则一直是摆在世人面前的一个难题。人们纷纷进行各种尝试，并在实践中形成并发展了一些成功的方法，为可持续发展战略的实现指明了道路。

一、循环经济是实现资源环境可持续发展的重要方式

人类社会的经济发展模式经历了传统经济模式（单向线性开放式模式）、生产过程末端治理模式和正在兴起与发展的循环经济模式的过程。传统经济模式下，人类从自然中获取资源，又不加任何处理地向环境排放废弃物，沿着大量开发资源、大规模生产、大量消费、大量产生废物的道路发展，是一种"资源-产品-污染排放"的单向线性开放式经济过程。随着工业的发展、生产规模的扩大和人口的增长，环境的自净能力削弱，环境问题日益严重，从而出现了在生产过程的末端采取措施治理污染的末端治理模式。但由于治理的技术难度大，治理成本高，生态恶化难以遏制，经济效益、社会效益和环境效益都难以达到预期目的。循环经济模式是在资源短缺、环境污染和生态破坏的严峻形势下，人类重新认识自然界、尊重客观规律、探索可持续发展规律的产物。在资源投入、企业生产、产品消耗及其废弃的全过程中，循环经济强调遵循生态学规律，合理利用自然资源和环境容量，在物质不断循环利用的基础上发展经济，实现经济活动的生态化，把传统的依赖资源消耗的线性增长的经济，转变为依靠生态规律来发展的经济。

循环经济实施过程中主要遵循"减量化、再利用、资源化"三个原则（即"3R"原则）。

1. 减量化原则（reduce）

又称减物质化原则，该原则主要针对输入端，旨在减少进入生产和消费过程中的物质和能量，用较少的原料和能源投入，达到既定的生产或消费目的，从源头节约资源使用和减少污染物的排放，通过预防的方式避免废弃物的产生。在消费过程中，人们应选择包装物较少的物品，购买耐用的可循环使用的物品而不是一次性物品，以减少垃圾的产生。

2. 再利用原则（reuse）

该原则主要针对生产过程，通过提高产品和服务的利用效率，尽可能多次或多用途地使用物品，避免物品过早地成为垃圾，从而延长产品的使用时间。在生产中，使用标准尺寸进行设计，研究零件的可拆性和重复利用性，从而实现零件的再利用。

3. 再循环原则（recycle）

也称资源化原则，主要针对输出端，要求生产出来的物品在完成其使用功能后，能重新变成可以利用的再生资源，把废弃物再次变成资源以减少最终处理量，减少垃圾的产生。

上述三原则（3R 原则）在循环经济中的重要性并不是并列的，而是有优先顺序的，其优先顺序是：减量化（输入端）——再利用（过程）——再循环（输出端）。循环经济操作的首要原则是减量化，强调在优先减少资源消耗和减少废物产生的基础上综合运用 3R 原则，实现循环经济的最佳生产方式。

循环经济方式在实现可持续发展战略中具有重要作用。

（1）循环经济从本质上支撑了可持续发展理论　可持续发展是人类发展的总战略和未来的奋斗目标。传统经济理论指导下的线性经济发展模式虽然给人类带来财富，但是在资源存量和环境承载这两个方面都经不起高强度的资源消耗和环境污染。循环经济的产生取代了线性经济发展模式，为可持续发展理论战略目标的实现提供了有效途径。随着未来工业化、城市化的快速发展以及人口的不断增长，发展循环经济，实现资源、环境、经济和社会的协调发展，是经济和社会实现可持续发展的必然选择。

（2）循环经济与可持续发展都兼顾发展效益与生态效益　传统工业经济的发展模式将物质生产和消费割裂开来，形成大量生产、大量消费和大量废弃的恶性循环，注重经济效益，不讲环境效益。而循环经济在不同层面上将生产和消费纳入可持续发展的框架中。循环经济的根本目标是要求在经济运行过程中系统地避免和减少废物产生，而不是简单地通过循环利用来实现废弃物的资源化，废物的再生利用只是减少废物量的最终处理方式之一。循环经济的核心思想是在关注经济发展的同时，注意保护资源和改善环境，使经济发展能持续进行下去，这与可持续发展目标是一致的。

二、经济手段在资源环境可持续发展中的有效性

1. 国民经济核算体系是资源可持续发展的理论基础和信息工具

现行的国民经济核算体系，是描述或评价社会经济发展全过程及其后果的核算体系，只仅仅测量了社会经济发展全过程及其后果的某些方面，而忽视了资源基础的增减运动变化及其与社会经济运动变化之间的联系方面。因此，现有的国民经济核算体系既不能真实地反映社会经济发展的全过程，也不能作为社会经济发展全过程及其后果的恰当的评价指标体系。

从经济学观点看，经济发展需要将自然资源作为一种投入，经济发展引起自然资源的减少或耗竭部分是一种资产拆旧或成本。现行的国民收入核算体系未能反映出这样一种折旧或成本的变化情况，所产生的宏观经济指标体系就只能是虚假或夸大地描绘了经济发展过程的效率、收入和发展速度，也给了决策者一种错误的信息，使得人们对经济发展的势头往往产生一种盲目乐观的想法，导致社会生产走重产出、轻投入，重短期经济利益而轻长期经济发展的粗放经营式的畸形道路，导致资源空心化现象的出现。因此，为了使人类社会经济发展走上一条协调的持续发展道路，就必须改革现有的国民经济核算体系，必须考虑自然资源资产的折旧情况，必须将这种折旧计入社会成本中。只有这样，才能克服以往只顾眼前利益，忽视人类长远利益的资源掠夺式经济发展观，为树立持续发展的观念和建立协调发展的道路提供理论基础和信息工具。

2. 市场机制对资源可持续发展的自发影响

实现可持续发展的关键是要合理配置利用自然资源。而目前淡水资源、土地资源、石油、煤炭、富铁等一些重要矿产资源，其存量和利用现状与可持续发展的要求之间存在着严重的不协调。资源破坏严重，矿产资源滥采乱挖、采富弃贫、浪费惊人这就给可持续发展的实现增加了难度。资源的有效利用和转化水平低、能源消耗量大、废物材料的回收再生机制不健全等各方面暴露出的许多问题，使工农业生产和人们生活都受到很大限制，这就对切实发挥合理配置并保护自然资源的作用提出了迫切的要求。

市场经济体制的建立给自然资源利用和经济的持续发展提供了新的经济机制和活力，市场配置方式是古典经济学、新古典经济学及公共选择学派等所推崇的资源配置方式。其理论假设是经济人、X理论等，强调效率优先的原则。强调市场交易是一种配置资源的有效方式。通过市场中各交易主体之间的相互作用，消费者的偏好和资源相对稀缺性等有关信息就可以从市场价格的相互比例上反映出来，消费者偏好的变动和资源相对稀缺性的变动情况等有关信息也可通过市场价格的变动和价格比例的变动传递给生产者；生产者针对市场价格的相对比例及其变动情况所提供的信息掌握消费者的需求及其变动，并迅速作出反映，将资源配置到消费者最需要的行业中去。

3. 环境经济政策在资源环境可持续发展中的作用

环境经济学认为，环境污染的经济根源是由于存在环境的外部不经济性，也就是生产者或消费者的活动对其他生产者和消费者产生的超越主体范围的影响，给后者带来了经济损失或额外费用，而这部分费用并非由行为主体承担，而是由他人或社会承担。解决这一问题的关键是使外部不经济内部化。从目前环境政策领域已实施的方法来看，可以用市场的手段，运用经济刺激等手段来规范污染者的行为。主要途径是改变环境资源市场价值形成机制和结构，因为经济价值能够反映环境资源的稀缺程度和供求关系，这样才能促使人们从利益的角度自觉地保护资源和环境。市场经济条件下，必须把环境的破坏和资源的使用以经济价值的形式反映出来，在环境资源的使用和补偿间建立一种市场交换关系，即只要使用环境资源就必须给予与其经济价值相当的足额或超额的经济补偿。把环境和资源的经济价值以价格的形式体现出来，增加环境资源使用的生产成本，使之从利己的角度来保护环境和资源。目前正在使用的征收环境税、实施排污许可证制度、建立排污信用交易制度等方法不失为有效的环境经济政策。它通过经济激励，从而促进产业结构的调整和升级，促进产业结构调整向生产无害产品方向发展，使个人目标与可持续发展的社会总目标统一起来，实现资源配置的帕累托最优状态，对环境的保护与可持续发展具有重要的作用。

4. 充分利用价格工具，为资源环境合理定价

长期以来，资源价格严重偏离其真实价值，形成"产品高价、原料低价、资源无价"的价格扭曲。这是导致生态环境不断恶化、经济社会发展的资源基础严重破坏的根本原因。所以，要根据资源的稀缺程度合理确定自然资源的价格，取消政府补贴，适当提高某些自然资源的价格。

由于人们认识到环境可能对人类并无直接价值，但却对自然系统特别是生态环境系统的

生存和发展有着至关重要的稳定作用，因此形成新的环境价值观。排污权有偿使用和排污权交易政策正是让环境价值"有形化"的有效方法，其目的是引入市场机制，运用价格杠杆，建立健全"排污者付费、治污者受益"的环境价格机制，补偿治理成本。一方面，变环境无价为环境有价，用价格体现环境资源的稀缺性；另一方面，使污染控制成本内部化，排污量越大的企业，生产成本越高；而对于排污量少的企业来说，则可以节省一大笔开支。

为了推动政策的有效实施，完善总量控制制度是一个必不可少的前提。只有实行了总量控制，排污权才能成为一种稀缺商品，企业才会珍惜有限的排污权，主动防治污染。

2007年7月1日，江苏省全面执行新的排污费征收标准。比如：废气，由每污染当量0.6元提高到每污染当量1.2元；污水，每污染当量由0.7元提高到每污染当量0.9元，并将择机分步调整到每污染当量1.4元。通过提高排污费的收费标准，来解决企业污染成本外部化的顽症，根本的目的是要不断抬高环保门槛，引导企业重视治污、减少排污，淘汰落后的生产工艺、淘汰高污染企业、淘汰高污染的产业。如果环保门槛过低，价格杠杆的作用就要大打折扣了。

三、资源环境规划是实现可持续发展的重要手段

当前，作为国民经济发展先行和基础的资源产业面临着新的发展机遇和挑战。一方面随着工业化进程和人口增长要求不断扩大资源的有效供给，应大力开发利用自然资源，另一方面经济建设与资源环境协调发展的压力进一步加大，资源的利用方式要从粗放型向集约型转变。在这一背景下，加强宏观调控，开展资源环境规划工作对于合理开发利用自然资源、保护环境，促进资源利用方式和环境管理方式的根本转变，满足国民经济和社会发展对资源的需求，保证资源环境可持续发展，具有十分重要的意义。

1. 资源环境规划是经济可持续发展的重要组成部分

资源环境规划应根据国民经济或区域经济发展的要求，制定经济发展的总目标、资源开发利用和环境保护的方针和政策，研究生产力的合理布局和产业结构调整方向。编制资源环境规划要搜集各种信息并在对信息进行分析研究的基础上，对未来的发展趋势进行综合分析，并做出科学的预测。根据预测结果，综合考虑规划期内国民经济和社会发展的要求、资源条件、环境状况等因素，对资源开发利用和环境保护所要达到的目标和实现目标的主要措施做出抉择，这是资源环境规划的主体和核心。

资源环境规划在时间上要着眼于未来，要按照可持续发展的要求制定目标、方针和政策，提出资源开发利用和环境保护的重大战略措施，处理好当前利益与长远利益的关系。在空间上要立足于国内、区内资源，综合考虑国内外、区内外"两种资源、两个市场"，处理好局部利益与整体利益、地方利益与中央利益的关系。资源的开发利用要符合国家有关法律、方针和政策，要运用政策手段对资源的开发行为进行规范和引导。

资源环境规划在保障国民经济的稳定、协调发展方面有着重要作用。资源环境规划是政府对资源环境进行宏观调控的一种手段，其基本职能是根据国民经济整体发展的需要，对资源的开发与环境的保护进行规范和引导，制定资源环境与经济协调发展的总体目标，实现可持续发展。

2. 可持续发展战略的实现应充分发挥资源环境规划的宏观引导作用

政府配置在理论界最有影响的是凯恩斯针对1923年经济危机提出的，主要强调政府干预的合理性和必要性，并在后来为越来越多的国家与政府所采用，成为政府参与管理的理论依据。

资源耗竭型的经济发展模式不仅造成资源开发的经济效益低下，而且对资源的保护极为

不利。但在市场经济条件下，"趋利性"是所有企业的共性。按照资源耗竭型的发展模式，产值越大，资源耗竭速度越快，而提高资源产品加工深度和附加值，在产值一定的情况下，消耗的资源就少。在编制资源环境规划时要充分发挥资源环境规划对经济发展的引导作用，广泛开展调查研究，紧密跟踪产品开发技术新动态，在坚持市场导向原则的前提下，为企业指明产品的深加工方向和技术途径，提高资源开发的经济效益和资源效益，实现资源利用由粗放到集约的根本转变。

四、完善资源环境可持续发展的法律法规体系

由世界自然保护同盟、联合国环境规划署和世界野生生物基金会合编的《保护地球——持续生存战略》明确提出，各国应通过一个关于可持续发展的全球宣言和盟约，使各国对可持续生存的道德准则作出承诺，并应将可持续生存原则纳入各国的宪法和立法之中；所有国家应保护人权、子孙后代利益及地球生产率和多样性的环境法综合体系；应对现行的法律和行政的控制进行审查，改进其弱点；到 21 世纪末，所有地方都应完成对国家法律的审查，目的是重新制定法律，适应持续生存的需要。最终形成以《宪法》为核心，以《环境保护法》为基本法，以环境与资源保护的有关法律、法规为主要内容和国际环境与资源保护的条约、公约、协定为辅的较为完备的环境与资源法的法律体系，以适应可持续发展战略的需要。

具体地讲，建立资源环境可持续发展的法律法规体系应该在如下方面对我国的法律进行完善和补充。

第一，《宪法》中应明确可持续发展的条款。可持续发展以保护自然资源和环境为基础，发展与资源和环境保护是相互联系的，它们构成了一个有机的整体，应在国家根本大法中得到体现。

第二，以可持续发展作为环境与资源法律、法规的指导思想，将可持续发展的战略贯彻到环境与资源法律、法规制定过程的始终，以实现自然资源和物质资源的可持续管理，满足社会经济文化物质生活的需要，同时能满足下一代的合理需要。

第三，在环境与资源的立法中，要注重运用经济手段对环境与资源进行管理，以经济手段的法律化来管理自然资源，做到经济发展和自然资源开发保护同时进行。国家应制定有利于环境的产业政策，通过产业结构的调整来减少环境污染，建立并完善有偿使用自然资源和恢复生态环境的经济补偿机制。要按照"排污费高于污染治理成本"的原则，提高现行排污收费标准，促使排污单位积极治理污染。

第四，进一步加强有关资源环境保护的立法，如制定《环境污染税法》、《环境保护投资法》、《环境与资源教育法》、《自然资源保护法》、《循环经济法》等，明确提出促进循环经济发展的原则，倡导绿色生产、绿色生活，全面落实污染者责任，保障公民环境权益，公平享有和使用环境，变以污染防治为主要形式的末端治理为以环境保护为主的源头控制。

第五，建立可持续发展法律体系应把增强公众环境意识、鼓励公众参与、提高企业自觉环保的意识提到重要位置。

本　章　小　结

可持续发展是 21 世纪国际社会共同关注的重大议题。可持续发展理论产生与发展是在资源环境问题大量出现的背景下，是人们对所生存的环境及生存需要的反思。因此，深刻理解可持续发展理论的由来、可持续发展理论的内涵及我国所提出的科学发展观与可持续发展

理论的关系，对于制定切实可行的资源环境可持续发展的战略，寻求我国资源环境可持续发展的有效途径具有重要意义。本章阐述了可持续发展理论的由来、可持续发展理论的含义及可持续发展理论与科学发展观的关系。介绍了我国的资源环境可持续发展战略的提出及实现资源环境可持续发展的有效途径。

复习思考题

1. 简述可持续发展的概念与内涵。
2. 简述资源环境可持续发展的理论基础。
3. 简述循环经济的概念与循环经济的基本原则。
4. 实现资源环境可持续发展的手段有哪些？
5. 怎样建立完善的资源环境可持续发展法律法规体系？

参 考 文 献

[1] Andrew S. Pullin. 保护生物学. 贾竞波译. 北京：高等教育出版社，2005.

[2] Aston S. Silicon Geochemistry and Biogeochemistry. London：Academic Press，1983.

[3] Daniel J C. Terrestrial ecosystems and the global biogeochemical silica cycle. Global Biogeochemical Cycles，2002，16（4）：1121-1128.

[4] Drever J I. The effect of land plants on weathering rates of silicate mincrals. Geochimica et Cosmochimica Acta，1994，58：2325-2332.

[5] Harris Jonathan M，et al. Carrying capacity in Agriculture：Globe and issue. Ecological. Ecological Economics，1999，129（3）：443-461.

[6] Jianguo Liu，William W. Taylor. Integrating Landscape Ecology into Natural Resource Management. Cambridge：Cambridge University Press，2002.

[7] Lee M T，Terstriep M L. Applications of GIS for water quality modeling in agricultural and urban watershed . Richard M S. Hydraulic Engineering. New York：ASCE，1991：961-965.

[8] Li Z J，Lin P，He J Y，et al. Silicon's organic pool and biological cycle in moso bamboo community of Wuyishan Biosphere Reserve. Journal of Zhejiang University science B，2006，7（11）：849-857.

[9] Meunier J D. Le rôle des plantes dans le transfert du silicium à la surface des continents. Comptes Rendus Geosciences，2003，335（16）：1199-1206.

[10] WANG Ying-zi，HONG Wei，WU Cheng-zhen，et al. Application of landscape ecology to the research on wetlands. Journal of Forestry Research，2008，19（2）：164-170.

[11] Yang D F，Gao Z H，Chen Y，et al. The biogeochemical process of silicon. Marine Sciences，2003，2626（3）：39-42.

[12] Ye X W，Liu S M，Zhao Y F，et al. The distribution of biogenic silica in the sediments of the East China Sea and the Yellow Sea and its environmental signification. China Environmental Science，2004，24（3）：265-269.

[13] 戴培昆，刘学贵，吴敏生. 当前水污染治理的系统思考——建立城乡大循环彻底根治水污染. 水资源保护，2008，24（2）：38-41.

[14] 刘恩志. 固体废物处理与利用. 大连：大连理工大学出版社，2006.

[15] 方国华，于凤存，曹永潇. 中国水环境容量研究概述. 安徽农业科学，2007，35（27）：8601-8602.

[16] 李明辉，彭少麟. 景观生态学与退化生态系统恢复. 生态学报，2003，23（8）：1622-1628.

[17] 王惠，马振民，代力民. 森林生态系统硅素循环研究进展. 生态学报，2007，27（7）：3010-3017.

[18] 沈清基. 全球生态环境问题及其城市规划的应对. 城市规划汇刊，2001，（5）：19-24.

[19] 许慧，王家骥. 景观生态学的理论与应用. 北京：中国环境科学出版社，1993.

[20] 高密来. 环境学教程. 北京：中国物价出版社，1997.

[21] 周淑贞. 气象学与气候学. 北京：高等教育出版社，1997.

[22] 朱德举，刘友兆，王秋兵. 土地资源学教程. 北京：海洋出版社，1999.

[23] 王华. 枯竭的阴影：水资源的短缺与污染. 天津：天津教育出版社，2000.

[24] 邬建国. 景观生态学——格局、过程、尺度与等级. 北京：高等教育出版社，2000.

[25] 刘黎明. 土地资源学. 北京：中国农业大学出版社，2001.

[26] 张维平. 保护生物多样性. 北京：中国环境科学出版社，2001.

[27] 刘燕华等. 中国资源环境形势与可持续发展. 北京：经济科学出版社，2001.

[28] 林其屏. 全球化与环境问题. 南昌：江西人民出版社，2002.

[29] 殷永元. 全球气候变化评估方法及其应用. 北京：高等教育出版社，2004.

[30] 杨晓光，于沪宁. 中国气候资源与农业. 北京：气象出版社，2006.

[31] 孙卫国. 气候资源学. 北京：气象出版社，2008.

［32］ 张远，张明，王西琴. 中国流域水污染防治规划问题与对策研究. 环境污染与防治，2007，29
（11）：870-875.

［33］ 秦蓓蕾. 论水资源的可持续开发利用. 水利科技与经济，2006，12（2）：71-72.

［34］ 徐世晓，赵新全，孙平，赵同标. 江河源区主要自然生物资源概述. 长江流域资源与环境，2004，
13（5）：448-453.

［35］ 鲍荣华，孙长远. 土地资源保护与可持续利用. 石家庄经济学院学报，2000，23（4）：429-432.

［36］ 起文智，程国栋. 人类土地利用的主要生态后果及其缓解对策. 中国沙漠，2000，20（4）：369-374.

［37］ 龙腾锐，姜文超. 水资源（环境）承载力的研究进展. 水科学进展，2003，14（2）：250-253.

［38］ 刘海龙. 采矿废弃地的生态恢复与可持续景观设计. 生态学报，2004，24（2）：233-239.

［39］ 耿福，杜凤岚，王升阳. 我国水环境问题及对策研究. 长春理工大学学报（综合版），2006，2（2）：
154-155.

［40］ 杨生，韩方岸. 长江饮用水源水污染事件的调查分析. 中国实用医药，2008，3（9）：157-158.

［41］ 姚治君，王建华，江东等. 区域水资源承载力的研究进展及其理论探析. 水科学进展，2002，13
（1）：111-115.

［42］ 袁芳，李启明. 建筑固体废物的资源化价值实证研究. 建筑经济，2008，（1）：97-100.

［43］ 李清泉. 我国土地资源开发利用存在的若干问题及对策. 黑龙江农业科学，2008，（2）：85-87.

［44］ 于琪洋. 对水污染防治的几点思考. 中国水利，2002，（1）：72-73.

［45］ 杜邵敏. 自然资源的开发利用与环境保护. 东北林业大学学报，2002，30（2）：94-97.

［46］ 张永良. 水环境容量基本概念的发展. 环境科学研究，1992，5（3）：59-61.

［47］ 沈镭. 资源环境学. 地球科学进展，1991，6（4）：57-58.

［48］ 高梅香，张雪萍. 知识经济条件下我国自然资源开发利用与管理探析. 学术交流，2007，（12）：
76-78.

［49］ 董武娟，吴仁海. 全球环境问题及保护对策. 云南地理环境研究，2004，16（2）：74-78.

［50］ 赵军凯，赵秉栋. 水资源承载力的研究现状与展望. 河南科技大学学报（社会科学版），2006，24
（4）：86-88.

［51］ 钟栎娜. 黑龙江省湿地资源及管理的景观生态学研究. 国土与自然资源研究，2004，（4）：58-60.

［52］ 王晖，邵青. 我国水污染的防治及其相关问题的思考. 湖南师范大学自然科学学报，2005，28（1）：
84-87.

［53］ 马克明，傅伯杰，周华锋. 北京东灵山地区森林的物种多样性和景观格局多样性的研究. 生态学报，
1999，19（1）：1-71.

［54］ 刘亚萍. 自然保护区中景观生态资源的管理和保护. 贵州科学，2005，23（2）：76-79.

［55］ 余卫东，闵庆文，李湘阁. 水资源承载力研究的进展与展望. 干旱区研究，2003，20（1）：60-66.

［56］ 郭焕庭. 国外流域水污染治理经验及对我们的启示. 环境保护，2001，（8）：39-40.

［57］ 阮丽红. 水体污染与人体健康. 郑州铁路职业技术学院学报. 2006，18（1）：60-61.

［58］ 杜蕾，宋国君. 论环境规划中公众参与的一般模式. 中国地质大学学报（社会科学版），2007，7
（2）：45-49.

［59］ 赖霜，朱慧斌. 浅析经济手段在资源环境管理中的有效性. 广东科技，2008，（183）：40-42.

［60］ 罗慧等. 可持续发展理论综述. 西北农林科技大学学报（社会科学版），2004，4（1）：35-38.

［61］ 王坤，尹彦勋，尹彦欣. 浅谈固体废物对人体健康的影响. 环保前线. 2008，（1）：36-37.

［62］ 赵连有. 生物质和生物质能的开发利用. 农业环境与发展，2007，（6）：30-33.

［63］ 王兆平. 关于制约我国土地资源可持续利用的因素. 国土资源，2006，（8）：28-29.

［64］ 王玉庆. 中国能源环境战略与对策. 环境保护，2006，（4）：24-26.

［65］ 官巧燕，廖福霖，罗栋. 国内外生物质能发展综述. 农机化研究，2007，（11）：20-24.

［66］ 李志群，董增川. 科学应对流域水污染事件——松花江重大水污染事件实例分析. 资源保护，2008，
24（2）：45-49.

［67］ 祝廷成. 生态系统浅说. 北京：科学出版社，1983.

[68] 蔡孝恒，刘露晓. 论江泽民同志节约能源资源的思想. 探索，2007，（6）：21-23.

[69] 刘强，陈进，黄薇等. 水资源承载力研究. 中国水利，2003，（5）：15-18.

[70] 中国自然资源研究会编. 自然资源研究的理论和方法. 北京：科学出版社. 1985.

[71] 杨思植，郭友琳. 普通环境学. 西安：陕西师范大学出版社，1985.

[72] 侯卉，胡旺阳，李兵. 我国铁矿石资源可持续发展的战略分析. 金属矿山，2007，（10）：18-21.

[73] 连亦同. 自然资源评价利用概论. 北京：中国人民大学出版社，1987.

[74] 肖敏，马维坤，刘喜梅. 黄河污染警报不断污水处理越治越重. 经济参考报，2005-7-11.

[75] 徐国林，华德尊. 环境学原理. 哈尔滨：黑龙江科学技术出版社，1987.

[76] 黄奕妙，樊永廉. 资源经济学（上、下册）. 北京：北京农业大学出版社，1988.

[77] 刘胤汉. 自然资源学概论. 西安：陕西人民教育出版社，1988.

[78] 王华东，张敦富，郭宝森. 环境规划方法及实例. 北京：化学工业出版社. 1988.

[79] 阿兰·兰德尔. 资源经济学——从经济角度对自然资源和环境政策的探讨. 北京：商务印书馆. 1989.

[80] 曲音波. 工业生物技术的新热点——生物质资源转化燃料和化学品. 国际学术动态，2007，（5）：17-18.

[81] 张利华，杨颖，高思扬. 促进生物质能源发展的政策探讨. 科学对社会的影响，2007，（4）：14-18.

[82] 现代地理学辞典编辑委员会. 现代地理学辞典. 北京：商务印书馆. 1990.

[83] 陈国新，瞿正昌，刁一云. 中国能源资源. 北京：科学普及出版社，1991.

[84] 孙义福，赵青，张长江. 英国水资源管理和水环境保护情况及其启示. 山东水利，2005，（3）：12-13.

[85] 包浩生，彭补拙. 自然资源学导论. 南京：江苏教育出版社，1993.

[86] 吴传钧. 自然资源学导论. 南京：江苏教育出版社，1993.

[87] 杨秀苔，蒲勇建. 资源经济学—资源最优配置的经济分析. 重庆：重庆大学出版社，1993.

[88] 王铮，丁金宏. 理论地理学概论. 北京：科学出版社，1994.

[89] 邓先瑞. 气候资源概论. 武汉：华中师范大学出版社，1995.

[90] 李金昌等. 资源经济学新论. 重庆：重庆大学出版社，1995.

[91] 马传栋. 资源生态经济学. 济南：山东人民出版社，1995.

[92] 万仁新. 生物质能工程. 北京：中国农业出版社，1995.

[93] 余红，安玉坤，沈珍瑶等. 济南小清河水环境承载力研究. 水资源保护，2008，24（2）：34-37.

[94] 林培. 土地资源学. 第2版. 北京：北京农业大学出版社，1996.

[95] 孙自铎. 生物质开发的前景、约束因素与对策. 经济研究参考，2007，（54）：4-11.

[96] 孙林. 环境法与可持续发展：联合国环境规划署沿着新道路前进. 北京：中国环境科学出版社，1996.

[97] 陆建身. 中国生物资源. 上海：上海科技教育出版社，1997.

[98] 张国君. 我国土地资源开发利用中存在的问题及法律对策. 甘肃政法成人教育学院学报，2007，（3）：9-10.

[99] 张平. 国外水资源管理实践及对我国的借鉴. 水资源研究. 2005，（3）：6-7.

[100] 蔡运龙. 自然资源学原理. 北京：科学技术出版社，2000.

[101] 关伯仁. 环境科学基础教程. 北京：中国环境科学出版社，2000.

[102] 倪绍祥. 我国国土资源的利用与保护. 南京：江苏教育出版社，2000.

[103] 王敬国. 资源与环境概论. 北京：中国农业大学出版社，2000.

[104] 陈英旭. 环境学. 北京：中国环境科学出版社，2001.

[105] 黄年来. 中国最有开发前景的主要药用真菌. 食用菌，2005，（1）：3-4.

[106] 刘昌明，陈志恺. 中国水资源现状评价和供需发展趋势分析. 北京：中国水利水电出版社，2001.

[107] 刘国华，傅伯杰，陈利顶，郭旭东. 中国生态退化的主要类型、特征及分布. 生态学报，2000，20（1）：13-19.

[108] 施介宽. 大气环境及其保护. 上海：华东理工大学出版社，2001.

[109] 张振营. 水污染与人体健康. 河海水利，2002（增刊），70-71.

[110] 陈永文. 自然资源学. 上海：华东师范大学出版社，2002.

[111] 陈勇. 固体废弃物能源利用. 广州：华南理工大学出版社，2002.

[112] 林肇信，刘天齐，刘逸农. 环境保护概论（修订版）. 北京：高等教育出版社，2002.

[113] 刘培桐. 环境学概论. 第2版. 北京：高等教育出版社，2002.

[114] 盛连喜. 环境生态学. 北京：高等教育出版社，2002.

[115] 盛连喜. 现代环境科学导论. 北京：化学工业出版社，2002.

[116] 王秋兵. 土地资源学. 北京：中国农业出版社，2002.

[117] 吴忠标. 大气污染控制技术. 北京：化学工业出版社，2002.

[118] 赵建成，吴跃峰. 生物资源. 北京：科学技术出版社，2002.

[119] 朱庚申. 环境管理学（修订版）. 北京：中国环境科学出版社，2002.

[120] 左玉辉. 环境学. 北京：高等教育出版社，2002.

[121] 陈立民，吴人坚，戴星翼. 环境学原理. 北京：科学出版社，2003.

[122] 戴宝合. 野生植物资源. 第2版. 北京：中国农业出版社，2003.

[123] 吕学都，王文远. 全球气候变化研究：进展与展望. 北京：气象出版社，2003.

[124] 王绍文，梁富智，王纪曾. 固体废弃物资源化技术与应用. 北京：冶金工业出版社，2003.

[125] 吴忠标. 城市大气环境概论. 北京：化学工业出版社，2003.

[126] 张金屯. 应用生态学. 北京：科学技术出版社，2003.

[127] 樊芷芸，黎松强. 环境学概论. 第2版. 北京：中国纺织出版社，2004.

[128] 国家气候变化对策协调小组办公室，中国21世纪议程管理中心. 全球气候变化——人类面临的挑战. 北京：商务印书馆，2004.

[129] 何强，井文涌，王翊亭. 环境学导论. 第3版. 北京：清华大学出版社，2004.

[130] 贾振邦，黄润华. 环境学基础教程. 第2版. 北京：高等教育出版社，2004.

[131] 李博等. 生态学. 北京：高等教育出版社，2004.

[132] 刘成武，黄利民等. 资源科学概论. 北京：科学技术出版社，2004.

[133] 刘景良. 大气污染控制工程. 北京：中国轻工业出版社，2004.

[134] 卢升高，吕军. 环境生态学. 杭州：浙江大学出版社，2004.

[135] 马振民，孔庆友. 资源环境与城乡规划管理导论. 北京：长征出版社，2004.

[136] 水利部国际合作与科技司主编. 水资源及水环境承载能力——水资源及水环境承载能力学术研讨会论文集. 北京：中国水利水电出版社，2004.

[137] 张瑞芹. 生物质衍生物的燃料和化学物质. 郑州：郑州大学出版社，2004.

[138] 王家德，陈建孟. 当代环境管理体系建构. 北京：中国环境科学出版社，2005.

[139] 王立红. 循环经济——可持续发展战略的实施途径. 北京：中国环境科学出版社，2005.

[140] 吴彩斌，雷恒毅，宁平. 环境学概论. 北京：中国环境科学出版社，2005.

[141] 吴群讨. 区域合作与水环境综合整治. 北京：化学工业出版社，2005.

[142] 奚广生. 农业气象. 北京：高等教育出版社，2005.

[143] 宇振荣，王建武. 中国土地盐碱化及其防治对策研究. 农村生态环境，1997，13（3）：1-5.

[144] 越运林，邹冬生. 城市生态学. 北京：科学出版社，2005.

[145] 钟元春. 矿区景观生态维护与重建研究 [D]. 湖南大学，2005.

[146] 周怀东，彭文启. 水污染与水环境修复. 北京：化工出版社，2005.

[147] 李洪远. 生态学基础. 北京：化学工业出版社，2006.

[148] 石玉林. 资源科学. 北京：高等教育出版社，2006.

[149] 王琪. 工业固体废物处理及回收利用. 北京：中国环境科学出版社，2006.

[150] 叶文虎. 环境管理学. 北京：高等教育出版社，2006.

[151] 申玉铭，方创琳，毛汉英等. 区域可持续发展的理论与实践. 北京：中国环境科学出版社，2007.

［152］ 中国科学技术协会. 资源科学学科发展报告. 北京：中国科学技术出版社，2007.

［153］ 李玉文，周玮. 浅谈城市水污染现状及防治对策. 科技创新导报，2008，(9)：96.

［154］ 彭补拙，濮励杰，黄贤金. 资源学导论. 南京：东南大学出版社，2008.

［155］ 何雨薇. 我国城市水污染现状及其对策. 水利科技与经济，2006，12 (1)：44-45.

［156］ 郑文利. 加强水资源与水环境管理的浅见. 水利科技与经济，2007，13 (6)：398-399.

［157］ 何慧. 超载的地球：20 世纪世界人口问题透视. 重庆：重庆出版社，2000.

［158］ 牛海亮，王强，姜艳丰，王立新，陈秀莉. 国内外采矿废弃地生态恢复研究进展. 内蒙古环境科学，2007，19 (3)：62-64.

［159］ 孟广涛，罗洁，王宏镔，李凌宜. 景观生态学原理在退化森林生态系统恢复中的应用. 福建林业科技，2007，34 (1)：153-157.